纪念高尔基诞辰150周年
并纪念罗曼·罗兰、茨威格两位大作家

高尔基像

罗曼·罗兰（右）和高尔基（左）在莫斯科近郊（1935年7月）

茨威格像

SANREN SHUJIAN

三人书简

GAO' ERJI YU LUOMAN LUOLAN CIWEIGE TONGXINJI

高尔基与罗曼·罗兰、茨威格
通信集

臧乐安 范信龙 井勤荪 编译

语文出版社
·北京·

图书在版编目（CIP）数据

三人书简 ：高尔基与罗曼·罗兰、茨威格通信集 / 臧乐安，范信龙，井勤荪编译. — 北京 ：语文出版社，2018.3

ISBN 978-7-5187-0634-1

Ⅰ. ①三… Ⅱ. ①臧… ②范… ③井… Ⅲ. ①高尔基（Gorky, Maxim 1868-1936）—书信集②罗曼·罗兰（Rolland, Romain 1866-1944）—书信集③茨威格（Zweig, Stefan 1881-1942）—书信集 Ⅳ. ①K835.125.6 ②K835.655.6③K835.215.6

中国版本图书馆CIP数据核字（2017）第330717号

责任编辑 盛艳玲
装帧设计 刘姗姗
出　　版 语文出版社
地　　址 北京市东城区朝阳门内南小街51号　100010
电子信箱 ywcbsywp@163.com
排　　版 北京杰瑞腾达科技发展有限公司
印刷装订 北京市大天乐投资管理有限公司
发　　行 语文出版社　新华书店经销
规　　格 890mm × 1240mm
开　　本 A5
印　　张 13.375
字　　数 277千字
版　　次 2018年3月第1版
印　　次 2018年3月第1次印刷
定　　价 38.00元

010-65253954（咨询） 010-65251033（购书） 010-65250075（印装质量）

前　　言

这不是一本普通的书，这是一本高尔基与罗曼·罗兰、斯蒂芬·茨威格的通信集，收录了他们的部分书信、电文，可以说是外国作家书信体文学的一个范本。

这些书信是根据俄文版《高尔基与外国文学家通信集》和《高尔基三十卷集》书信卷翻译的。来往书信按时间顺序排列。

此外，三位作家在通信中多次提到的四个短篇小说——高尔基的《初恋》《单恋》，茨威格的《月光小巷》《一个陌生女人的来信》，我们也将其收入书中，作为附录，供读者欣赏。

高尔基（1868—1936）是在文学领域开创了新时代的伟大的俄国作家，列宁称他为“无产阶级艺术的最杰出的代表”。他的短篇小说，他塑造的丹柯那颗“燃烧的心”，他呼唤革命的《海燕之歌》(“让暴风雨来得更猛烈些吧！”)，特别是他的长篇小说《母亲》，还有他的自传三部曲——《童年》《在人间》《我的大学》以及其他作品为中国读者所熟悉和喜爱。

罗曼·罗兰（1866—1944）是伟大的法国作家，他的《约翰·克利斯朵夫》《贝多芬传》《欣悦的灵魂》等著作世界驰名。他的主要作品都已有中文译本。《约翰·克利斯朵夫》全译本于1946年在上海出版后，受到中国读者的广泛欢迎。值得一提的是，罗曼·罗兰关心中国人民的解放斗争，重视中国的传统文化。1932年在荷兰召开的世界人民反法西斯大会上，他在书面发言中指出：“中国巨人般的身体，被帝国主义列强从外部，同时又被他们的同谋者从内部撕成碎片的身体，正在从痛苦的海洋中重新耸立。”

斯蒂芬·茨威格（1881—1942）是奥地利著名作家。他是一个多面手，能诗能文，能写小说，能写剧本，他的文学创作尤以传记文学著称，他的传记作品《罗曼·罗兰》早在1928年就被译成中文在中国出版。他的文笔细腻优美，尤其以心理描写见长，他的作品受到高尔基和罗曼·罗兰的高度赞赏。

高尔基与罗曼·罗兰通信始于1916年12月。那一年，高尔基打算为青年编辑出版一套《世界伟人传记》丛书，写信给罗曼·罗兰，约请他写《贝多芬传》。从此，他们的通信持续了将近二十年。这期间，他们曾多次谋求见面，但由于种种原因未能如愿。对于这种情况，罗曼·罗兰1934年12月28日在给高尔基的信里说：“值此岁末，遥寄对您的衷心祝愿，并希望来年夏天终能同您见面。我们总不能不互相看上一眼，便离开人间吧！”思念之切，跃然纸上。

1935年6月23日至7月21日，罗曼·罗兰实现了对莫斯科的访问。两位通信近二十年的大作家、老朋友终于相见了！他们一起度过了数周的时间。1935年7月21日罗曼·罗兰离开莫斯科，高尔基亲自到火车站送行，留下了一张珍贵的照片。之后，他们依旧鸿雁传书，直至高尔基去世。

高尔基和茨威格的通信，始于1923年8月29日，也是由于约稿，一直持续到高尔基去世。他们的结识可以说是以罗曼·罗兰为媒的。高尔基爱才若渴。1923年8月6日高尔基在给罗曼·罗兰的信里说："斯蒂芬·茨威格——一本关于您的书的作者，是否也是《一个陌生女人的来信》的作者？如果是这样，请向他转达我对这个出色的短篇的由衷的赞赏。这篇东西好极了，它深深地激动了我。我向柏林的一个俄国出版商建议，把它收入他出版的《爱情》丛书里……把茨威格的《一个陌生女人的来信》收进这套丛书，他不会有反对意见吧？"1923年8月28日罗曼·罗兰在给高尔基的回信中说："斯蒂芬·茨威格——就是您信中所说的出色短篇的作者。您的要求我将转告他，他会感到十分高兴。毫无疑问，他会写信给您的，您有他的地址，他在萨尔茨堡，就是我住过的地方。"

1923年8月29日茨威格致信高尔基说："邮局给我送来了一个少有的好消息：您愿意将我的短篇小说《一个陌生女人的来信》收入您编的小说集。不言而喻，我高兴地表示同意。但对我来说，您的称赞才是最大的愉快。我无限热爱您的作品：多年以来，不曾有过任何东西能够像您在《回忆》里对您的初恋所作的描写那样使我感到震惊。在德国文学中，还没有谁的作品能够写得如此率真——我知道，借助于艺术，甚至借助于精妙的手法，也许是能够做到这一点的，但是我觉得您的率真是绝无仅有的，连托尔斯泰也缺少这种叙述的朴素自然。我多么喜爱您的作品！我多么敬佩您在所有这些罪恶的年代里所持的人道主义立场！”在信的末尾，茨威格说：“任何时候如果您在文学事务方面，在德国有什么需要的话，我将很幸运地为您效劳。”在“又及”里茨威格写道：“请不要放过拜访罗兰的机会！！！同他相识，乃是人生一件大事。他的善良，他的正义感，在这可怜的世界上是绝无仅有的；他的精神力量那么伟大，足以战胜身体的虚弱。”

就这样，三位作家结下了终生不渝的友谊。

三位作家的书信是他们创作的重要组成部分，是他们那个时代各种事件真实的反映和记录，包含着他们生活、活动、创作的最真实的信息，是他们心灵的直接袒露，是他们崇高友谊的最好见证，是他们留下的极其珍贵的文学遗产。

在这些书信里他们评论和探讨了当时文学、政治、思想、哲学、宗教、妇女、青年、儿童等社会现实问题，为我们提供了第一手材料。在这些书信里，文学问题占了相当大的比重，这是很自然的。他们相互交流创作信息，品评作品，谈创作体会，评论其他作家，其中有很多真知灼见，令人赞佩。

2018年3月28日是高尔基诞辰150周年纪念日。在这之前，我们用了大约一年的时间，对照俄文对《三人书简——高尔基、罗曼·罗兰、茨威格书信集》重新审读了一遍，主要做了以下的事情：一是对书中的译名按照通用的原则做了进一步的统一；二是增补了两封书信，即高尔基1931年7月5日致罗曼·罗兰的信和高尔基1928年5月16日致茨威格的信，此外还补充了遗漏的一个重要注释，即茨威格为高尔基要求诺贝尔文学奖之事；三是修正了第一版中几处差错；四是对全书的译文进行了润色；五是把书名改为《三人书简——高尔基与罗曼·罗兰、茨威格通信集》。这样，该书就以新的面貌出现在读者面前。我们谨以此书修订版纪念高尔基诞辰150周年并纪念罗曼·罗兰和茨威格两位大作家。

最后，本书译者之一臧乐安的夫人汪本静同志为该书的修订校正做了许多繁琐细致的工作，但她看不到此书的出版了。她已于2017年2月23日晨7时在京病逝。我们谨在此表示沉痛的哀悼，表达我们深深的谢忱和无尽的思念。她在天上有知，会感到欣慰的。对于她，这本书也将成为一个永久的纪念。

2017年7月1日

目　　录

高尔基和罗曼·罗兰的通信

高尔基和茨威格的通信

附　录

高尔基和罗曼·罗兰的通信

一、高尔基致罗曼·罗兰

1916年12月末（1917年1月初），彼得格勒

亲爱的和最尊敬的罗曼·罗兰同志：

我恳请您为儿童们写一本贝多芬传记。与此同时，我还请威尔斯写《爱迪生传》，弗里乔夫·南森将写《哥伦布传》，我将写《加里波第传》，犹太诗人比亚利克将写《摩西生平》，等等。

我很想请当代优秀作家参加，为儿童们创作一套丛书，其中包括人类伟大思想家的传记，所有这些书均将由我出版。

您是《约翰·克利斯朵夫》和《贝多芬》的作者，伟大的人道主义者。您深知崇高社会思想的意义，我相信，对我认为美好和重要的事业，您是不会不予以宝贵支持的。

您自己非常了解，在今天没有人比儿童更需要我们的关怀了。

我们成年人不久将离开这个世界，我们将留给我们的子孙的，是一份可怜的遗产，我们将留给他们十分忧郁的生活。这

场荒谬的战争便是我们道德衰竭、文化没落的绝好明证。让我们提醒后代，人们并不总像我们现在（唉！）这样软弱和恶劣；我们应当提醒他们，各民族都曾经有过——而且现在也有——伟大的人物，高尚的心灵！在残酷和野蛮猖獗的今天，尤其必须这样做。

亲爱的罗曼·罗兰，我热切地请求您写这部贝多芬传，因为我深信，没有人会比您写得更好！

还有，请您告诉我，在法国作家当中，我可以请谁为孩子们写一本贞德的传记。不言自明，这个人要有才能，而且不是天主教徒。我希望您能理解我的意思。

亲爱的大师，我仔细拜读了您在战争期间发表的所有文章，我要说，这些文章唤起了我对您的深深的尊敬和热爱。您是那些未被这场疯狂的战争弄得心灵忧郁的少有的人之一，知道您高尚的心灵始终保存着人类的美好原则，这的确是莫大的愉快。

请尽快给我回信，您的条件和书的字数，也望一并告知。

请允许我从远方握您的手，亲爱的同志，请再一次接受我深切的敬意和诚挚的钦佩。

祝您的创作活动长久不衰，成果卓著。

马克西姆·高尔基

回信请寄：彼得格勒，货币大街18号，篷帆出版社，马克西姆·高尔基收。

二、罗曼·罗兰致高尔基

1918年3月18日，

维勒纳沃（沃州），奥尔加别墅

亲爱的朋友：

我不确切知道哪一天是您的生日，我只记得就在这个月，很可能就在这几天。我想通过这封信，向您表达我对您的亲切的感情。

您诞生于冬尽春来之际，这个巧合恰恰成了您那同旧世界的死亡和新世界在暴风雨中的诞生紧紧相连的生命的象征。

您像一座高大的拱桥，连接着过去和未来两个世界，同时也连接着俄国与西方。我向拱桥致敬！它耸立在大路上，而我们的后来人还将长久地看到它。

我幸运地与您同时生活在世界上，并且在离您遥远的地方，分享您的疑虑和希望，此刻，您——伟大的劳动者，我祝愿静谧的夜晚降临到您黎明时开垦的牧场上！

兄弟般地拥抱您！

罗曼·罗兰

三、高尔基致罗曼·罗兰

1922年5月30日，柏林

亲爱的朋友：

几位俄国学者和作家创办了一个杂志，目的是向俄国知识分子介绍阐述欧洲科学和文学发展状况的作品。

杂志的主要编辑是政治上完全独立的人。他们是：阿·平凯维奇[①]和塔尔列[②]教授，科学院院士谢·奥尔登堡[③]，还有我和阿列克谢·托尔斯泰伯爵。

我们想吸收年轻的俄国作家和诗人做杂志的撰稿人，他们当中有些人很有才华。我们也邀请了外国作家：凯勒曼[④]，克洛德·法莱尔[⑤]，杜米尼尔·戴格拉蒙。您瞧，我们是折中的！

杂志将开辟各国文学巡礼栏。

---

① 阿·平凯维奇（1883—1939），苏联教育学博士，教授。

② 塔尔列（1875—1955），苏联科学院院士，法国史和意大利史专家。

③ 谢·奥尔登堡（1863—1943），苏联东方学家，科学院院士。

④ 凯勒曼（1879—1951），德国作家。

⑤ 克洛德·法莱尔（生于1876年），法国作家。

您看，法国批评家当中谁最适合担任这一角色？

恳请您给我们杂志写文章。也许，您会寄给我们涉及您同巴比塞论战[①]的文章。

我希望，亲爱的朋友，您会支持我的这一创举。您身体怎样？我已很久没有收到您的信了。

您的真诚的马·高尔基

① 指在如何对待革命的问题上，罗曼·罗兰同巴比塞的论战。罗曼·罗兰当时持“超乎混战之上”，即抽象人道主义的立场，《欧罗巴》杂志的同人，即所谓的“罗兰主义者”，都赞同罗曼·罗兰的观点，而巴比塞则持另一种立场，他号召创作革命的、能动员群众同资本主义进行斗争的作品。

四、罗曼·罗兰致高尔基

1922年6月2日，星期五，

维勒纳沃（沃州），奥尔加别墅

我亲爱的朋友：

您5月30日的来信收到了，您谈了为俄国知识分子创办一个通报情况的杂志的问题。我觉得，这个设想是美好和有益的。但我对您提出的三个人——作为西方文学的代表，感到有点奇怪。老实说，杜米尼尔·戴格拉蒙，我连名字也没有听说过（请原谅我的无知）。至于另外两个人，尽管他们有才华，但在我看来，他们不可能充分代表我珍视的法国和德国。“折中主义”有它自己的价值，但我不认为自己有权成为这样的“折中主义者”，成为可以毫不介意地同当前任何流派的作家合作的折中主义者。

能像艺术家那样评述现代法国文学，并能定期寄文艺动态给您的法国批评家当中，我想推荐乔治·杜亚美，他的名字和作品您是很熟悉的，还有巴扎捷特，这个人有着贯通一切的相应的智慧（他是华尔特·惠特曼在法国的第一个宣传者）。

根据您的活动，可以判断，您的健康情况好转了，我很高兴。您是否收到了我最近给您的两封信？您没有提起。

紧紧握您的手！

忠于您的罗曼·罗兰

五、高尔基致罗曼·罗兰

1922年10月5日

亲爱的朋友：

寄给您一本充满巨大悲伤的小书[①]。

写起来并不轻松，但又必须写它。我正在读您的长篇小说的非常俄罗斯化的译本[②]，但这一点并未使它失去真正的高卢精神和拉伯雷的馥郁气息。

书出人意外，它表现了您的才华和您崭新的面貌。

同时，这部真正的法兰西作品，出现在一些人变得凶残，另一些人变得垂头丧气的黑暗日子里，我觉得是再及时不过了。

紧紧握您的手。

马·高尔基

于菲尔斯腾瓦尔德，沙罗夫疗养院

---

① 指高尔基论文集《论俄罗斯农民》的德文译本。

② 指罗曼·罗兰的小说《哥拉·布勒尼翁》。

六、高尔基致罗曼·罗兰

1923年1月13日，沙罗夫

罗曼·罗兰：

我刚读完了彼得堡《世界文学》上发表的《哥拉·布勒尼翁》。

您写了一部多么美好的书，亲爱的朋友！这的确是高卢[1]天才的创作，它恢复了你们文学的优良传统！我读它的时候，不禁笑了起来，几乎高兴得流出了眼泪。我想：在当前普遍惊慌不安的日子里，在这些丧失理智和充满仇恨的日子里，这部明朗、欢快的书来得多么及时！

这本书是在歌唱。您用一位大师娴熟而有力的手塑造了您的勃艮第人，使我在肉体上也能感觉到他的存在。每一页都令人感到您多么珍视艺术，您多么热爱法国。我很喜欢柯斯特尔笔下的那个佛来米人厄伦史皮格尔[2]，但我认为，您写了一个更

① 法兰西民族的别名。

② 比利时作家柯斯特尔（1827—1879）的《厄伦史皮格尔和拉麦·胡扎克的传说》中的主人公。

带普遍性的性格。哥拉是一个拉丁民族的人。我在意大利见过这种人。我知道，这种人理应，也确实在法国各省都有。他愉快的面孔，我甚至在洛卜·德·维伽[①]的剧本里，在阿拉尔孔[②]和加尔杜斯[③]的短篇小说里，在何塞·贝纳文特[④]的喜剧里，都可以看到。您是一位大师，您有一颗极其美好的心灵。最近我还读了一部杰作，就是克努特·汉姆生的长篇小说《大地的汁液》。这是一部叙事田园诗，是生活和劳动的颂歌，写得妙极了！这部作品同您的小说一样，主人公是“人类平凡事业的天使”，是劳动以及同自然界进行斗争的天才。这本扣人心弦的好书同您的作品一样明朗而又可爱，但显然缺少您那种法兰西的光彩，缺少那种迷人的文字技巧，而这后一点即便在俄文译本里也可以清楚地感到。

能读到一本好书，这对于我是莫大的愉快。大师，我衷心感谢您这位法兰西人给我带来了这种愉快。我觉得，我有权代表俄国青年向您表示感谢，他们怀着与我相同的激动和愉快心情，正在阅读和将要阅读您的作品。

我向您致敬！

---

① 洛卜·德·维伽（1562—1635），西班牙剧作家和诗人。

② 阿拉尔孔（1833—1891），西班牙作家。

③ 加尔杜斯（1843—1920），西班牙作家。

④ 何塞·贝纳文特（1866—1954），西班牙剧作家。

又及：我为《欧罗巴》杂志写的短篇小说，日内将给您寄去[①]。我正在这里同一些青年文学工作者筹办一个文学和科学杂志[②]——不谈政治。您是否愿意就您感兴趣的任何题目为我们写两三页东西：书评，特写，或是评介某一位当代青年作家，如评介维尔德拉克[③]、阿波利奈尔[④]、阿尔柯斯[⑤]的文章？这会使我们感到非常高兴！

---

① 在《欧罗巴》杂志第二期（1923年3月15日）上，在《马·高尔基：俄罗斯的各种形象》这个总标题下，刊载了以下作品：《论列夫·托尔斯泰》《可笑的事情》《论亚历山大·勃洛克》《蜘蛛》《刽子手》。

② 即《座谈》杂志，1923—1925年在柏林出版。

③ 维尔德拉克（生于1882年），法国诗人。

④ 阿波利奈尔（1881—1918），法国诗人。

⑤ 阿尔柯斯（1881—1959），法国作家，《欧罗巴》杂志编辑。

七、罗曼·罗兰致高尔基

1923年2月8日，星期四，

维勒纳沃（沃州），奥尔加别墅

亲爱的朋友：

非常感谢您寄来论托尔斯泰的手稿。我立刻把它挂号邮寄给杜米尼尔·戴格拉蒙先生。我事先也将此事通知了《欧罗巴》杂志的领导人，他们会写信给您的。

您对我的哥拉·布勒尼翁的意见，多么使我高兴！说真的，当我写这个人物的时候，我有一种感觉，好像是在他的口授下进行的。我因哥拉而陶醉。我相信哥拉的存在胜过我本身的存在。如果不是因为我的愚蠢的同胞由于战争而对我不满（现在比任何时候都严重）[1]，哥拉在法国本来是会受欢迎的。我的同胞晚些时候会发现他。不过，谈论这些可笑的人们未必值得！

① 罗曼·罗兰由于当时发表了许多反战的文章和演说，受到一些资产阶级偏见很深的知识分子的攻击，而不得不离开法国去瑞士。

我刚刚写完一篇论莫汉达斯·甘地[①]的长文。这个题目您可能不赞成，因为我觉得您似乎不大信任印度的思想。它将刊登在《欧罗巴》杂志上，然后作为我请人译成法文和德文的甘地作品的序言。然而，如果您读了这篇文章，我相信，您会同我一样喜欢甘地。他是尘世上最纯洁的天才，最真诚和最朴实的凡人。他的身上似乎有点和圣法兰西斯科相同的东西，一颗燃烧着爱的博大的心，他有着何等样的毅力！您听说过他1914年以前，在南非进行的二十年英勇的反抗运动[②]和取得最终胜利的事吗？了不起的社会实验！欧洲人通常歪曲它，称它为“不抵抗主义”。事实上，这是一种超人的反抗，这是第一批基督教殉教圣徒的反抗。他们对自己的迫害者说：“我决不俯首听命，屈服的将是你。你迷误而有罪。但我可怜你。迫害我吧！我将用自己的苦难使你获得自己的信仰。”不，这同您公正地谴责的俄罗斯人民的那种消极性没有任何共同之点，这是意志对肉体的最强有力的主宰。后者不是憎恨，就是惧怕。

我将不时为您的杂志寄一些不长的文章。在法国文学青年中出现了一些有趣的人物，可惜，最强的那些都在同我们敌对的营垒里。他们被席卷全人类的虚荣、自私自利和暴力的浪潮所吸引。这种浪潮把他们卷走了。而我们，则是暴力的敌人，

---

① 莫汉达斯·甘地，即莫罕达斯·卡拉姆昌德·甘地（1869—1948），印度哲学家和政治活动家。

② 1893年甘地到达南非比勒陀利亚（今茨瓦内），领导十五万印度移民争取自己权利的斗争，迫使南非联邦政府实施了一系列保障印度人和其他居民享有平等权利的法律。

处在这股潮流之外。我们只能指望自己的力量。

您的真诚的罗曼·罗兰

慕尼黑珊丝特拉斯街124号现在住着一位罗马尼亚作家，一个出色的学者（古生物学家），第一流的文学批评家和哲学家，真正的欧洲思想家。您应当请他为您的杂志撰稿。他的姓氏是萨皮耶列维奇。他同样能用德文和法文阅读（和写作，我觉得）。

八、高尔基致罗曼·罗兰

1923年2月13日，沙罗夫

亲爱的朋友：

我不怀疑，您的同胞们在经历了当今的一场惨祸之后，将惊讶地回想起，《哥拉·布勒尼翁》正是在这些黑暗日子里写成的。而且，当他们回想起这一点的时候，他们定会再次骄傲地感到自己有权赞赏法兰西的民族天才。您的书写得不同寻常，而凡写得不同寻常的作品，在成为寻常的东西之前，总是美的。您是否想到，美的东西和寻常的东西之间总有一天会画上等号？青年人读不读《哥拉·布勒尼翁》？我听说，法国青年的精神变得越来越健康了——您的书是为精神健康的人写的。

我很感激您答应为《座谈》杂志写稿。看来，这将是一本很有意思的杂志，尤其是它的科学栏，我们在这一栏里大概要刊登列奥·福罗宾纽斯①介绍“大西洲”②和非洲部落民间口头创

① 列奥·福罗宾纽斯（1873—1938），德国民族志学家，非洲学家。

② 大西洲，古希腊传说中大西洋中的大岛，因地震沉没。

作的几篇文章，史泰因纳赫[①]介绍他所做的如何使人变得年轻的试验的文章，还有勃留克[②]教授论述内分泌荷尔蒙对人的精神活动影响的文章。

除了已经答应的几篇特写，您能不能把介绍甘地的那篇文章也给我们？我恳切地请求您把这篇文章给我们。在我国，人们对甘地只是从报纸上得到一点了解，而俄国人不妨也了解一下已化为他们血肉的一些观念的本源。印度人的宗教哲学思想不仅对列夫·托尔斯泰有影响，这种影响也为老百姓所熟悉，因为我国早就有“否定者”——或者，换一个叫法“异己者”——教派存在。属于这个教派的人，否定国家、所有制、家庭以及对意志的一切强制。但这些人性情十分温顺，完全不知怨恨，从不把自己的观点强加于人。他们的世界观同印度的联系是无可争辩的，在俄国鞭身教徒的赞美歌里常常可以见到一些梵文词汇，如“往世书”、“玛牙”[③]、“神”、“萨露萨伐蒂”[④]、“火神”，等等，虽然他们并不理解这些字的含义。这些词汇大概是高加索“跳跃者”教派传到俄国来的，而他们同“旋转的托钵僧”有联系，而且有一些迹象表明，他们同伊斯兰教托钵僧看来也有联系。但是，这些都说得离题太远了，请原谅！

总之，如有可能，请您把论甘地的文章给我们。我将不胜感激。请把您的条件告诉我，以便转告出版者。

---

① 史泰因纳赫（1861—1944），奥地利生理学家。

② 勃留克（1819—1892），奥地利生理学家。

③ 玛牙，印度教中的女神，万物之母。

④ 萨露萨伐蒂，文艺女神。

我现在还要给慕尼黑的那个罗马尼亚人写信。

祝您健康!

马·高尔基

九、高尔基致罗曼·罗兰

1923年7月27日，弗赖堡

我亲爱的罗曼·罗兰：

我刚刚读完斯蒂芬·茨威格献给您英勇一生的绝妙的书[①]。明天开始阅读《安乃德与西尔薇》[②]。我又想给您写几句，让您记起我，并握您的手——顽强的、坚定不移的人类斗士的手。

不打算给您写很多，您长时间的沉默使我不安，不由产生阴暗的思想，我觉得您对我的友情变了。我有许多敌人，只要能离间我的朋友，他们是什么都干得出来的。虽然我对此毫不介意，但事情涉及像您这样的朋友，我就感到痛心。

瞧！生活使我变得太过敏感。

如您能就此信给我回音，我将非常感激。

---

① 指斯蒂芬·茨威格的《罗曼·罗兰——生平和创作》一书。

② 罗曼·罗兰的长篇小说《欣悦的灵魂》第一部。

友好地握您的手。

马·高尔基

又及：我的通信处，勃莱斯古，弗赖堡，贡特斯达尔，基堡旅社，我在这里还将逗留一个时期。

十、罗曼·罗兰致高尔基

1923年8月3日，星期五

亲爱的马克西姆·高尔基：

最近几个月，我曾多次写信给您；我担心您是不是病了，因为您没有给我回音。从您的来信里，我发现您没有收到我的信。这些信会被截留在哪里了？在瑞士，还是在德国？

现时我在奥地利，在萨尔茨堡，在斯蒂芬·茨威格家里（卡普茨涅贝格5号）。我在这里将逗留到8月13—14日，然后回维勒纳沃。我们不能会晤，多遗憾！但目前，对法国人来说，进德国是不可能的。

您怎么能设想，我对您的感情变了？即使您的敌人想改变我的感情，他们也是不会得逞的。我为您的友谊感到骄傲。

昨天，我同茨威格刚好谈到您。我们一致的意见是，在俄国文学中，我们从来没有读过比您的《童年》和您关于托尔斯泰、契诃夫等人的特写更美的作品。除了您，还从来没有人如此成功地掌握这样的写作艺术。

我不能写得太多，因为在朋友家里做客，不能支配自己的时间，匆匆草此，以便使您相信我对您的真挚情谊。

您的罗曼·罗兰

十一、高尔基致罗曼·罗兰

1923年8月6日

亲爱的朋友：

您的短简使我非常高兴。衷心地感谢您。我这样爱您和尊敬您，没有您的音讯，就感到郁闷。斯蒂芬·茨威格——一本关于您的书的作者，是否也是《一个陌生女人的来信》的作者？如果是这样，请向他转达我对这个出色的短篇的由衷的赞赏。这篇东西好极了，它深深地激动了我。我向柏林的一个俄国出版商建议，把它收进他出版的《爱情》丛书里。这套丛书，印刷讲究，插图精美，其中包括《曼侬·莱斯戈的故事》，屠格涅夫的《初恋》《我们的心》，汉姆生的《维多利亚》《罗密欧与朱丽叶》，您的《皮埃尔和露斯》。此外，还有许多种。把茨威格的《一个陌生女人的来信》收进这套丛书，他不会有反对意见吧？

我在发狂地工作，我利用了我的部分《日记》，似可搞一本独特的东西。我写完了凶狠的《一个匪徒的故事》。现在我正在写某个俄罗斯英雄[1]，他是真诚的革命者，同时，又是真诚的阴谋家，他把自己的朋友送上绞架。这不是我所知道的、真有其人的阿泽夫[2]。在我看来，阿泽夫纯粹是个追求欢乐开心的畜生。不，我的英雄更坏，他真的完成了忘我的功勋，但有一次，他"想干卑鄙的勾当"。审问他的时候，他就是这样供认的。

俄罗斯人的灵魂这个谜折磨着我。在四年革命当中，它是如此可怕和宽广地打开了，如此明亮地突然燃烧了起来。结果怎样呢——烧掉，只存下灰烬，——或者？

我读完了《欣悦的灵魂》[3]，虽然还不清楚您的任务，但我感到了它的广度。西尔薇写得很生动。她的姐姐我还不清楚，但她出色的灵魂，我看到了。您在从事多么巨大的工作。您的《莫汉达斯·甘地》，在莫斯科《红色处女地》杂志上发表了，译文不好，太草率。在《座谈》杂志上此文已登完。他们给您寄《座谈》杂志吗？

祝您身体好，亲爱的朋友，愿一切如意！

马·高尔基

此信通过不平常的途径——经爱沙尼亚寄给您。

---

① 指高尔基的短篇小说《长脚蚊》。
② 阿泽夫（1869—1918），政治冒险家，沙皇暗探局的特务。
③ 指《欣悦的灵魂》第一部《安乃德与西尔薇》。

十二、罗曼·罗兰致高尔基

1923年8月28日，星期二，

维勒纳沃（沃州），奥尔加别墅

亲爱的朋友：

正如您从希什马诺夫[①]先生那里知道的，我已回到瑞士，并收到了由萨尔茨堡转寄来的您的来信。得知您在发创作热，我是多么幸福！我焦急地等待着，什么时候才能读到您的《一个匪徒的故事》。在你们俄国是否经常可以遇见这类“想干一回卑鄙勾当”的英雄？在法国，这种类型的人，我只有在某些略懂皮毛的知识分子当中遇到过。他们以模仿（小规模地）意大利文艺复兴的伟大放纵来安慰自己。但我毫不怀疑，对许多人，这种怪诞的愿望正在下意识的泥潭里慢慢成熟起来。在西方，这样的愿望通常是被绿苔掩盖着的——只有革命震动或社会危机才能使死水发生波澜。请告诉我，您是否觉得，俄罗斯人（尽管他具有本能的放纵）是非常重理性的——一般说来，比别

① 希什马诺夫（1862—1926），保加利亚文学研究家。

的种族的代表——比盎格鲁-撒克逊人，甚至比德国人（民间的）更偏重理性？德国人偏重理性是所受教育的结果。早有人注意到，斯拉夫人和法国人是欧洲的心理学大师。他们都有自我直观的天赋。而这种天赋既可变为天才的癖好，也可变为危险的癖好，因为长时间凝视深渊，脑袋就会发晕。这种危险性在法国要小一些，因为深渊已被审慎地耕耘、整理，种上了花木，如掉下去，那就落在布满鲜花的柔软的苗床上，但在你们俄罗斯人那里，这个深渊是原始的，乱石丛中隐藏着可怕的兽群，您要小心头晕！

谢谢您对《安乃德与西尔薇》的意见。我并不奇怪，对您说来，西尔薇比安乃德更容易理解。西尔薇是巴黎人民永恒的女儿（像她这样的人民的女儿，在被劳动和欢乐联合在一起的广大人群集中的地方，随处都可以见到），——是早在维永[①]时代就应该存在的米米·潘松[②]。但请您更注意安乃德这典型！她是历史现象，她注定在将来会起作用（我说的不是我小说里的人物，我是指她体现的那种妇女典型）。安乃德是存在的，我熟悉这一类型的妇女，在法国和英国这种人很多，她们在我塑造的形象中认出了自己，还亲口告诉了我。这是西方妇女的新典型。二十五年到三十年来，我在法国注意地观察着这一典型。我看到，她不仅痛苦地争取着自己的生存权利，而且（更困难的是在这个老而保守，本质上仇视妇女的资产阶级的国家里）争取人们对自己的坚定信任。男人几乎没有帮助她。在这

---

① 维永（1431—1462？），法国中世纪晚期的诗人。

② 法国浪漫主义作家阿尔弗雷德·德·缪塞小说《米米·潘松》的女主人公。

方面，也如在其他许多方面一样，英国比较先进，在那里新的女性典型成了思想独立的绝妙的榜样，积极，纯洁如水晶。这一典型在法国产生得较迟，但将带来更美好的果实：由于南方种族所固有的丰富的感情，更其细致的智慧和自然的和谐，将出现更完美、更稳重的女性（大西洋的和风和地中海的气流给予南方——中部南方以温和的影响，而最南方——西班牙、西西里的居民，则天生具有过于丰富的感情）。加之安乃德是过渡时代——病态而又孕育着成果的彷徨时代的代表。您将在我刚结束的第二部《夏天》里更了解安乃德。在这一部里，生活环境取消了本阶级对她的保护。为了养活自己和孩子，她被迫去工作——至于笼罩“灵魂”的“诱惑”的意思，则随着时间的推移将慢慢澄清。

斯蒂芬·茨威格——就是您信中所说的出色短篇的作者。您的要求我将转告他，他会感到十分高兴。毫无疑问，他会写信给您的。您有他的地址，他在萨尔茨堡，就是我住过的地方。

再见，我亲爱的朋友，衷心地握您的手。

罗曼·罗兰

除了第一期，我再没有收到《座谈》杂志。如您请人把杂志寄到这里来，我将感到高兴。这里有俄国朋友，他们可以读给我听。

十三、高尔基致罗曼·罗兰

1923年11月6日

我亲爱的朋友：

您，亲爱的朋友，对我的书[①]的赞赏，使我深为感动。但我觉得，您对它太宽宏大量了。您对我这个人的友情，很大程度上减弱了您对我——作者的批评。

我个人觉得，书写得不成功，有点乱，缺少内在的和谐。读起来，觉得作者太急于交代，所以许多地方描写粗糙、不完整，语言不够精练，也没有深入事物的本质。何况，法文版又有遗漏、歪曲和差错。总之，很使我苦恼。

我很了解自己的缺点，主要是赶得太厉害，企图把我所看到的、知道的，以及激动我的东西都赶快写出来，这儿倒用得着一句怪论："一个人知道很多未必总有益。"

对生活的各种印象和了解的各种事实装满了我的头脑，多得过剩。它们外表的光怪陆离太吸引我了，这就使我变成了一

① 指高尔基的小说《我的大学》一书。

个说故事的人，而不是人的灵魂奥秘和生活真谛的研究者。

在对待人的态度方面，我是人类中心主义者。在描写自然方面，我是主张拟人化的。但我还不善于以足够的力量并令人信服地表达我的真正的“自我”，即充满我头脑的个人印象重荷的真正本质。

总而言之，我想，如果由我来写一篇批评高尔基的文章，那将是最凶狠、无情的批评。请您相信，我所说的这一切，绝不是故作姿态。我绝不是高尔基崇拜者，如果您想了解我对作家的理想，我的理想大胆而不谦逊：像福楼拜那样写作。就是如此。

我收到了茨威格极其亲切的来信。他友好地关照我，劝我离开德国。因此，我可能这样做，去捷克斯洛伐克的卡尔斯巴德。这个茨威格大概是个好人！昨天，我读了他的短篇小说《月光小巷》，它的主题同我的《单恋》相似，显然写得很美。

在这里，生活变得越来越沉重和不愉快。天生的小市民国家正在崩溃、分解，并完全感觉不到有什么力量能够阻止这种崩溃。小市民阶层只醉心于发财，关于社会主义国家的思想在工人群众的心目中被损害了。

知识分子在挨饿，他们大都向往巴伐利亚。这里的知识分子是奇怪的，因而我可以断定，它的政治保守主义在我看来是畸形的，如同它病态膨胀的民族主义一样。最近，在弗赖堡，最著名的哲学家胡塞尔[①]说，一八四八年的德国政府是理想的政府，当时，议会里有一百五十名教授。一般说来，这里的各

① 胡塞尔（1859—1938），德国唯心主义哲学家。

个阶层优柔寡断地渴望着有力的政权，并以此来反驳自己的政治著作家们。他们断言，德国人是男性的、积极因素的表达者，而斯拉夫人是女性的、被动因素的表达者。住在这里是非常、非常的困难！

请快一些给我写信，亲爱的朋友，请允许我紧握您的手！

马·高尔基

十四、罗曼·罗兰致高尔基

1923年11月24日，星期六，维勒纳沃

我亲爱的朋友：

我理解您对自己作品所说的一切。无疑，这本书不符合您为自己树立的艺术理想。无疑，您已经写出来的作品不如您酝酿在心中的内在作品。然而，任何伟大创作的命运大多如此。主要的是：善于理解作品本身的价值，而不是它所没有的东西。它是否值得存在？是否为已经创作的系列作品增添某种独特的、具有持久生命力的新东西？在艺术界，伟大的，不朽的创作并不很多！

大自然，我们的源泉和我们的榜样，盈盈一掬，在我们的面前撒满了完美和不完美的生活——犹如演奏贝多芬乐章的安东·鲁宾斯坦一样。有一次，鲁宾斯坦对巴杰烈夫斯基[①]说：“您可能因为我弹错了某一个音符而昏倒，是吗？而我弹错的音符简直多不胜数！”——然而，鲁宾斯坦以何等惊人的力量复

① 巴杰烈夫斯基（1860—1941），波兰钢琴家，作曲家。

活了贝多芬的天才激情，而巴杰烈夫斯基表达的贝多芬却是多么黯然失色！当然，贝多芬远不是无可挑剔的！如果列数被人公正地责难为常常写得不好的伟大作家，在法国则当首推莫里哀和巴尔扎克。

德·龙萨[①]的十四行诗、伏尔泰的中篇小说、莫扎特的五重奏、德安依契奥的某些篇章的无瑕的美——这一切都是豪华的筵席！我享受它们。但是，吸引我从事奔腾的急流般创作的，是莎士比亚、贝多芬（在法国，我愿提拉伯雷）。

只有很少的天才、巨匠能把两种力量——生活和美，统一在自己身上：索福克勒斯、但丁、歌德。

我永远也不会把福楼拜列于他们之中。我总是惋惜福楼拜为了与他格格不入的理想而牺牲了自己真正的本质。福楼拜没有天赋的修辞才能，他青年时代的作品可以证明这一点。为了锻造自己的杰作的金属，甚至为了从掩埋在不属于他的土地的矿山里挖掘这些金属，他被迫付出了超人的力量。他具有悲剧和深沉的天性，这在他的书信里已流露出来了。他具有别的法国作家几乎没有的形而上学的思维能力。即使恪守必不可少的匀称，仍然可以说，他的《圣·安东的诱惑》是法国的《浮士德》。但福楼拜心中孕育的是具有病态拘谨的恶魔，他残酷地克制着自己。福楼拜描绘的自己是不真实的，或者，简直是在嘲笑自己。如果他这样仍然不失伟大的话，那当他保持自己本色的时候，不知要高出多少倍了！

〔请把福楼拜同那位善于控制自己和自己艺术的无与伦比的

① 德·龙萨（1524—1585），文艺复兴时期法国诗人。

楷模（也许，我敢说是完善的自我控制的楷模）——歌德比较一下，在歌德身上体现了一切健康和不健康的力量，fas atque nefas①。他并不消灭自己的恶魔，甚至自己的病态，而是善于利用它们，从自己的土地上取得最美好和最丰硕的收获。]

最高的美在于能赋予瞬间即逝的东西以永恒的意义（永恒的幻想：因为没有什么是永恒的）……

“Aere perennius……”②——这是人们企图浮到深渊上面所一贯追求的：为了拯救自己的思想、形象、梦幻和天生最好的东西的生命，人们即使以自己的生命为代价也在所不惜。由此可见形式的意义。壮丽的诗句，美妙的短行——犹如罗马的铭文：它们永不被时光磨灭。然而，超越世纪还不够。一块粗糙的花岗石能够做到这一点。需要的是这块物质里包含有思想。需要的是射向远方的飞箭，给未来的人类带去活的灵魂的音讯。需要始终活着。始终是真实的“自我”，始终保持自己的本色。

您完全可以放心，马克西姆·高尔基，您是一位很准的射手。您的颤动的飞箭与不幸的俄罗斯的呻吟同时带给未来的，是对自己不可遏止的生命力的肯定，是对旧世界年轻的见解，以及从黑暗和混乱中显露出来的智慧和艺术的天才闪光。我觉得，您更接近于伦勃朗，而不是福楼拜。我更热爱这样的一个您。

您的真挚的罗曼·罗兰

① 合法的和不合法的行为（宗教道德意义上的，拉丁文）。
② 生命比铜更久长……（拉丁文），贺拉斯的《纪念碑》中的语句。

十五、高尔基致罗曼·罗兰

1924年3月31日，马林巴德

我亲爱的朋友：

匆匆写几句，感谢您美好的来信，并请您注意布尔加科夫写的一本叙述托尔斯泰最后一些日子的书[①]，它澄清了切尔特科夫[②]所起的可悲的作用。

我也因您不在这里而很难过。我感觉很不舒服，患了支气管炎，怎么也摆脱不了。只有一点使我高兴——我终于拿到了护照，过两三天我将离开这里去那不勒斯。也许您从布拉格顺路到意大利来一趟？请往那不勒斯罗雅尔饭店给我写信，好吗？

我刚收到《欣悦的灵魂》第二部，非常感谢您。人们立刻

① 布尔加科夫（生于1886年），1910年，布尔加科夫担任列夫·托尔斯泰的秘书。这里指他的《列夫·托尔斯泰的悲剧》一书。

② 切尔特科夫（1854—1936），列夫·托尔斯泰宗教道德学说的信徒。高尔基《论C.A.托尔斯泰雅》一书是针对切尔特科夫的小册子《托尔斯泰的出走》写的。

开始给我读这本书，我等着您对我论C. A.托尔斯泰雅的文章的意见。

再见，我亲近的朋友！

真诚地忠实于您的马·高尔基

十六、高尔基致罗曼·罗兰

1924年5月20日

我亲爱的朋友：

我刚拜读完您的大作的第二部[①]。我认为，您写的这部书属于少有的、明智的作品之列，这些作品定会赢得认真、细心的读者并长久流传。忆及维·马格里特[②]的《莫尼卡·勒比耶》的成功，我问自己：无数的于连·居蒙[③]能否读完《欣悦的灵魂》，并如作品所要求的并理应得到的那样去理解它？但是我不怀疑，您的这部著作，对于一般妇女，特别是对于拉丁族的妇女，是生活给予她们的为数极少的礼物之一。

安乃德是纪念碑式的。每一页上都有她的存在。您把这个形象写得栩栩如生，使人看到和感到她就在身旁。我不知道，

① 指罗曼·罗兰的长篇小说《欣悦的灵魂》第二部《夏天》。

② 维·马格里特（1866—1942），法国作家。他的长篇小说《女光棍》（俄译名为《莫尼卡·勒比耶》）发表之后，被资产阶级报刊攻击为诲淫。

③ 于连·居蒙，《欣悦的灵魂》的人物之一，小职员，是眼光短浅的人的典型。

也不记得，对于理智与本能斗争的悲剧，对于同样悲惨的母亲对待儿子的悲剧，哪里还有过如此淋漓尽致的描写。在我看来，这一点您写得非常成功。

她在玛克生病期间的心情写得很出色；姐妹俩和解的场面是法兰西式的，安排得极其精彩，机智；她们笑了，我也跟着高兴得笑了。您记得，第一部里的安乃德，我并不理解。西尔薇在第一部里我已觉得是一个活生生的人，而在第二部里更显得完美和令人神往地真实。您确实是一位“大师”，对托尔斯泰和甘地思想的热衷（您会原谅我吧？）并没有妨碍您作为一个体察异常入微的法兰西人，总是笑当其时，这使我十分高兴。

您让奥迪特那么早就死了，很可惜。这个小女孩写得成功极了！但是，玛克塑造得更巧妙和惊人地真实。也许，他和安乃德是您的才华取得的最大成就之一。玛克处处都很好，对于我们的时代，他是非常典型的。现在多数的儿童是这样的。意大利的十四岁的小法西斯们是他的同胞兄弟。他提出的有关上帝的问题，他对死亡的恐惧，跟小猫和奥迪特在一起的场面，对母亲的态度——这一切都是可怕的真实。

居蒙写得也很好；维利雅尔我觉得有些公式化。他说得太多。诺埃米和西尔薇在一起的时候特别美。

我看到了许多智慧的格言，但大都饱含着痛苦。“天空是运动的场所”——是的！我很怜惜小天使们——他们不喜欢听到飞机的轰鸣，不喜欢看见天文学家的望远镜！在菲利普幽默地谈论托尔斯泰的马丝洛娃那处地方，引号里的“正确的反应！”这几个字使我大笑起来。我发现了一个小矛盾，原因可能在翻译身上，尽管她对法文、法国历史和法国文学都很熟悉，甚至还写过三个剧本:《丹东》、《热·德·列图》和《贞德》。这个矛盾就是：您在俄译本第249页上说，“在激发他（玛克）对生活的欲望的时候，姨妈没有教育他尊重生活。过早地失去这种尊重的人是痛苦的！”；而在第288页上，您则说，“尊重是解脱其他报应的一个铜钱”。

书写得很好，我衷心地向您表示祝贺。在今天的法国，我所喜爱和崇拜的艺术家和智者有两个——尽管他们迥然不同——这就是您和安纳托尔·法朗士。

您是否正在写第三部?

我在意大利索伦托要住六个月。我咳嗽已经好多了。

我读了您给《喜剧》答复安德烈·列文生[①]文章的信。这个人我很了解，并且没有任何理由尊重他。这是一个伪善之极的唯美主义者、饶舌者和胆小鬼，平庸无才。他在文章里有没有指出莫斯科记者到底引用了您哪些话？我不记得有这样的事。苏联记者对待您是很谨慎的，因为您是人道主义者和道德家，所以是“异教徒”，引证您的话是危险的。我不想隐瞒，我觉得列文生是有意地替仇视您的人助威。

祝您健康，亲爱的朋友！

祝您一切好！

阿·彼（马·高尔基）

---

① 安德烈·列文生（生于1887年），白俄侨民，曾屡次在白俄报纸上攻击高尔基和罗曼·罗兰。

十七、罗曼·罗兰致高尔基

1924年12月12日，星期五，

维勒纳沃（沃州），奥尔加别墅

亲爱的朋友：

您在自己的文章里对安纳托尔·法朗士表示了敬意，我很高兴。但是，亲爱的高尔基，您把法国塑造成了一个美妙的假想的小偶像！把法兰西的天才想象为摆脱了狂热、权势教条主义和精神暴虐，就是忘记了法兰西天才的另一个方面（虽然不那么令人愉快，但其重要性并不亚于前一方面），即加尔文①、阿格里巴·德奥比尼耶②、宗教战争③、废除南特敕令、路易十四④和

---

① 加尔文（1509—1564），法国宗教改革的著名活动家，加尔文主义的创始人。

② 阿格里巴·德奥比尼耶（1552—1630），法国诗人和政治活动家，新教的拥护者。

③ 宗教战争（1562—1598），法国天主教徒和新教徒之间的内战，最后以通过南特敕令而告结束，根据敕令双方达成对天主教徒有利的暂时妥协。1685年路易十四废除了南特敕令，之后又开始了对新教徒的迫害。

④ 路易十四，法国国王，1643—1715年在位。

马丹·德·蒙太侬[1]、恐怖（红色的和白色的双重恐怖）和崇拜理性（或最高存在物）、圣茹斯特[2]和罗伯斯庇尔[3]、反革命、公社和凡尔赛军（1871年有两万人被打死！）等等的法国，就是没有想到腐蚀着许多还活着的法国作家头脑的恶毒的仇恨和狂热。您是从过于遥远的地方观察法国的，我的朋友！……

您悼念安纳托尔·法朗士的文章所以会引起反常的情况，就是因为它恰巧刊登在这样一家杂志上，其编辑之一苏波同另外五个著名的青年作家联名签署了一篇侮辱性的、对法朗士充满强烈仇恨的谤文，发表于法朗士逝世后的第二天。这篇标题为《死尸》的谤文，是彼叶尔·德里埃·拉罗舍尔、苏波（而且我承认，六篇文章中，数苏波的文章最温和了！）、路易·阿拉贡、安德烈·布列通、保尔·艾吕雅和若赛夫·德尔泰尔的产品。这里谈的已经不是“詈骂”，就像活得过于长久的伟大作家死后有时发生的那种情况。《死尸》确实被从土里挖出来，玷污，在地上拖曳。这六个作家（每人都有一定的声望，而且至少有三个是杰出的）中间，要数路易·阿拉贡最激烈。他的文章的标题是：《您给死者一记耳光了吗？》。最痛苦（也最有力）的一篇文章是彼叶尔·德里埃·拉罗舍尔写的。在他身上可以

① 马丹·德·蒙太侬（弗朗索瓦萨·德奥比尼耶）（1635—1719），新教诗人阿格里巴·德奥比尼耶的孙女，作家保罗·斯卡龙的妻子。作为路易十四和蒙特斯潘伯爵夫人的孩子的教师，蒙太侬1684年与路易十四秘密结婚。她虽受过新教教育，但却接受了天主教。她催促路易十四迫害新教徒，对路易十四影响很大。

② 圣茹斯特（1767—1794），十八世纪末期法国资产阶级革命的杰出活动家，雅各宾党的领导人之一。

③ 罗伯斯庇尔（1758—1794），十八世纪末期法国资产阶级革命的杰出活动家，雅各宾党的领导人之一。

感到一代人精神上的痛苦，这一代人由于战争而误入歧途，陷入绝望，把未来看成一个深渊，因而对老一代人施行报复。在这场对安那托尔·法朗士的围攻中，政治并未起什么作用。六个刽子手之一的安德烈·布列通把今年死去的“洛蒂[1]、巴雷斯[2]和法朗士这三个不祥之人”的头扔进一个袋子里。对法朗士，他“尤其强烈地鄙视。因为随着法朗士逝去的，是人类奴颜婢膝的一部分。让埋葬狡狯、传统、爱国主义、机会主义、怀疑主义和麻木不仁的那一天成为节日吧！……”

另一方面，《光明报》出了一期非常激烈地反对法朗士的专号。但是，在十分辛辣的鄙视之中，这里至少还有某种自尊感，而这种鄙视可以用所提共产党员作家（其中二三人相当重要）的政治热情加以说明。

假如不是我的一位友人、著名诗人居雅登认为向死者投石头的时刻已到，我是不会站出来反对这一切的。因为，对于他，年轻不成其为理由（他已经六十多岁了）。他是斯特凡·马拉尔美和一群象征主义者的老朋友和战友，其次，在战时，是充满高贵的欧洲精神的杂志《理想主义者札记》的创办者和编辑人，而我曾经是该杂志的撰稿人。在《理想主义者札记》最近一期上（1924年12月），他发表了《安纳托尔·法朗士之死》一文，向六个诽谤者、《死尸》的作者致敬，“因为他们不仅勇敢，而且明达”。

于是，我当时立即提笔给居雅登写了一封信，现将其副本

① 洛蒂（1850—1923），法国作家，殖民小说的代表人物之一。

② 巴雷斯（1862—1923），法国作家，民族主义思想的宣扬者。

寄上。从信中您会明白，我并不属于安纳托尔·法朗士的崇拜者之列（虽然我很喜欢他的三卷《当代史话》），并且从来不爱他。但是，他有权受到尊重，这一点正是我要提醒的。

不！在法国，热情——那激励人们去点燃火堆和架起断头台的热情——还活着！只不过强大的国家政权总是抑制着它。要正确理解蒙田[①]和安纳托尔·法朗士，任何时候都不能忘记他们曾经奋起反对过的那种宗教仇恨（蒙田）和社会仇恨（法朗士）的气氛。

衷心地握您的手，亲爱的朋友。

您的罗曼·罗兰

伟人与其说是自己人民的代表，不如说是跟自己人民一起投入斗争的人。最伟大的英国人总是无情地鞭笞伪善，而伟大的法国人则讥讽精神狂热。

① 蒙田（1533—1592），文艺复兴时期的法国进步哲学家。

十八、罗曼·罗兰致高尔基

1925年1月8日，星期四，

维勒纳沃（沃州），奥尔加别墅

亲爱的朋友：

您12月16日的急信使我有些不安，因为信是用俄文写的，没有译文，而在维勒纳沃我又不认识一个能为我翻译这封信的人。我只好把信寄给日内瓦我的一位忠实朋友，请他翻译。我曾担心，来信要求速复。原来，您只不过想向我说明您对法国的态度。

亲爱的朋友，您爱法国，很好。您永远不会爱它爱得太强烈。难道您认为，我会因为您爱法国而责备您吗？我对它的爱比任何人都更强烈。但是，我们两个人爱得不同。我对待我所爱的人，就同我熟识的某些妇女对待她们自己那样。她们不希望别人爱她们非天性所固有的东西，或者仅仅爱她们漂亮，而闭眼不看她们的缺点。她们希望别人也爱她们的缺点甚至毛病，因为这是她们个性的不可分割的一部分。我正是这样爱她们的，甚至连她们身上我所仇恨的东西也一起爱。

我责备您只看见法国的微笑。我希望您也看见它的牙齿。我希望您在看到它的自由思想的同时，也看到它的偏执、狂热和怀疑主义，看到它既是残暴统治的体现，又是人类友爱的化身，看到它的阴暗的黄昏和光明。

我们欧洲民族，没有一个不是染着玫瑰色指甲的美人。法国也同样如此。他们都是巨大的野兽——程度不同地媚惑，漂亮，体态健美——但过去全都饱食过动物的尸体。历史是科洛西姆斗兽场[①]，是苦命人活动的舞台。而这丝毫也不妨碍我欣赏狮子。但是，我却不会夸奖它们的善心。

至于在评价这些威严显赫的统治者的时候为他们确定次第，我则不能，至少对西方四五个伟大民族是这样。在一千年的历史中，他们如此紧密地交织在一起，他们的本质几乎是一样的。法国也不是单一的。至少有四个或者五个法国：日耳曼法国（法国北部和东部）、英吉利法国（诺曼底）、高卢法国（法国中部）、拉丁法国（地中海南部）、伊比利安（比利牛斯）法国，布列塔尼的克尔特人等就不用提了。

您这样谈论悲观主义，好像我们在法国根本没有体验过这种感情！而奥里维会对您说他曾经对克利斯朵夫[②]说过的话："你是否在我们的帕斯卡[③]的深渊面前弯过腰？"

---

① 科洛西姆斗兽场，即意大利古罗马斗兽场，是古罗马帝国专供奴隶主、贵族和自由民观看斗兽或奴隶角斗的地方。

② 奥里维和克利斯朵夫，罗曼·罗兰的长篇小说《约翰·克利斯朵夫》中的人物。

③ 帕斯卡（1623—1662），法国哲学家、学者、作家。

至于您举出莱奥帕尔迪[①]和叔本华[②]为意大利和德国的典型代表（昙花一现的人物！），恐怕没有必要为反对您的看法既举出薄伽丘[③]、短篇小说家们和阿里奥斯托[④]，又举出莫扎特和另一位作曲家——《欢乐颂》[⑤]的作者跟他们对比吧？

每一个伟大的民族都联系着心灵的两极——乐观主义和悲观主义。天堂和地狱是两个深渊，而它则占据两者当中的空间。

我对您一片诚心。请接受我最衷心的新年祝愿。

罗曼·罗兰

① 莱奥帕尔迪（1798—1837），意大利诗人。

② 叔本华（1788—1860），德国唯心主义哲学家。

③ 薄伽丘（1313—1375），文艺复兴初期的意大利短篇小说家和诗人，《十日谈》的作者。

④ 阿里奥斯托（1475—1553），文艺复兴时期的意大利诗人和剧作家。

⑤ 贝多芬第九交响乐的最后乐章。

十九、高尔基致罗曼·罗兰

1926年3月24日，那不勒斯

亲爱的朋友：

谢尔盖·叶赛宁的悲剧在很大程度上是有代表性的。这是一个热爱田野和森林，热爱自己乡村的天空、动物和鲜花的农村青年、浪漫主义者和抒情诗人的悲剧。他之来到城市，是为了向人们倾诉他对原始生活热情洋溢的爱，把这种生活朴素的美告诉人们。我是在叶赛宁初到城市的时候见到他的：他个子不高，体态优美，浅色的头发卷曲着，衣着像《为沙皇而生》[①]中的万尼亚，天蓝色的眼睛，整洁利落，则像龙格林[②]——那时候的他，就是这样的。城市兴高采烈地迎接他，犹如嘴馋的人见到一月的草莓。人们开始像伪君子和心怀嫉妒的人那样过分地、虚假地赞扬他的诗。他当时只有十八岁，而到了二十岁的时候，他便在自己的卷发上戴上了一顶时髦的小礼帽，举止

① 《为沙皇而生》，格林卡的歌剧。现名《伊万·苏萨宁》。

② 龙格林，德国作曲家华格纳同名歌剧中的主人公。

活像点心铺的伙计。朋友们用酒灌他，女人们则吸他的血。他很早就感觉到城市会毁灭他，并且用优美的诗句描写了这一点。他虽然仍是一位非常独创的抒情诗人，却已经变成了十足的无赖。我认为，他之所以要无赖，是出于绝望，出于对毁灭的预感，同时也是出于对城市的报复。我想，他同阿赛朵拉·邓肯[1]这个老女人的恋爱，对他是致命的。他在一些悲惨而又不成体统的诗句里，是这样写她的：

在这个女人身上找过幸福，
意外得到的却是毁灭。
我没料到爱情是传染病，
我没料到爱情是黑死症，
她眯着一只眼睛走近我，
使我这个无赖终于颠倒神魂。

他自杀了，但他不是意志软弱的人，他十分清楚和坚定地意识到必须结束自己的生命。他不是上吊死的，而是用绳子把自己勒死的；他把绳子拴在暖气管上，绳圈套在脖子上，然后站着拉紧了绳子。在此之前，他割破了手，用鲜血写了八行诗，其中两行是：

在我们的生活中死不算新鲜，
可活着当然也没啥稀奇。

---

① 阿赛朵拉·邓肯（1878—1927），美国舞蹈家。

关于叶赛宁，我能简短地向您介绍的，就是这一些。

俄国文学家的生活中有许多悲剧，叶赛宁的悲剧是其中最令人痛心的悲剧之一。

今天早晨，我收到了他的诗《阿·邓肯》，读后我一整天都感到惘然若失。

（这封信写得很阴郁，请原谅，我亲爱的朋友。）

谢谢寄来的相片！

亲切地握您的手。

马·高尔基

二十、高尔基致罗曼·罗兰

1927年3月28日，索伦托

亲爱的罗兰：

我这样久没有给您回信，是因为我的德国出版人的疏忽弄得我十分难堪，他竟忘了在我的书的头几册上印上献词[1]。这使我很难以为情和非常生气：多么粗心大意！意大利和美国的出版商是不会出这种差错的。

热忱感谢您寄来的长篇小说[2]！小说的详细内容提要早先我已读过，虽然我不能据此把它作为艺术作品来评判，但我希望已经了解了它的思想。关于您的书的重要意义，人们大概已经对您说的很多了。我个人十分赞赏，我所赞赏的正是您对妇女的态度——我甚至觉得，在法国作家当中，您第一个这样深刻、有力地提出了妇女的社会和文化作用问题。我觉得，一种新的思潮——女权制度思想已席卷了欧洲。在各国作家的作品里，

---

① 指1927年柏林出版的《阿尔达莫诺夫家的事业》德文本，漏印的献词是“献给罗曼·罗兰——人、诗人”。

② 指罗曼·罗兰的长篇小说《欣悦的灵魂》第三部《母与子》。

可以越发经常地看到对妇女作用的新观点，与此同时，他们也越来越多地谈论“男子的没落”及其创造力在一切生活领域中的衰退。您是否读过列诺拉·寇恩博士论述这个问题的著作[①]？还有玛加丽塔·维恩堡的书[②]，您是否也读过？

读茨威格的作品时，我似乎也发现了这种对妇女的新的态度，我是说对妇女的新的爱，这种爱没有丝毫的庇护色彩，倒是甘愿恳求妇女的帮助。

人类疲倦了，失去了对自身创造的生活的控制。目前中国发生的一切[③]，十分雄辩地证明了欧洲的这种疲惫。于是，人们不由自主地想到东方各民族妇女现在所起的积极作用。在我们俄国，在伏尔加河流域、高加索和小亚细亚的伊斯兰教妇女中间，这一点特别引人注目。这不仅表现在她们抛掉了面纱，顽强地反对一夫多妻，反对纳妾，而且表现在她们渴望扩大自己的知识，渴望学习，渴望摆脱伊斯兰教和伊斯兰教法典，而争得精神上的独立。

这是一个多么黑暗而又有趣的时代！我多么希望您能读几本俄国青年作家的书！俄罗斯新文学使我感到兴奋不已。

亲爱的朋友，请接受我最良好的祝愿。

马·高尔基

---

① 指列诺拉·寇恩1925年所著《我们女人》。

② 指1925年德国莱比锡出版的玛加丽塔·维恩堡的《过去和未来的理想国中的妇女问题：在空想家们神奇国土上的游记》。

③ 指中国民族解放运动的发展。中国国民革命军1927年3月22日占领上海，3月24日占领南京。美英等帝国主义国家为了阻挠中国革命力量的节节胜利，制造了炮轰南京事件，企图公然发动反对中国人民的战争。

二十一、高尔基致罗曼·罗兰

1928年1月29日，索伦托

我亲爱的朋友：

“居住在俄国的俄国作家们的一封信”[①]我已经读过。我怀疑作家们会写出这样的信……作家们不可能写出“古典作家的作品在俄国遭到禁止”这样的话，因为国家文学出版社刚刚出版了陀思妥耶夫斯基（包括他的“反革命”作品《恶魔》）、果戈理和普希金的作品，而且印刷很精美；正在准备出版屠格涅夫的作品和列夫·托尔斯泰的九十卷本全集（托尔斯泰的朋友切尔特科夫参加了编委会）。目前已付印的有蒲宁、库普林和什米廖夫的选集，马明-西比里亚克、加林-米哈依洛夫斯基这些老作家也没有被忘记。

---

① 1927年夏，一家白俄报纸发表了匿名的题为《俄国作家们的一封信》，对苏联作家和苏联文坛状况进行诽谤。侨居国外的蒲宁和巴尔蒙特援引此信，请求罗曼·罗兰出面谴责苏联政府。罗曼·罗兰认为有必要进行核实，便写信给高尔基，高尔基写了这封信作为回答。后来，罗曼·罗兰把自己写给高尔基的信以及高尔基的复信一并发表在《欧罗巴》杂志上。

托尔斯泰、陀思妥耶夫斯基和果戈理的作品在一些图书馆的藏书中占第一位，作家们根据这些图书馆的报告，也应当知道古典作家们的作品并没有受到禁止。

每年都有一些俄国青年作家到国外来看我，很难把关于“贫困”的概念同到国外作长途旅行联系在一起。我觉得我很荣幸地得到青年作家的信赖。但是，在亲密的交谈中，当我问及“是谁，是哪个集团会写出这封控诉信”，我得到的回答，只是怀疑地耸耸肩而已……

有人写信对您说，俄国再也没有文学了。这是多么奇怪的论调！……我却为有这样多的青年作家而感到吃惊哩……现时，俄国有数百名作家，他们的人数还在迅速增加，我只能用我的全体人民的才华来解释这一点。俄国人民终于开始意识到了“自我”，意识到了自己的价值，以及在生活各个领域里自由施展自己创造力的权利。

今年我们又出现了几位大作家，他们都有远大的前程。他们是长篇小说《毁灭》的作者法捷耶夫、列昂尼德·鲍里索夫、尼娜·斯米尔诺娃，还有诗人尼·吉洪诺夫，他写了一本出色的诗集。

有一些作家是很有才华的，如列昂尼德·列昂诺夫、巴别尔、符谢沃洛德·伊万诺夫，后者虽不是共产党员，目前正在编辑《红色处女地》杂志。他们如同康斯坦丁·费定、弗拉基米尔·利金、鲍里斯·皮尔尼亚克、谢尔盖·谢苗诺夫一样，赢得了重要的地位。谢尔盖·谢苗诺夫是个工人，具有独特的才能，受了克努特·汉姆生的影响。而左琴科致力于写作小说，这不会贬低他的才华，毫无疑问，他必将逐步从幽默转向讽刺。同他并列的，是卡达耶夫，他是仿果戈理手法的《盗用公款的人》的作者。亚历山大·雅科夫列夫、卡维林等人的进步也相当快。

我很难向您一一列举不仅值得一提，而且值得称赞的所有作家。

在非革命的作家当中，我可以举谢尔盖耶夫-倩斯基、米哈伊尔·普里什文、康斯坦丁·特列尼约夫、尼康德罗夫、魏列萨耶夫、伊万·沃尔诺夫、奥尔嘉·福尔什、阿列克谢·查培根（此人不久前刚出版了一部出色的长篇小说《斯捷潘·拉辛》）、诗人谢尔盖·克雷奇科夫等，这些作家既写得多又写得很成功……

阿列克谢·托尔斯泰写作十分勤奋，是一位出色的小说家，伊万·诺维科夫刚出版了一本短篇小说集。

我认为，目前在俄国文学界居首位的，有两位杰出的大师：谢尔盖耶夫-倩斯基和米哈伊尔·普里什文。普里什文已把自己的新作《追求幸福》寄给了您。

我很可能，甚至肯定忘了向您列举许多才华横溢的作家。我没有时间向您一一列举，况且，我担心把为《西伯利亚的火光》杂志撰稿的所有作者的名字都列举出来，会使您感到厌倦。他们当中的一些人是很有才能的。

我也没有谈到诗人，其中有许多是一致公认的，如帕斯捷尔纳克、吉洪诺夫、阿谢耶夫，亚罗夫、卡津、谢尔文斯基、奥列申等。

高加索各民族，契尔克斯人和奥塞梯人，以及喀山鞑靼人，都创造了整个新的文学。

是的，优秀的文学目前正在俄国发展壮大。我在赞美这种文学的同时，也感到很难过，因为欧洲忽视这个伟大的运动，忽视这支创作力量，而处心积虑地在那里寻找不体面的东西，流露出很深的敌意，而看不到俄国也有好的东西。

无疑（我也承认这一点），目前在俄国好东西还不够多，但要看到这是一个有一亿五千万人口的国家……也不应当忘记，自从俄国人民刚刚赢得了文化生活，并懂得渴求文化意味着什么以来，总共才不过十年。而在俄国，有的农村只有一百四十个居民，却订阅了三十二种出版物。报纸杂志以及通俗科学问题的小册子都要印行好几万份。我深信，初登文坛的数百名作家、散文家和诗人，再过五到十年，定将成为杰出的文学家……

马·高尔基

又及：我认为，国外的俄文报刊曾经为之喧嚣一时的《作家们的一封信》，早在八月份便被俄国国内的各作家组织所驳倒。而这些组织的队伍包括了各个民族的所有作家。据我所知，除我之外，俄国没有一个作家未参加这一联盟。

马·高尔基

二十二、高尔基致罗曼·罗兰

1928年3月22日，索伦托

亲爱的朋友：

“革命家”巴尔蒙特（独创的“革命家”！）给您的极其可笑的信[①]我读过了。1904年，此人曾在自己的一首诗里说：

小私有者，法律家，伪善的家庭眷恋者……

喔，你，第一百万个，何时才能突然消失！

现在他把1789年的法国革命称为“俄国的共产主义革命的导师”，他大概忘了，反对他仇视的“小私有者”的革命却是

① 巴尔蒙特的信是和1928年初在白俄侨民报刊上爆发起来的反苏的诽谤运动有关联的。罗曼·罗兰庆贺十月革命十周年时寄给苏联人民的祝词，在白俄侨民中引起了剧烈的愤怒。1928年1月，巴尔蒙特和蒲宁发表了一封给罗曼·罗兰的公开信，信中充满了对苏联的恶毒攻击。罗曼·罗兰发表了一封回信，揭穿了对社会主义国家的这类攻击的反动意义（《欧罗巴》杂志，1928年2月）。罗曼·罗兰的回信引来了巴尔蒙特的第二封公开信，他又重复了自己的捏造，企图援引自己过去的虚伪的革命性来使自己免受罗曼·罗兰的责难。巴尔蒙特第二次发表的言论，促使高尔基写了这封预定在报刊上公开发表的信。

1871年的革命。

他，这个奇怪的“革命家”教训您：“没有人，也没有什么力量能够扼杀俄罗斯”。为了证实他的预言，他举出了两个事实：1613年“私有者”把米哈伊尔·罗曼诺夫推上了莫斯科皇位，而1812年之后，一个最伪善的俄国沙皇，为了欧洲“私有者”的利益，建立了反动透顶的“神圣同盟”。这不是很独创吗？ 1919年至1920年，巴尔蒙特也曾是“革命家”，他在莫斯科创作并出版了组诗《镰刀和锤子》。诗写得并不好，但诗人在诗里大声赞扬布尔什维克和共产主义，表现了对工人阶级战胜“私有者”的非常高兴的心情。这些蹩脚的诗为巴尔蒙特打开了出国之门。一跨出国境，他就立即无所顾忌地宣称自己是布尔什维克的敌人，宣称自己是苏维埃制度的敌人。

可惜，这一惊人大胆的行为对勃洛克和梭洛古勃产生了很坏的后果——鉴于巴尔蒙特伪善的事实，苏维埃政权不顾卢那察尔斯基坚持地为勃洛克斡旋，拒绝了勃洛克和梭洛古勃出国的请求。我认为，这样对待勃洛克是一个可悲的错误。从勃洛克的日记可以看出，他在1918年已为“无穷的忧郁”，即为许多俄罗斯人所患的可以叫作“生活意志衰退”的疾病所苦。梭洛古勃是悲观主义世界观的最有才华的表达者，是苏维埃政权公开的敌人。但是，如果没有巴尔蒙特事件妨碍的话，他可能也会被允许出国的。您知道，当时的条件不允许工农政权增加自己在国外的敌人——两年之后，苏维埃政权开始把他们驱逐出俄罗斯。

巴尔蒙特曾经一度是优秀的诗人。现在从他诗人的才能里只剩下杜撰和撒谎的习惯了。他重复愚蠢的谎言，造谣说托尔斯泰和陀思妥耶夫斯基的作品“被从图书馆里扔出去了”。他不可能不知道：国家出版社刚刚出版了一万套陀思妥耶夫斯基的十二卷集和第一套《托尔斯泰全集》的头几卷（全集共九十卷，一万五千套）。屠格涅夫、奥斯特洛夫斯基等作家的多卷集也将出版。

巴尔蒙特向您谈到“专横的共产主义”同“建立在个性自由和普遍自由基础上的文明和生活”之间的决斗。我想，我同您比巴尔蒙特更了解这种“文明”和“自由”的价值。我们让巴尔蒙特去欣赏“文明”吧。在这种“文明”之下，犯罪行为的增长和性的放纵达到了极其危险的地步；虐待儿童的现象已经司空见惯；芝加哥市长公然烧毁维多利亚女皇赠送给芝加哥市的英国古典作家的作品；在波士顿，书报检查当局禁止出售威尔斯、辛克莱·刘易斯的著作；在德国，约翰·贝希尔受到了法院的审讯①；在巴黎，维克多·马格里特被攻击中伤②；在安特卫普，大学生们在展览会上耍流氓③，如此等等，等等。能够发生萨柯和凡塞蒂案件④、“猿猴案件”⑤和无数类似的卑鄙行为的“文明”，只有巴尔蒙特式的“革命家”才会赞赏。关于这样的

① 1928年德国著名诗人贝希尔因《路易士毒瓦斯》一书而被审判。

② 由于发表了长篇小说《女光棍》，马格里特被剥夺了“荣誉军团勋章”。

③ 苏联对外文化协会在比利时组织了苏联文化经济建设成就展览会，一群法西斯分子大学生曾前往捣乱破坏。

④ 萨柯和凡塞蒂是在美国工作的意大利工人，1920年5月5日在马萨诸塞州因美国特务捏造的抢劫和谋杀罪而被捕。第二年美国法庭判处他们死刑。这个判决引起全世界劳动者的抗议，要求取消这个判决。但美国政府不顾世界舆论的反对，1927年8月23日将萨柯和凡塞蒂用电刑处死。

⑤ 指1925年7月，美国黑暗宗教的反动分子在田纳西州因约翰·斯科普斯在学校里讲授达尔文关于物种和人类的起源的学说而对他提出的诉讼案件。

"革命家"，克列芒·伏泰尔《我是资产者》一书中的反动家伙勃里福说得不坏：

"他们是那些点燃连接地雷的俾氏导火线的人。他们想看看，这会引起什么结果。这使他们感到开心。当有人告诉他们，这个游戏可能导致悲惨的下场，他们回答道：'没关系，导线燃得很慢，地雷爆炸的时候，我们早就不在了'。"

这是关于巴尔蒙特一类"革命家"所能说的最好的一切。您当然知道，这把他们描绘得够坏了。我说过，巴尔蒙特也曾"点燃俾氏导火线"。像许多俄国知识分子一样，他这样做是为了赶时髦，为了"冒充绅士"，为了想"出风头"，最后，也是出于无聊。当然，他们当中有许多轻薄儿，他们希望借助地雷的爆炸把他们升上高空，安坐云端。地雷爆炸了，他们却安然无恙，继续活着。他们只好忘记自己过去是什么样的人。他们仇视布尔什维克，实际是仇视人民，因为人民知道他们是一些毫无价值的人，不可能满足他们的愿望。他们反对人民的斗争武器，就是诽谤和谎言。

"革命家"巴尔蒙特在信里对您说："在沙皇制度下我们不知道有五岁的醉鬼，七岁的杀人犯和好色之徒"。"革命家"忧伤地想起了沙皇制度，他当然不知道有这样的事实，因为在他"自己的视野里"没有发现过它们。但比如我，就知道在沙皇制度下有许许多多五岁和七岁的醉鬼。我也记得，在沙皇政府每天把数十个人送上绞架的1907—1908年，孩子们在玩的过程中，常常发生把人吊死的事。这些事报纸上登过，弗·柯罗连科在他可怕的《司空见惯的现象》一文中，似乎也提到过。当然，亲爱的罗兰，“七岁的杀人犯”是巴尔蒙特捏造出来吓唬您的。

如果他——巴尔蒙特能比较正直地对待走上了复兴道路的自己的人民，他就会记得，正是连蒲宁及其同伙也一道参与煽动的国内战争，造成了无家可归的流浪儿。如果他——巴尔蒙特消息稍微灵通一些，他便会知道，苏维埃政权同流离失所现象进行的斗争是相当成功的。但巴尔蒙特同他所有流亡国外的朋友们一样，缺乏承认敌人长处的能力，同他所有的朋友一样，他怀恨到这样的地步，竟把杜亚美的俄国特写称作“罪行”。首先，杜亚美是一个非常正直的人。巴尔蒙特却在信中对您说：“十个杜亚美在十年里也看不到蒲宁在十天、十小时内所能看到、观察到的一切。”这个可笑的句子告诉我，或者巴尔蒙特没有读过，或者虽然读过却不了解蒲宁对俄罗斯人民的态度。

恐怕使您感到厌倦，亲爱的朋友，我就要结束这封长信了。以后我再抽时间向您说说我对待俄国“革命的”知识分子和对待以弗·伊·列宁为首的那部分知识分子的态度的故事。现在，以列宁为首的那部分知识分子，克服了俄国的无政府主义，正在俄国把生活的意志、劳动和创造的意志组织起来。

马·高尔基

二十三、高尔基致罗曼·罗兰

1928年3月23日，索伦托

亲爱的罗兰：

您的祝词[①]使我由衷地感动，让我紧握您的手，我的好朋友。您对我的态度，我引以为骄傲，我喜欢读您的信——思想家和诗人心灵的美好的歌。

我已习惯地认为，法兰西人是最细腻的语言大师，尤其是书信文体的大师；世界上任何地方的人都不如法兰西人善于把妇女和思想装饰得那样无愧于她们的美和力量。

是的，我已经六十岁了。但是，我并不感到生活意志和生活兴趣的衰退。我度过了艰难的一生，我知道，如果我没有学会热爱作为人类创造性最高表现的艺术和科学的话，生活就会痛苦得多。我好像对您说过，法国文学对发展这种爱以及我的全部能力，是起了决定性影响的。我认为重复这一自白并不是多余的，因为这是同您一道坚信人们的精神友爱的人的真诚的

① 指庆贺高尔基六十寿辰的祝词。

自白。

从法国到西伯利亚，就如同法兰西人和蒙古人之间的距离一样遥远。请原谅我做了这样一个您意想不到的、奇怪的跳跃。但是，我必须告诉您一个事实，您可能不会像我把它看得那样重要。这个事实就是非俄罗斯民族的文学在俄国异常迅速的发展。过去十年间，苏联的芬兰族、蒙古族、突厥–芬兰族都有了自己的文字，这一点您已经知道了。伏尔加河流域各民族——楚瓦什人、摩尔多瓦人、车累米斯人——像高加索和西伯利亚各民族一样，已经有了自己的报纸，创建了音乐学校、博物馆、出版社，涌现出了散文作家和诗人。百万楚瓦什人在自己的首都——伏尔加河畔的契博克萨雷已出版十种报纸，有一种发行数量达一万多份。总之，与俄罗斯文化融合的进程发展得很快。

4月20日将于新西伯利亚召开西伯利亚作家代表大会，出席大会的代表有俄罗斯族、雅库特族、布里亚特族和其他民族的作家。亲爱的罗兰，我恳请您给他们写几句祝贺的话！我不用说，您——人们友爱的宣扬者的信将给他们带去多大的愉快。您的信可以直接寄：新西伯利亚《西伯利亚的火光》编辑部弗拉基米尔·扎祖勃林收。他是个很有才华的青年作家，不久前曾在巴黎的一家杂志上发表过作品。或者，请把信寄给我，由我亲自转去。请您务必写几句。

巴尔蒙特又写信打扰您了①，我觉得他的信是愚蠢的。我很早就了解巴尔蒙特，而且了解颇深。总的说来，他在各方面都

① 参见高尔基1928年3月22日致罗曼·罗兰信注①。

是个并不聪明的人，而且是个酒鬼，不很正常。作为诗人，他是一本真正出色的诗集《我们将和太阳一样》的作者。他的所有其他作品只不过是富于技巧和动听的文字游戏而已。他是个泛神论者，但他的泛神论是从克努特·汉姆生的出色长篇小说《半人半羊的牧神》中汲取来的；就形式而言，他是你们那些“颓废派”的学生，而后又堕落到罗斯丹的地步。现在他是一个心灵空虚的人。寄上我对巴尔蒙特的信的反驳意见[①]。如果您认为我的反驳意见有足够分量和适当的话，也许您能将其发表？当然，我并不坚持这一点。但是，我不希望蒲宁、巴尔蒙特以及其他完全脱离自己的人民、脱离俄罗斯的潦倒之徒把您也拖进他们无可奈何的怨恨中去，用“抗议”等来打扰您。

亲爱的朋友，再一次紧握您的手，并向您表示谢意。

马·高尔基

① 即前信。

二十四、高尔基致罗曼·罗兰

1928年4月5日，索伦托

亲爱的朋友：

我给您寄去了对巴尔蒙特的评论[①]，为的是让您了解我对此人的看法。我不相信这种人有权向您进行社会道德说教和左右您的意见。您是否认为我对他的看法太无情了？我所说的比我能够说的少得多。如果您认为没有必要和不便于发表我对巴尔蒙特的评论，那是您的权利，亲爱的朋友。

您对于阿尔达莫诺夫老头的看法[②]使我非常高兴，您对这个人物的理解，正是我想要描写的那个样子。我是用契洪·维亚洛夫——《战争与和平》里的普拉东·卡拉塔耶夫的变种——同他作对比的。读过我这本书意大利文译本的季洛杜（似乎）

① 即高尔基1928年3月22日致罗曼·罗兰的信。

② 罗曼·罗兰对高尔基在《阿尔达莫诺夫家的事业》中所达到的真正经典作家的高度技巧表示赞赏。罗曼·罗兰特别指出，阿尔达莫诺夫老头儿“刻画得不朽的”形象是民间出身的暴发户的典型，有着深刻的历史意义，这类典型在1789年革命前的法国也出现过。

认为，契洪这个人物我写得很成功，令人感到可怕。他实际上就是如此。他和巴尔扎克笔下的“皮桑”[①]在精神上是相通的。他在现代俄国就是这个样子。

我多么希望看到普里什文的短篇小说集和列昂诺夫的长篇小说《贼》能在法国出版。普里什文有着惊人的驾驭俄罗斯语言的能力，他笔下的狗、鸟儿和自然风景同样令人惊叹;《贼》是一部结构独特的长篇小说，虽然书中人物是用陀思妥耶夫斯基手法描绘的，但被置于极其复杂的关系之中，写得非常生动。在俄国，这部书未能被人们所理解，也没有得到充分的评价。

让我友好地握您的手，我亲爱的罗兰，并衷心感谢您给扎祖勃林写了信。

新西伯利亚在旧地图上叫诺沃尼古拉耶夫斯克，是西伯利亚地区的一座城市。

不，我对玛丽亚·库达舍娃毫无所知。

马·高尔基

---

① 指巴尔扎克的长篇小说《农民》。

二十五、高尔基致罗曼·罗兰

1931年1月15日，索伦托

亲爱的朋友：

请原谅我未能及时给您回信。我的右手得了关节炎，而口授信我又不能够。

我不想说，您保卫苏联的坚定立场，以及您反对里乌先生的出色文章[①]使我有多高兴——我们彼此之间不应有赞誉之词的立足之地，然而却无法避免。我只好跳出这个矛盾，在思想上拥抱您，紧紧握您——演员、导师和战士的手。

今天，当冒险家们在各国人民之间煽动敌对和仇恨，新的国际大屠杀的威胁变得日益现实的时刻，善于爱和信任的人们，就应当像您一样勇敢地发表意见。

欧洲资本家的厚颜无耻达到了空前惊人的地步。他们在众目睽睽之下，为所欲为地制造反对劳动人民的血腥阴谋，可以

① 指罗曼·罗兰《欧洲，扩大或死亡！——答加斯东·里乌》一文。里乌写了《欧洲合众国还是世界合众国》一文，罗曼·罗兰在自己的文章中揭露了当时资产阶级鼓吹的欧洲联邦的反对社会主义苏联的帝国主义侵略本质。

想象，经济危机是这一巨大阴谋的一部分，资本家人为地制造失业者的大军，目的是要把他们变成士兵的大军。可能，我们将再一次成为百万富翁策划的穷苦人的世界大战的目击者。

这就是我今天体验的思想和情绪。我知道，这也是您的思想，这总是使我感到由衷的高兴。

您希望同我会晤——这也是我长久以来的强烈愿望。

我将在5月间回苏联，在那里住到9月底。您的健康状况是否允许您去莫斯科？您是怎样想的？

紧紧握您的手，衷心祝您健康！

高尔基

二十六、高尔基致罗曼·罗兰

1931年2月9日，索伦托

亲爱的朋友：

我读了您对里乌先生的文章所作的绝妙的回答。且不谈我怀着怎样的喜悦和为写文章的人感到骄傲的心情拜读了您勇敢的言论。在欧洲，只有您一人会这样讲话，——我相信，正因为如此，欧洲一切正直的人，一切真正有教养的人会清楚地听到您的声音。他们也许能使阿里斯蒂德·白里安[1]的狂妄的企图稍微清醒一点——这是一项以前所未见的惨祸威胁世界的企图。

列梅佐夫[2]告诉我，您想看《土耳其斯坦——西伯利亚铁路》和《大地》两部影片。我已写信给莫斯科，让他们把影片寄给您。您是否收到了您的几本书的俄译本？

我将在4月份去莫斯科，如果您也有去那里的打算就太好

① 当时的法国外交部部长。他在1930年提出一项计划，旨在建立资本主义国家联盟，准备对苏战争。

② 列梅佐夫，文学家，一座小印刷厂的厂主，曾在罗曼·罗兰住过的瑞士某地居住。

了！请注意，如健康状况允许您作这次旅行，他们会派一节车厢到波兰边境接您。若能同您一起沿伏尔加河、卡马河到乌拉尔走一趟，该有多好。伏尔加河上有出色的轮船。我也可以向您介绍伏尔加河两岸城市的许多往事，我们将在一起度过一些美好的日子，亲爱的朋友。

紧紧地握您的手。

马·高尔基

二十七、高尔基致罗曼·罗兰

1931年4月2日，索伦托

亲爱的和我日益尊敬的朋友：

这封信没有给您译成法文，请原谅。我希望快一点给您回信，而身边又没有能准确翻译的人。

关于高尔基晚会①，我还一无所知。我想，这个晚会是为庆祝我六十三岁生日举办的。我的生日是3月27日。

我完全同意您的看法，莫斯科电台广播的报道面太窄，没有阐明一系列具有十分深刻的文化意义的现象，比如：截至3月20日，二千五百万农户中，已有九百八十万户加入了集体农庄。这个实行集体耕种土地的运动是十分自然的：列宁曾幻想十万台拖拉机，我们已有近七万台；目前，还有从美国买来的两万九千台拖拉机正在南方几个港口卸货。

充分供给农村机器这一事实，将产生怎样的文化影响？首

---

① 指3月28日莫斯科电台为法语听众组织的纪念高尔基诞辰的广播节目。

先，集体农民的收入将比个体农民多两倍到四倍，此外，还有许多空余时间，可以用来学习文化。虽然集体农庄运动搞了还不到三年，但已几乎引起了书荒，每月销售达二十万册。我指的不是小册子，而是“大部头”作品。司汤达的《巴马修道院》印数两万、三万、七万五千册的三个版本都已销售一空。巴尔扎克、梅里美、戈蒂耶[①]、福楼拜等作家更为大家喜爱。我将从莫斯科寄给您国家出版社（顺便说说，国家出版社的工作搞得很不好，不大善于选择书籍，发行工作也不够有力）出版书籍的精确数字。农村对文艺和科学普及读物的需要造成了纸荒。工厂当然也不落后于农村，每个工厂都有自己的报纸，有些工厂甚至每个车间都出版小报。在我的故乡——下诺夫哥罗德的索尔莫沃工厂，一万八千工人，出版了发行量为一万八千份的报纸，这简直像是笑话！但这不是个别的现象。亲爱的朋友，您能否想象，当我得知这类事实时，我有多么骄傲和高兴！衷心希望您能体验我同样的感受。

关于苏联文化的发展情况，关于“流浪儿”的劳动教养院的生活，如何劳动改造“社会危险分子”即刑事罪犯的问题，以及有关少先队员的生活和工作，中亚细亚妇女的解放等，我可以同您谈很多很多——但所有这些，我到夏天再告诉您。

现在谈谈亨利·赛教授的信[②]。

历史学家普拉托诺夫这个人，我在1920年见过。他对帝制的信念，在当时国内战争时期也没有隐瞒。但十年来，并没有

---

① 戈蒂耶（1811—1872），法国作家和文学批评家。

② 罗曼·罗兰把他收到的亨利·赛教授询问历史学家普拉托诺夫遭遇的信转给了高尔基。

触动他。好像是在1929年，他的女儿因参加保皇派组织被捕。有人告诉我，他因为隐藏有关国家重要的文件而被捕，也因为他是同巴黎的俄国保皇党人有联系的保皇党人团体的组织者和鼓舞者。根据我所了解的群众情绪，可以断言，所有这些保皇党的阴谋是在书斋里策划，并建立在沙滩上的。农民们清楚懂得君主制的意义。就是说，他们懂得它的基础就是大地产。没有，也不可能有什么力量能把农民拉回到这方面来。农民已经前进得很远了，不可能再回到他们曾经与之进行过殊死斗争的旧制度去。

您可以告诉“一个庄稼人”①，阿布拉莫维奇②并没有到过他所说的那些地方。这是十分准确地查明了的。尚需同样准确地查明的，是他曾经到过莫斯科，这一点肯定会做到的。

我觉得，在这方面应该重视被告格罗曼③的愤慨。他在法庭上坚决地说：“我不是疯子，我没有幻觉病。如果我说，阿布拉莫维奇到过莫斯科，我同他谈过话——这就是说，这一切都是真的。”

格罗曼是一个比较正派的人，他的悔悟是有十分可靠的根据的，是最真诚的。

叶卡捷琳娜·彼什科娃——我的前妻和我儿子的母亲，现在在这里，在索伦托，她肯定，盖茨④是自由的，并且在工作。

---

① 罗曼·罗兰把某个“庄稼人”的信转给了高尔基。“庄稼人”企图推翻苏联法庭对孟什维克反革命组织案件的审判材料。审判是1931年3月在莫斯科进行的。

② 阿布拉莫维奇，侨居国外的孟什维克头目之一。

③ 格罗曼，孟什维克，因上述反革命组织案件被判刑。

④ 盖茨，意大利无政府主义者。

我知道，所有因“工业党”[①]案被判刑的破坏分子，虽被监禁，生活条件仍然不错，并且还在工作，以消除他们造成的危害。拉姆津[②]甚至还在给热工研究所的工程师讲课。

我亲爱的朋友！当您来到苏联的时候，您就会相信，那里正在创造真正伟大的具有世界意义的事业。我相信，我们将在那里会晤，非常紧紧地握您——争取正义的英勇斗士的手。祝您健康！

马·高尔基

① 工业党，资产阶级高级技术知识分子组织的地下反革命特务组织，受国外帝国主义指使，1926年开始在苏联进行活动。1930年11月25日—12月7日对工业党进行了审判。

② 拉姆津（1887—1948），教授，热工专家，因工业党案被判刑，后提前释放。1943年，因建造直流式锅炉装置获斯大林奖金。

二十八、罗曼·罗兰致高尔基

1931年6月2日，

维勒纳沃（沃州），奥尔加别墅

亲爱的朋友：

今年夏天，我恐怕不能如愿地访问苏联。肺部衰弱（去冬患支气管肺炎的后果）使我难以作这次旅行；而主要的困难是，像我这样一个客人必须准备在苏联发表各种公开的演说。事情如果做不好或者只做一半，倒不如完全不做。所以，还是把这次旅行推迟到我感觉自己更健康的时候进行为好。我最大的遗憾是不能见到您。

现在，请我的朋友玛丽亚·巴甫洛芙娜·库达舍娃把我新写的一篇文章的校样转给您，该文将发表在6月15日出版的一期《欧罗巴》杂志上，题目是：《与过去告别》。有一次，在翻阅战时写的旧文集[①]时，我仔细考察了1914年以来我的观点的演变过程。这无情的审查迫使我公开摒弃过去的许多幻想。其中

① 指罗曼·罗兰的文集《超乎混战之上》和《先驱者》。

之一，而且并非无关紧要的，就是对知识分子的幻想——对他们，1919年我曾发表过《精神独立宣言》。因为最近十二年的经验告诉我，对于这些把“精神独立”仅仅视为可以不冒任何风险、不表现宽宏大量的特权的人，所能期待的东西实在太少了。我的文章仅仅是今后几个月我将继续进行的审查的第一部分（1914年—1919年）。第二部分（1919年—1931年）的重要性不亚于此，因为其中涉及知识分子阶层的神圣特权，他们利用这些特权寻找十分冠冕堂皇的方便借口，以便巧妙地摆脱困境。

请您好好接待转交该文的来人，为了帮助我更好地了解并热爱新俄罗斯，玛丽亚·巴甫洛芙娜做了很多工作。近几个月来，我能够读您在俄文报纸上发表的文章，应该归功于她；她给我寄来译文，因为她是您的热烈的崇拜者。

我请求您帮助她再弄一个今年到瑞士，到我这里来的许可证。我需要她对我的事务积极、热心的帮助，由于年龄和糟糕的健康状况使我的精力越来越不够，对于我，这些事务的负担变得日益沉重，积累得越来越多。为我弄到这样一个许可证，对于您并不困难；但是，我认为，您的直接参与是必不可少的。我代表玛丽亚·巴甫洛芙娜，并以我个人的名义向您预致谢意。

紧紧地握您的手，并请向叶卡捷琳娜·巴·彼什科娃女士转达我的问候。

您的朋友罗曼·罗兰

您是否已授权安德烈·热尔明在法国出版您的全部新作品？假如这样，我会感到很痛心的，因为我虽然尊重他的自由思想，但我必须说，这种自由思想同他的《欧洲评论》杂志一样，带有纯粹“唯美主义”或“唯美派”的性质，是与行动格格不入的。我倒更希望看到您的某些报刊论文出版。在这些文章中，您像一位善良而又严厉的兄长对年轻的无产阶级知识分子讲话，既不吝惜表扬，也不吝惜批评。这会是一幅由苏联各族人民奇异的生命力化为沃土的新精神原野的扣人心弦的图画。

玛丽亚·库达舍娃在莫斯科的地址如旧，即柯冈教授的地址（她是柯冈教授的秘书）：列夫申斯基大街8号甲内29号，电话：3-67-17。

二十九、高尔基致罗曼·罗兰

1931年7月5日，莫斯科

亲爱的朋友：

您今年不能前来苏联，我当然感到十分难过，但这也有它好的一面：明年将会给您留下更多的印象，因为苏联的许多建设项目将会竣工，以完成的形态出现在您的面前。

我不知道，我是否应当对您说，您关于父亲逝世的精神坚忍的通报让我心里想："罗曼·罗兰就像他自己所说的那样，是个真正的罗马人！"您的那篇勇敢的文章①——它将发表在下一期《红色处女地》上——也使我产生了同样的想法。

国际革命作家联合会恳请您寄去"与战争准备有关的具体艺术资料"。我不大明白，"有关的具体艺术资料"等指的是什么，但我认为，我们大家都应再次表明自己对战争的态度。国际联合会现已向您，向西奥多尔·德莱塞②、萧伯纳、赫·威尔

① 指罗曼·罗兰的《与过去告别》一文。

② 西奥多尔·德莱塞（1871—1945），美国作家。

斯，还有另外几位人士提出了这一请求。

亲爱的罗兰，请原谅，我用这一请求增加您的负担，但是——必须战斗，而您是斗志最坚强的战士之一。

生活在这里，就是生活在对许多世纪以来形成的小市民的保守主义，对自古形成的偏见、成见和迷信，对来自无组织物质的阻力广泛开展的不间断的斗争之中，人们正满腔热情地在这场斗争中创造出能够减轻他们的生活和他们的劳动的一切，能够使他们摆脱无益的体力消耗，并使之转变为精神和才智的动力的一切。

在这里，思想和意志都革命化了，我应当说，是令人惊奇地革命化了，而创造性的思想似乎是以重新审视和改变它自己确定的一切法则为目的的。思想之大胆往往近乎幻想。按照物理定律，作用于一个方向的力，不可能同时作用于相反的方向，而我的一位老朋友、（沙皇时期）近卫炮兵的一个军官却发明了一艘船，没有发动机，但能借助河里水流的力逆流前行。我们的一位教授认为把光谱分析用于生物学领域是可能的。人们用刨花压制的纤维板做出了耐火的建筑材料。还有许许多多的发明和创造，我无权去说它们，就是上面我所说的，暂时也应仅限于我们之间。

令人惊奇不已的现象在中亚也出现了，在那里，许多游牧部落跨越了资本主义阶段，整个部族整个部落地从游牧生活过渡到社会主义经济，建立畜牧业以及生产棉花和粮食的集体农庄。“富农”——农村的剥削者——在他们被流放的地方加入同共青团突击队进行的社会主义竞赛并在劳动中取得了对青年的胜利。农民清楚地懂得，只有装备了机器的集体农庄才能把他们从在小块贫瘠土地上进行的奴役劳动中真正解放出来。肮脏的俄罗斯农村正在消失，代之而起的是一座座城市，那里有公共澡堂、剧院、面包房、洗衣房、学校、幼儿园，在那里妇女不再是家里的牲口和丈夫的奴隶。

昨天，一位妇女从塔什干来看我，她在那边的大学里讲授唯物主义史课程，——革命前，她是库班的一个雇农，后来嫁给一个哥萨克，他后来离开了她，参加了邓尼金的军队。现在，他是集体农庄庄员，而他从前的妻子是教授！这种转变成百上千。乌兹别克妇女洛拉·汗写了一部十分有趣的长篇小说《正在倒塌的清真寺塔》，该书第二版刚刚出版，印数一万册，——这在妇女没有权利让男人看见自己面容的部族里是生活中的一件大事。现在乌兹别克人和土库曼人采用了拉丁字体，结果是，使用这种字体阅读的人比使用阿拉伯文只读可兰经的人立即变得更有文化。对知识的渴望，对书籍的大量需求，引起了纸荒。这是十分自然的：列夫·托尔斯泰的文集印数超过三百万册，市场上还是买不到，其他经典作家的文集也一样。在这方面我们几乎发生了灾难。西拉诺·德·贝尔热拉克[①]的《另一个世界》（《L'Autre Monde》）一书印了五千册，三天就被抢购一空，乔治·桑的《乡村故事》同样如此。准备付印的歌德、巴尔扎克、福楼拜的文集无纸可印，您的书也被耽搁了，而这一切是在每年建设好几个大型造纸厂的情况下发生的。人民经受了几百年的饥饿，很难用“精神食粮”喂饱他们。

---

① 西拉诺·德·贝尔热拉克（1619—1655），法国作家。

我的朋友，我想，这封长信使您厌倦了吧，但这封信只说了我想要说的不到千分之一。

我感觉不适，心脏疲累，气喘，只好卧床休息了几天。寄上弗拉基米尔省帕列赫村手工匠人制作的两个小盒子。革命前，这些匠人为全俄国的农村画圣像，他们的作品既无独创性，也不精美，虽然他们使用的是与现在同样的技术和同样的颜料。但现在他们的作品很受青睐并为民间艺术爱好者收藏。

另寄上一把裁书刀，是兹拉托乌斯特制作的。帕列赫工匠们瓷器活非常出色。很遗憾，我无法为您弄到大乌斯丘格的银器，那也是非同一般的手艺。

好啦，我亲爱的朋友，祝您身体健康！

紧紧地握手。

马·高尔基

三十、高尔基致罗曼·罗兰

1931年10月31日，索伦托

亲爱的朋友：

拖到今天才给您写信，这当然是不能原谅的。但我在莫斯科患了流感，病体未完全康复就在医生的陪同下来到这里。到达之后，不得不马上处理了几件虽然不大、但急需办理的事情。

这一年，我回苏联的参观访问，已经不是旁观者的参观访问，而是一次工作旅行了。我组织了几项文学出版工作，其中我认为特别有意义的是十五卷集《国内战争史》和《工厂史》，后者应尽可能完整地反映工业和工人阶级成长的历史。参加编写前一部著作的，有一百五十名历史学家、军事专家和所有最著名的文学家列昂诺夫、符谢沃洛德·伊万诺夫、阿列克谢·托尔斯泰、费定等。他们将对文件、回忆录、战争参加者的口头叙述（速记下来的）等材料进行加工，使这些材料通俗易懂、具有形象性和鲜明性；与此同时，全部材料也将为他们的艺术创作提供主题。《国内战争史》第一版的印数为二十万册，面向广大读者。

《工厂史》旨在向我国青年介绍他们的曾祖父、祖父和父亲辈的过去，——有些工厂还是在彼得大帝时代建设的。这部历史以档案文件和老年人的回忆为依据。我们吸收工厂文学小组的青年人参加材料的加工。要让他们学会描写他们十分熟悉的、他们自己正在创造的东西。这些材料也将由有经验的文学家负责编辑。计划第一步写一百零二家工厂的历史。

还组织了出版《诗人丛书》的工作，这将是从十八世纪到现在的有代表性的俄罗斯诗歌发展的画卷。每一个诗人出一本书（五个印张）。还组织了几项文学出版工作，总的目的是用历史知识武装拥有一亿六千二百万人口的这个国家的青年。这些青年人，其中多数是农村青年，自幼没有文化，必须使他们了解过去。这样做能帮助他们更好地理解并真正珍惜他们今天正在创造的一切。这就是我向您的“汇报”。

苏联的生活如此蓬勃发展，如此有意义和丰富多彩，我回到这里真感到有点不习惯和不自在了。好像我有什么被夺走了，我被置于静止的时间之中了。满洲事件[①]使人忧虑，资本家先生们在撕裂着中国，他们的无耻行径令人愤慨，——各国伪君子们的这个“国联”[②]引起人们何等的鄙视啊。令人惊奇的是，欧洲的知识分子面对以死亡威胁他们生存的事件竟漠然视之。他们的精神多么贫乏，完全丧失了对自己的荣誉和自己民族历史

① 指1931年9月日本帝国主义入侵中国，占领南满，并向中国内地深入。

② 1931年10月24日，国联理事会开会讨论日本侵华问题。会议主席阿·白里安竟说，关于日本军队撤出中国的决议无法律效力，理由是日本反对这项决议。

的责任感。我极其兴奋地在《消息报》上读到您的信[①]——一个勇敢的、真正独立的人说出的话，一个写完《超乎混战之上》以后立即勇敢地投身于这场两个世界的斗争的人说出的话。

紧紧地拥抱您。

马·高尔基

① 1931年10月28日《消息报》以“罗曼·罗兰谈满洲事件”为题发表罗曼·罗兰的一封信。信中号召中日两国人民推翻帝国主义军事集团的统治，协力反对国内外敌人。

三十一、罗曼·罗兰致高尔基

1932年1月22日，星期五，

维勒纳沃（沃州），奥尔加别墅

亲爱的朋友：

当李卜克内西和红色罗莎[①]在柏林遇难一周年的时候，我偶然找到了当时在这个惨案最初印象影响下写的一篇旧文，该文十五天之后在《人道报》上连载三期（1919年2月初）。我想，它会使您感兴趣的，故用挂号信寄上其副本。重读此文，我惊异而又高兴地确认，1919年到1932年期间，为了赶上在莫斯科的您，我只走了一段不很远的路程。我一下子就迈出了远远的一步。在法国，似乎我是最早揭露和谴责社会民主党血腥背叛的人。当时社会民主党人控制的《人道报》登出我的文章是偶然的，全靠阿麦德·居努阿，他是我的尼维尔涅兹同乡。大概，后来编辑们悔恨莫及，对文章也就保持沉默了。当我出版政治

① 李卜克内西（1871—1919）和罗莎（1871—1919）是德国无产阶级的领袖，1919年1月15日被德国帝国主义者残酷杀害。

论文集第三卷(《超乎混战之上》和《先驱者》两书的续集)时,《柏林血腥的一月》一文将为该书开卷的第一篇。

(我把文章的副本寄给一些莫斯科友人,该文现在可能会引起他们的兴趣。)

您可能已从让·格恩诺[①]那里收到他介绍您的政论集《他们与我们》(法文版)的论文的版样。此文发表在1月15日出版的一期《欧罗巴》杂志上,尽管其思想不够明确,但我想您会喜欢的。总的说来,他提出的论点同卢那察尔斯基《个人主义与革命》一文(刊登在《世界革命文学》杂志[②]第二期上)的思想几乎是一致的。格恩诺认为,在资产阶级社会条件下,个人主义对于想摆脱本阶级的偏见和利益的作家有着特殊的意义。这正是他求解放的武器,是他为自己开拓道路并参加胜利的革命者的工人阶级队伍的手段。

在《欧罗巴》杂志的编辑中间,让·格恩诺在许多方面是一个最值得尊敬和同情的人。该杂志的编辑部完全是一个混合体,使我很不满意。让·格恩诺本人是工人出身,他是个不幸的人,被繁重的劳累和忧虑折磨得疲惫不堪。为达到作家和教师的地位,他不得不艰苦地工作。要达到思想的严整和稳定,他需要付出巨大的努力。像来自民间的自学者身上经常发生的情形那样,他过于受资产阶级古典文化魔力的影响。这的确是一座由孜孜不倦的天才在许多世纪中建造起来的令人望而生畏的大厦,新手们跨进这座大厦就心神迷惘,犹如置身于庙宇的

① 让·格恩诺(生于1890年),法国作家和政论家。

② 法文版,1931年8月。

穹隆之下。他们小声说话，脱掉帽子，并准备画十字祈祷。这圣地可能会受到革命威胁或凌辱的念头，使他们感到经常的忧虑和强烈的不安。富有的资产阶级知识分子很清楚这一点，他们在利用这种感情。让·格恩诺过去和现在都为这些矛盾所苦恼。但是我相信他。我介绍他到您那里去。请您接待他，并完成我已开始的事——给他指出一条正确的道路，指出他真正的责任！他有良好的基础。

我已经很久没收到您的信息。希望您没有生病。我还希望您没有（据我所知）任何理由对我不满或冷淡。如有，请坦率地告诉我！我相信，这是误会。因为我像过去一样仍然是您忠实的朋友。

罗曼·罗兰

我在1919年写的那篇文章里利用了威廉·赫尔佐格[①]在其《共和国》杂志发表的文章。那时，他曾经是一个勇敢的人。我不知道，他后来怎么样了。我担心，“文学”损害了他思想的活跃。

您在苏联发表什么文章，如可能的话，请把副本寄给我（至少寄最重要的）！有人会给我译读的。

① 威廉·赫尔佐格（生于1884年），德国政论家和作家。

三十二、高尔基致罗曼·罗兰

1932年2月20日，索伦托

我亲爱的朋友：

昨天我收到了您发自罗马的信。您气愤地提到邮局开的“可爱”的玩笑。昨天，2月19日，我也收到了莫斯科1月8日寄出的邮包。但——“ich grolle nicht”（我没有生气）。在沙皇俄国，我常收到寄给高尔基或彼什科夫的信，打开信封，里面却莫明其妙地写着：“非常尊敬的安娜·伊万诺芙娜，我告诉您，鸡蛋全卖光了……”或者，“非常亲爱的沃洛佳，你不知道我多么爱你……”这就是说，检查官在寄给我的信封里放进了别人的信——这样的事常常发生。

我感到对不起您：没有告诉您，1月29日已收到了您1月22日的来信和文章[1]，后者我立即转往莫斯科了；我知道，它即将在最近几天发表。我回信迟了，因为我苦于各种事务，形形

① 指罗曼·罗兰《柏林血腥的一月》一文。文章揭露了德国政府杀害卡尔·李卜克内西和罗莎·卢森堡的罪行。

色色，多得令人发笑；时间不够，使我不能享受同您进行笔谈的愉快，这使我生气和苦恼。我的日子是在神经紧张中，在对各种各样侮辱的期待中度过的，而这种期待又总不出所料。生活在苏联境外，越来越痛苦，特别是现在，当远东正在酝酿空前卑鄙透顶的罪行，而欧洲资产阶级在亚洲人民的面前赤裸裸地暴露出骇人听闻的野蛮和对发横财的肮脏渴望的时候，更是如此。

我觉得，无耻地、几乎是不加掩饰地着手对中国的瓜分[①]，将引起新的欧战。我担心，苏联会被卷进去。如果设想欧洲资本主义不希望如此，新战争不符合它的利益，那就太天真了——因为欧洲的资本主义可以在战场上消灭掉几千万人，并借助于军火工业，振兴它摇摇欲坠的事业。罪犯们统治着世界，而他们的罪行又是如此明显，不由让人产生这样的问题："难道欧洲的知识分子和无产阶级瞎了眼了吗？难道他们看不到死亡的危险正威胁着他们吗？"我绝不是什么"惊惶失措"分子，但我不能想象，如果工人阶级和知识分子不积极行动起来，动员自己全部的生命力量，有什么能够制止正在酝酿中的灾难呢？

在对待苏联的态度方面，半死人当中出现了精神苏醒的征兆：刚才有人告诉我，似乎有七千名左右俄罗斯侨民表示了要回祖国的愿望。但问题是：为什么？目的何在？是为了保卫祖国的自由，还是为了联合过去的富人反对正在建设自己的平等

---

① 1932年1月3日，日本帝国主义占领中国东北三省，2月18日，日本占领者宣布满洲脱离中国独立，成立伪满政府，实际把满洲变成了日本帝国主义的殖民地。

社会的工人阶级?

出现了一些心理改造的有趣的事实。比如：斯腾保克·费尔默尔伯爵，富有的乌拉尔工业家的继承人，威廉二世军队的近卫军军官，他同其他十名军官一起参加了德国共产党；斯维雅托波尔克·米尔斯基公爵，前内政部长的儿子，也宣布自己是共产主义者；居住在比利时的希尔科夫公爵的儿子，旧军官，现在是煤矿工，突然断绝了同侨民的一切联系。但是，这些个别的精神复活的事实，当然还不能使人做出严肃的结论。

希尔科夫的情况很有代表性，他同了解他公爵身份的工人们生活在一起。

我觉得，欧洲和美国的知识分子，如果有人能够帮助他们认识到自己处在资本主义的锤子和无产阶级的铁砧之间的可悲境地的话，是可以起点有益的作用的。我们——您和我，亲爱的朋友，何不试一试？我们掌握了许多说明资本主义软弱无力、蜕化和罪恶的事实。最近公布了芝加哥市长的呼吁书。开头是："上帝，拯救芝加哥吧。"呼吁书充满了对"政治活动家"的诅咒，并威胁说要关闭所有的学校、下水道和全部公共服务行业。我想，这是资本主义的无政府状态第一次导致如此无政府主义的行政措施。搜集十来个类似这样的例子，交给知识分子去评判，也许这会促使他们开始想想自己的命运。

在1931年10月31日的《红旗报》上，刊登了俄罗斯将军在巴黎、布拉格、华沙搞恐怖活动的消息。这种活动是在法国总参谋部的祝福和参与下进行的。其目的是要暗杀斯大林、李维诺夫、多夫加列夫斯基和其他一些领导人。您瞧，这又是一个很典型的事实。其次，他们的祈祷词是约克大主教和坎特伯雷大主教创作的，这是一件把英国的伪善同英国的幽默奇妙地结合在一起的作品。

我亲爱的罗兰，对于这个同知识分子进行谈话的方案，您是怎样想的？如果使您发生兴趣的话，请即告诉我。

紧紧握您的手，热烈地祝您健康。

马·高尔基

又及：今天，我在意大利杂志上看到，一个在布雷萨诺内去世的老人留下遗嘱，将他的全部二百万里拉的财产捐赠给中国人民！

现在再回到令人气愤的邮局滑稽可笑的行为。告诉您，在法国出版的一家俄文报纸上，我读到了一篇关于某个英国人愚弄英国邮局的幽默小说。

现将这张报纸寄给您，供您一笑。

再一次紧紧握您的手。

马·高尔基

三十三、高尔基致罗曼·罗兰

1932年3月9日—10日，索伦托

亲爱的罗兰：

昨天（3月8日）我收到了您的信和格亨诺[①]的文章，两天前，收到了3月1日的呼吁书[②]。

我们——为伟大真理的事业，为希望胜利和应当胜利的正义而斗争的战士，不需要因我们给予敌人的打击而彼此夸奖，然而我仍然想对您说：您的明智的愤怒越来越有力，而您愤怒的明智——越来越光彩照人。这不是玩弄字眼，这是我对您这个人（我不仅把您当作同志，而且还当作导师尊重）的真诚的感情的表现。我还想说：我们的晚年是美好的！因为恰逢全世界新的年轻力量复兴的时刻。

深为遗憾的是，我没有时间，没有可能，也没有语言同您

---

① 格亨诺，即让·格恩诺，当时站在民主主义立场上的法国作家，这里指的是他刊登在《欧罗巴》杂志（1932年1月15日）上的文章《无产阶级文学》。

② 指罗曼·罗兰《我们呼吁》一文。文章号召劳动人民联合起来反对帝国主义势力。

分享苏联青年留给我的无穷尽的印象。而现在，当玛·巴·库达舍娃同您在一起的时候，我将经常把苏联新生力量在文化上的成长和旧势力转变的事实告诉您。

寄给您一本关于帕列赫艺术（从前的圣像画家的艺术）的书和帕列赫工匠做的一个小盒子。它不是最好的，我还有一个要给您，但我害怕邮寄，这东西做得很精巧，而邮政官们是很好奇的：《我们和他们》一书，在寄给我的路上被人读过和弄脏了。格亨诺的文章我读过了！这是篇好东西。但我想，应该像您那样说得更坚决和清楚一些。

现在，柯林兄弟俩①住在我家里，他们是艺术家，也是帕列赫人，中学毕业，是涅斯杰罗夫的学生。其中之一在给我画像，完成后，我寄张照片给您。大家都认为画得不错。这个艺术家真正是严肃和有才能的。他的理想是给您画像。为此，他明年可能去您那里。我支持他的愿望，因为苏联需要您的好的画像。希望您不会反对吧，我的朋友？

紧紧握您的手。多好呀，您生活在世界上。

马·高尔基

① 巴维尔·德米特里耶维奇·柯林（生于1892年），俄罗斯功勋艺术家，曾为高尔基画像；亚历山大·德米特里耶维奇·柯林（生于1895年）。

三十四、罗曼·罗兰致高尔基

1932年4月5日，

维勒纳沃（沃州），奥尔加别墅

亲爱的朋友：

谢谢您给我寄来精美的帕列赫小盒，信写得迟了些，因为东西来得也实在太晚了。但最后总算收到了，而且完好无损。它色彩生动、清新，色调闪烁多变，十分悦目。大概，艺术家表现的是一个民间传说（一个钓鱼的人、一个鬼、一匹飞驰的马等），但我不知道究竟是什么传说。

介绍帕列赫艺术的小书使我很感兴趣。如果您继续这样通过出版物向我介绍苏联崭新的或者复兴的创造精神，我将很感激您。

一切创造性的东西都具有魔力般的影响，在一切种类的宣传中，这是唯一无法抵御的。秋天引起腐烂，冬天破坏、冻结和无情地迫使未来的种子紧缩成团，而两者又各有其美妙。但是，春天则把这一切统统带走——一切遗憾、一切失望、一切痛苦。报春花和紫罗兰冲破落叶而出。发黑的枝条鼓起了新苞，宛如复活了一般。新生活的歌声从鸟儿的喉咙里欢快地流出（我写信的时候，从别墅的窗户里就能听见和看见它们）。什么生灵能抵御这一切？旧的执拗的欧洲将为苏联的繁荣昌盛所战胜，因为它胜过任何武器——无论是笔还是大炮。

还必须使欧洲了解苏联，了解苏联绝不会吝惜出版各种书籍、小册子和著述（用各种西方语言）。这些书籍、著述，宛如一面无一丝划痕——教条主义和政治倾向痕迹——的活生生的、洁净的镜子，朴素无华地反映出美好而丰硕的成果——新世界的鲜花与果实，荡涤和滋润这大地的洪流！

谈到我们的智力活动领域，请您为我们物色一位优秀的动态编者，随时向我们报道各种各样的、广泛的创作计划，历史和科学著作，就像您不久前写信告诉我的那样（关于《俄国工厂史》或者《俄国诗歌史和诗歌总集》等）。如果找不到这样的动态编者，请把动态资料（假如可能，最好是法文或德文的）寄给我们就行了！用这种办法，我们可能争取许多人。

为完成我的长篇小说《欣悦的灵魂》的最后两卷，我工作得很多，很有成效。一待完成，今年夏天就写我的《与过去告别》一文的续篇。在该文中，我将叙述最近十二年（1919年至1931年）来激烈的内心斗争，加以阐明，同它一刀两断。我认为这篇文章是必需的，以作为西方青年（如果不是作为我这样年岁的老人——而我却随着年龄的增长越来越年轻）的榜样。他们在堤坝里面撞击着，想寻找一个出口。让我们来把闸门打开！

如果有可能的话，我很愿意遵照您的建议于明年接待帕列赫肖像画家。但是，我同样也请您在最近几年里接待日本青年雕塑家高田，他很有才华，现在正在巴黎。

我认识他已经多年，并且很喜欢他：他有一颗炽烈的、不驯服的心。在东京，他坐过牢，受过刑。他挣扎于贫困和孤独之中。他会成为一个卓越的艺术家。

亲切地拥抱您。

罗曼·罗兰

M.伊林是谁？玛丽亚·库达舍娃给我念了他的一本通俗读物《伟大计划的故事》。

寄上一个住在巴黎的白俄侨民的信的抄件，它可能会引起您的兴趣。这封信是他去年写给我的，但是没有署名。寄上奥古斯丁·哈蒙[1]的文章。他是萧伯纳的亲密朋友和他的著作的唯一法文译者，萧伯纳对他很尊敬。

---

① 奥古斯丁·哈蒙（1862—？），法国政论家，著有论述萧伯纳的书并翻译了他的作品。罗曼·罗兰把什么文章寄给了高尔基，不详。

三十五、高尔基致罗曼·罗兰

1932年4月9日，索伦托

亲爱的朋友：

大约十天之后我将去莫斯科，并按您的希望立即安排向您提供苏联文化工作进展情况的材料。据我了解，您最感兴趣的是青年作曲家的创作，文坛动态，以及作家的生活，绘画和艺术——手工艺——工业。这一切，您将通过描述和样品的形式得到。

寄上柯林为我作的画像的照片一张，画像尚未完成，柯林将在莫斯科完成它。您同意让柯林为苏联画一幅您的肖像，这使我感到很高兴。

我对您还有一个请求，达沃斯太阳神疗养院里住着我们的一个青年作家——康斯坦丁·费定（《城与年》的作者），他非常想访问您。他会讲德语。也许您能允许他于最近到您那里去待一天？您如同意，一定会使他非常高兴。他是个很有意思的人。

阿列克谢·托尔斯泰也想同您会晤，他正在我这里做客。他是我们第一部卓越的名副其实的长篇历史小说《彼得大帝》的作者，但是他要和我一同到莫斯科去。剧本《恐惧》的作者阿费诺干诺夫也在我这里做客，他的这个剧本正在列宁格勒和莫斯科的剧院里上演。

苏联文学家称您为“我们的罗曼·罗兰”，“我们的”这几个字包含着对您的巨大而真挚的爱。

我当然很高兴接待日本雕塑家，既然您要我这样做。

《伟大计划的故事》的作者伊林是多产的儿童书籍的作者马尔夏克的兄弟。他们两位都是很有才华的人。伊林的一本书出了德文版《Die fünf Jahre, die die Welt verändern》[1]，另一本同样有趣的书《十万个为什么？》出了英文版。

谢谢您寄来哈蒙的文章和白俄流亡者的信[2]。

紧紧握您的手，阿·托尔斯泰和阿费诺干诺夫也向您问好。

马·高尔基

---

① 德文，意为《改变世界的五年》，系伊林的《伟大计划的故事》的德文译名。

② 罗曼·罗兰把他收到的白俄流亡者的一封信转寄给高尔基，此人曾经当过军官，在信中表示愿意加入积极保卫苏联的人们的行列。

三十六、罗曼·罗兰致高尔基

1932年4月12日，星期二晨，维勒纳沃（沃州）

亲爱的朋友：

您4月9日的来信和我刚刚寄出的信交叉了。

我将高兴地会见康斯坦丁·费定。请告诉他，让他给我写信。

我觉得，您对我上一封信的一处地方理解得不完全对。您写道：如果我对您理解得正确的话，使您感兴趣的主要是青年作曲家的音乐、文学新书，以及作家的生活、绘画等。

绝不是这样！我丝毫不是一个唯美主义者。我对浸透整个作家阶层心灵的唯美主义感到厌恶，我不幸地在他们中间周旋了一生。当然，一切美的东西都使我激动。但是，我不像艺术家们那样赋予艺术以大得不适当的地位，赋予艺术以主要的地位。“您是一个首饰匠，若斯先生！……”[1]——我认为，在精神领域里，科学现在高于一切艺术；科学是最高的艺术和最强有力的创造者。但是我需要的是整个的人，丰满的生活，行动和思想，个别的人和群众。

我想要告诉您而又没有完全为您所理解的就是：对于西方公众，最好的宣传应当是建设性的，而不是批判性的，应当考虑公众（特别是拉丁民族）对各种文学和艺术形式天生的趣味。这样做，就会有许多机会赢得法国公众，比如使他们看到和感到苏联艺术、文学和科学所表现的丰富的新生活。

请向阿列克谢·托尔斯泰和阿费诺干诺夫转达我的问候。您既然称我为“我们的”罗曼·罗兰，我就说“我的”苏联。

衷心地握您的手。

您的朋友罗曼·罗兰

---

① “您是一个首饰匠，若斯先生！……”——玛·巴·库达舍娃在罗曼·罗兰信的后面所写的附言中解释说：“亲爱的阿列克谢·马克西莫维奇，罗兰给我读了他给您的信，因为我没有理解针对认为艺术就是一切的‘艺术家们’的这句讽刺的话——‘您是一个首饰匠，若斯先生！’（虽然我是半个法国人），他担心您也不理解，所以请我附加一个‘说明’。这句话出自莫里哀的喜剧《爱情是良医》。斯加纳莱尔的女儿病了，他请朋友们帮助出主意，应怎样治疗。每个人都出了对自己有利的主意。首饰匠若斯建议斯加纳莱尔给女儿买一串项链，吉尔奥明先生则建议用色彩鲜艳的布把她房间的墙壁裱糊起来（因为他经售这种布），等等。斯加纳莱尔回答说，他们的主意都很妙，但只是对他们自己而已。‘您是一个首饰匠，若斯先生！’（您也想卖掉您的货……）——这句话就成了俗语。”

三十七、高尔基致罗曼·罗兰

1932年4月15日，索伦托

亲爱的朋友：

我们之间发生的小误会，是由于我想给您，并通过您向您的朋友们介绍苏联各部族和各民族在艺术领域里表现出来的独创精神的事实而引起的。我绝不认为您是唯美主义者，我只想用被革命唤醒的创造力的表现来使一位思想家和劳动人民的朋友感到欣慰。我觉得，您可能有兴趣了解伏尔加河流域、中亚细亚和西伯利亚突厥及突厥－芬兰部族的音乐。我很喜欢音乐，也许有点迷恋于吉尔吉斯人（他们自认是匈奴的后裔）、楚瓦什人、突厥人的歌曲。

我无意把一大堆写满音符的乐谱压在您的头上，但我多么想——尽可能广泛地——向您报道仅在六年、八年、十年以前刚有了文字，如今已在文学（散文和诗歌）、造型艺术和绘画方面尝试自己的力量的人们所表现出来的创造能力。而在这一切当中，看到自由力量的发挥，是多么令人高兴。这就是我在我的信中所写的内容。如果您允许的话，我将谨慎地去做这件事，以珍惜您的时间，并不至于妨碍您。我的目的是，同您分享小小的欢乐。仅此而已。

这两天我就要去莫斯科。

紧握您的手，祝您健康！

马·高尔基

三十八、高尔基致罗曼·罗兰

1932年9月，莫斯科

亲爱的朋友：

我把俄国代表团不能参加大会[①]的原因告诉您。如您所知，荷兰不允许我们入境，法国政府只允许我和什维尔尼克同志进入巴黎，而不让叶莲娜·斯塔索娃、卡尔·拉狄克、著名物理学家约费院士和伊·彼·巴甫洛夫在实验医学研究所最主要的助手之一列夫·费多罗夫进入该市。在这种情况下，我和什维尔尼克认为领受埃里奥[②]先生这种奇怪的有所限制的盛情是不可能的。加之我又生了病，体温三十八度八，这对我已经很高了，克劳斯教授担心我会患肺炎，坚决反对我作此行。但是，如果埃里奥先生不剥夺我们代表团其他同志权利的话，我当然还是会去巴黎的。

其次，选择大会会址，也弄得一团糟——我不清楚这是谁

① 指阿姆斯特丹反战大会。

② 埃里奥（1872—1957），法国政治活动家，激进社会党领导人之一，政论家，1932年任总理兼外交部部长。

的过错。维利·慕岑布格肯定地说，他得到埃里奥的口头同意，不加限制地让所有代表团进入巴黎，期限八天。不知何故却选中了阿姆斯特丹。这是谁干的，又是出于什么理由，我不得而知。因为病，我尚未详细了解大会的工作情况及其通过的各项决议，但我觉得，总的来说，大会是成功的。它对于动员广泛的民主阶层反军国主义思想将具有重大意义。

我认为，如果由大会代表在各国建立反战委员会的话，它们的直接任务应当是出版刊物，其宗旨应当是揭露新的战争准备以及挑起战争的企图。您对此有何想法?

寄上关于制定第二个五年计划的“要点”，不久再给您寄一点别的材料。随信附上我儿子在北极圈的瓦加奇岛拍的几张照片。他已是第二次在那里同开发铅矿的流放者一起过夏天了。那里的工作条件无疑是不轻松的，但一个工作日算三个。只有体格很强壮、能耐劳的人，经过健康检查，才流放到那里。约有六百人在那里工作。其中许多人是在服刑期满并获得去别处的权利之后，作为自由公民留在岛上的。他们把自己的家属接去，架起了房屋（这些房屋的组装部件可以在大陆上得到）。他们组织了渔业合作社，从事养鹿业，总之，是在“这块土地上定居了”。他们已经有俱乐部、乐队、业余剧团，开春将为他们运去剧院和校舍，当然也是组装式的。总之，北极圈迅速地住满了爱好强烈感觉和“猎奇”的人。看来，北方的确具有一种令人神往的吸引力——1929年我到过摩尔曼斯克和索洛夫卡，如今我也乐于再次前往，并在那里多住一些时候。听说，见过北极光和数月之内昼夜不落的太阳的人，对北极的夜也很容易适应。

柏林给我的印象十分沉重。许多失业者在大街小巷献歌卖艺，妓女成群出没在街头巷尾，儿童们情绪沮丧。与此同时，身着法西斯分子服装的青年精神变质者的厚颜无耻的嘴脸，一队队的“钢盔”——“德国复仇者”，举目可见。有人告诉我，之所以这样称呼他们，是因为“钢盔”队中的多数青年，似乎是1914—1918年大战中阵亡者的孩子。在法国，这样的孩子可能也有好几十万，他们大概也不反对为死去的父辈复仇。

亲爱的朋友，我们生活在一个可怕的时期，大灾难在等待我们。但是，与此同时，看到我国青年骄傲地准备着应对一切灾难，看到他们在精神上的迅速成长，他们日益意识到自己对生活、对世界上所发生的一切肩负的责任，又是多么令人高兴。我当然也知道，在欧洲也有这样的青年，他们也在成长。我坚信，他们是未来的胜利者，是新世界的建设者。

很遗憾，我的生命不长了，看不到胜利后的日子了。但是，我深深地感谢我的命运和人们，为了我已经看到和正在看到的一切，为了我还能同如此大胆、如此勇敢地奔向美好未来、迎接人类复兴的节日的人们并肩工作。

马·高尔基

三十九、罗曼·罗兰致高尔基

1933年1月4日，

维勒纳沃（沃州），奥尔加别墅

我亲爱的朋友：

请原谅我很久没有给您写信。每年秋末，我都不得不听任潮湿气候的摆布，而今年这里更是恶雾弥漫，为往年所罕见。我因支气管炎发作，又有点发烧，已有五六个星期不曾出过家门——一阵阵阴沉、寒冷的浓雾，不让一丝阳光透过。听说，您也病了一场。但我相信，您同我一样，没有放下工作。我深信，不论健康状况如何，也阻挡不了我们。而现在，正是新的一年的开端，愿我们也有一个新的开端！

您的杰作《克里姆——童年时代》[①]我已收到，十分感谢。我读了一遍，又读了一遍。读第二遍时比第一遍更喜欢这本书。我多么希望看到续集，以便能谈谈看法（暂无法文译本，您能否把几卷俄文本给我寄来？我亲爱的玛莎会念给我听的）。我不

① 《克里姆·萨姆金的一生》第一部法文译本的书名。

愿错误地设想克里姆的未来。仅根据我读过的部分，我几乎已经相信，他的命运是注定了的：不论他要做什么（或设想要做什么），他必将走上背叛的道路——或者，更糟糕，走上半背叛的道路。这种背叛是迟疑的、遮遮掩掩的，因而使他对自己灵魂虚伪的高尚还存有幻想（他并不十分相信这一点，甚至暗自厌恶自己）。我是会相信这一点的，要不是书的结尾有一段话，说他“只身一人，毫不畏惧地在夜的黑暗中走着……”（但是，难道他不正是这样看待自己，并希望从这个有利的角度，而不从其他角度来看自己吗？）

无论他将来干什么，他反正不能主宰自己，因为他的行为是受他的本性、他的环境以及他的命运指使的。他太软弱，太不定型了。在他身上，自己的东西、个性的东西太少，太缺乏真正的独立品格（然而，人们却劝这个可怜虫相信，他具有他所缺少的一切品质！）——所以，他是无力采取行动的。

要说还有什么令我惊异的，这就是他所处的环境——如此乌七八糟、模棱两可、浑浑噩噩的俄国知识界，其中“杜撰”自我、“杜撰”生活如此之多（“杜撰”一词以及由此产生的行为，像主旋律一样，在这本书中从头至尾反复出现！）。俄国知识界与法国同一时期同一阶层的人，是多么不一样！回顾一下我对多少接触过一点文化的法国外省资产阶级的印象，便足以说明这一点。什么事情都不会使他们感到羞愧，什么事情也不会使他们怀疑。他们眼界狭小，却对自己和自己的思想深信不疑。世界和社会之谜，在他们心头激不起波澜。他们在政治上分成两个或三个“氏族”，相互之间界线分明。至于这样做，是否明智，他们从不为此而自寻烦恼；他们以铁一般的固执，重复谈论着男人、女人、社会、法律、职业尊严、官职、婚姻、家庭、金钱、通行的道德之类的真理，以及最高的、凌驾于一切之上的关于祖国的真理（最后这一信念，是所有的派别都同意的）。他们从童年到老死，就这样终此一生。一旦这些人“想入非非”，便不再去怀疑自己的“杜撰”，便不在这上面费半点力气；他们一生下来，便从前人那里接受了现成的“杜撰”，然后又原封不动地传给自己的子孙后代。企图摆脱这种状况的人寥寥无几，而别人却这样地议论他们：“他胡思乱想些什么呀！……”他们自信，唯一的、不容争辩的真理是在他们的掌握之中。这就是那个自1789年起赢得了自己地位的资产阶级。它把它的祖辈为之准备的这种地位连同帝国样式的全部家什和路易·菲力普一股脑儿地继承了过来。这种美妙的状况延续到1914年的大战。战争把他们陈旧的庇护所、陈旧的家什和陈旧的信念全部粗暴地破坏了。而如今是另一个时代，另一种调子！在战时和战后生活的几代人，连屁股坐的地方也没有了。于是，他们什么都不相信了——也许，连寻找立足之地的合理性也不相信了。他们缺乏从泥坑里爬出来的奋发劲头；他们津津有味地欣赏非现实的生活散发出来的刺鼻的腐烂味道……最突出的一个征兆，便是那突然的、连资产阶级（甚至反动的资产阶级，例如莱昂·都德）自己也没有料到的荣誉的到来。这一荣誉，是初登文坛的一位医生，一个很有才华但充满痛苦的人所写的一本可怕（残酷得令人可怕）的书赢得的。塞林（德古什博士）这本书的名字叫：《黑夜王国旅行记》……

于是，在西方居统治地位的资产阶级，立刻由绝对的信心转向绝对的缺乏信心……您描写的我青年时代的俄国资产阶级，深陷在泥潭之中。它在泥潭中挣扎，却没有爬出来的力量，也没有爬出来的愿望；它就在那里苟且偷生。

我钦佩您灼人的、不偏不倚的眼力和智慧；您因此而准确无误地、并怀着一种可谓喜爱之心抓住了典型特征；您憎恨或者鄙视这类人中的每一个人。他们大多数受了大自然的亏待，大自然未能把他们塑造完成，未能使他们定型，便把他们弃之半途而不顾。他们当中没有一个人，您不“处之稔熟”（我是想说，“入其肺腑”）——您常常怀着抑制的愤怒，但却又总是公正地、人道地对待他们。对我来说，您是一个伟大的榜样，但我已难以效法，因为我太老了…… “Als ik kan……”①我尽力而为吧。

非常感谢您向我报道了许多有趣的苏联新闻。如果您愿意给我带来快慰的话，请您自己（或托别人）继续向我报道那里发生的一切重大事件。

您（我希望，您是信任我的。是吗？）不用怕把困难告诉我！法国报界业已开始较多地刊登有关苏联的报道和记述文字。它们已不像过去（三篇中有两篇）那样，占主要地位的已不是那种愚蠢的、充满仇恨的谩骂的惯常调子；但也并非所有的新闻都好，特别是关于目前的时局造成的艰难困苦、劳动力不足以及重大工程遇到挫折的报道。实际情况怎样？是否有令人不安的原因？人民克服这些缺点的精神准备如何？

---

① 荷兰文，意为“我尽力而为”。

寄上剪报两份，供您阅读消遣。一份剪报说明，执政的资产阶级（比利时国民教育部长）对于在群众中普及教育忧心忡忡，甚至企图制止它；另一份，是从法国一家新教大杂志上剪下来的，它说明，教会的神父已经宣布自己的战斗民族主义，并对“意识的客观性”大发雷霆。

兄弟般地拥抱您。新年伊始，愿您我终能见面，并为我们珍视的共同事业的利益而奋发工作。

玛莎要我转告您，她对您怀有最美好的充满了感激之情的回忆。

您的朋友罗曼·罗兰

据悉，不久前有一个侨居日内瓦、姓列梅佐夫的俄国人前去看您。不知他是否用了我的名义来找您，或吹嘘同我有什么友谊。我根本不是他的朋友。我对此人所知甚少，谈不上对他有什么看法。我甚至从未见过此人。但我担心，他会利用我的名义。

我的《欣悦的灵魂》已经写完。最后一部将出三卷：第一卷1月底出版，其余两卷开春才能出版。这本书描写1919—1933年期间的社会，主要写法国青年。

四十、高尔基致罗曼·罗兰

1933年1月30日，索伦托

我亲爱的朋友：

寄上《萨姆金》[1]，这是已经出版的全部，其余还有十印张，我尚未下决心付印。您将看到书的装帧多么糟糕。我担心，玛丽亚·巴甫洛芙娜读第一部和第三部的一部分时会损坏眼睛，要咒骂我。

这是描写一个人想只用言辞改变现实，使自己摆脱现实的压力而做的种种尝试的没完没了的故事。这个故事我写得十分晦涩难懂、枯燥乏味，总之，写得不好。我绝不是在您面前卖弄，我说的完全是真心话。但是，我觉得，要修改它，把它改得好一些，我的时间已经不够了，老年是工作中靠不住的女伴，而我已经开始很快地变老了。请相信，我并不是以此夸耀。

您在前一封来信中问：苏联是否真的缺乏粮食和生活必需品？居民对这种短缺的反抗程度是否强烈？是否存在引起骚动

① 指《克里姆·萨姆金的一生》第一至三部。

的原因？我忘了回答您提的这些问题，之所以如此，是因为我的日程排得满满的，似乎超过了负荷量。

情况是这样的：千百万农民和一部分工人，特别是来自农村的青年工人的心理是个人主义私有者的心理，这种心理十五年是改变不了的。人人都想得到他们过去不曾有过的一切。这种欲望变得一年比一年强烈，其基础是十分自然的，这就是对文明的渴望。现在，城市以革命前不可能有的力量刺激这种欲望。革命前，吃香的，喝辣的，穿好的，一般都是富人。在俄语里，“上帝”“财富”“勇士精神”等词的词根是相同的。神父教导农民说，财富是上帝赐予的。但是，现在情况改变了：富人没有了，农民过去认为比自己低一等的工厂工人，现在的生活比他好，比他富裕，比他温饱，比他更有趣味。农民的天性比工人贪婪，而现在他清楚地看到了城市生活的优越性：公共食堂、托儿所、休养所、体育设施、俱乐部、剧院、博物馆，等等。据我看，对生活不满的根源就在这里，就在于城市迅猛发展的文明同旧式农村的落后状态之间的矛盾，而旧农村的居民已经尝到了文明的滋味。一切骚动就是由此产生的。当然也存在生活必需品的不足，工厂还不能为农民生产足够数量的鞋子、衣服、农业机器、电力，等等。应当想一想，革命前，农民是用手工方式生产布匹和其他许多东西供自己使用的。从前，青年人不需要牙刷，农村姑娘不需要香粉和香水。这可笑吧？不，为了供给千百万人这类小东西，就需要像生产我们所缺乏的钉子、纸张和其他许多东西同样多的时间。

工人们英勇的、成就惊人的活动，对具有富农本性的旧式农民是不能理解的。富农仍然是农村的领袖，他们教唆农村居民说：向城市要你们想要的一切，不要给城市粮食！不言而喻，富农又受到苏维埃政权的“国内敌人”的鼓励，他们就是隐藏在一亿六千三百万群众之中并同白俄流亡者保持着联系的资产阶级残余。

布拉格和巴黎的流亡者从未停止“工作”，他们从苏联报刊上汲取批评苏联现实的材料。我认为，苏联报刊过于大声疾呼地，有时甚至是歇斯底里地叫嚷执政机关的缺点和错误，把一切过错，甚至连楼房里一座楼梯修得不好的责任都加在它的头上。我阅读了两份巴黎流亡者的报纸，我可以毫不夸张地说，看到我曾经认为是正人君子的那些人为了自我安慰而拼命造谣，我常常感到十分痛心和羞耻；特别令人惊讶的是，他们造谣造到自外于祖国的地步，竟连它的地理也忘记了。

有这样一个有代表性的事实：最近几天，石油工业家、亚美尼亚人阿勃拉姆·古卡索夫的《复兴报》在头版刊登了几封耸人听闻的电报，说西伯利亚爆发了起义，布留赫尔的军队调去同起义者作战，武装起义者占领了一些城市，总之——新的内战开始了。隔了一天，巴维尔·米留可夫的《新闻报》驳斥了这一派胡言。这类事实是司空见惯的，它们的表达形式越来越粗野和狗屁不通，这一点比其他的一切更使我吃惊，要知道，这都是“有文化的”人写的！显然，汉斯·安徒生写得对：“镀金将被磨掉，猪皮却会留下。”[1]

列梅佐夫到我这里来过两次，但他第一次来访之后我就

① 引自安徒生的童话《一所老房子》。

明白了，他在撒谎，他同您不可能有任何关系。他是一个完全没有才气、平庸无奇、知识浅薄的人。而他却自以为是个大活动家。

您对萨姆金其人的见解十分中肯。人们使他确信他不是本来的样子。开头是人们向他灌输这种信念，后来他自己也开始自命不凡起来。从1906年起直到我观察流亡者不体面的悲剧的今天，我一直目睹这个自我欺骗，或许应当说是自我嘲弄的过程。

我把萨姆金同欧洲十九世纪文学的一些人物——从于连·索黑尔[①]起，继之是歌德的“维特”、阿·德·缪塞的“世纪儿”，布尔热的“弟子”、显克微奇的长篇小说《没有教条》的主人公和其他人物——联系在一起。去年，在我主编的《十九世纪青年人的故事》的总标题下，出版了十五部外国长篇小说[②]。这套丛书很受我国青年的欢迎，当然立即销售一空，虽

① 司汤达的长篇小说《红与黑》的主人公。

② 1932年，报刊联合会出版社在高尔基和亚·维诺格拉多夫的编辑下，在《十九世纪青年人的故事》丛书中出版了下列各书：第一分册是弗·夏多布里昂的《勒内》和本·贡斯当的《阿道尔夫》，第二至四分册是司汤达的《红与黑》，第五至六分册是阿·德·缪塞的《一个世纪儿的忏悔》，第七至八分册是米·莱蒙托夫的《当代英雄》，第九至十分册是伊·屠格涅夫的《罗亭》和《父与子》，第十一至十二分册是尼·波米亚洛夫斯基的《小市民的幸福》和瓦·斯列普佐夫的《艰苦的时代》，第十三分册是保·布尔热的《弟子》，第十四至十六分册是亨·显克微奇的《没有教条》，第十七至十九分册是艾·布尔维·李顿的《基尼尔姆·齐连格利》，第二十至二十一分册是奥·巴尔扎克的《驴皮记》，第二十二至二十三分册是歌德的《少年维特之烦恼》、胡安·巴莱拉的《福斯蒂诺博士的幻想》和吴戈·福斯可洛的《雅科波·奥尔蒂斯的最后书简》，第二十四分册是《多余人的故事》(奥西波维奇—诺沃德沃尔斯基的《非鸦非凤者的生活插曲》、阿·德·维尼的《斯泰洛和黑医生》和维·雨果的《克洛德·盖的死刑》)。

然每一种都印了五万一千册。

今年我正在主编一套传记丛书[①]。有难以数计的欧洲文学译本需要出版！

好，祝您健康，我亲爱的！

向玛丽亚·巴甫洛芙娜致以衷心的问候！

马·高尔基

刚才我在《复兴报》上读到：喀拉喀托火山喷出的熔岩高达四千英尺。瞧，他们多么无知！

不久前，一个流亡的军事史家把参加过1914—1918年战争的一个将军说成是老毛奇的儿子。有一个德国人为之不平，用严厉的口气说，目前仍然健在的毛奇不是那个著名的毛奇的儿子，并且根本就不是他的亲族，而是一个因无能被德皇撤职的不称职的统帅。

马·高尔基

① 在高尔基的发起和编辑下，从1934年起，以《名人生平》为题出版了一套传记丛书（报刊联合会出版社，莫斯科）。

四十一、高尔基致罗曼·罗兰

1933年5月6日，索伦托

亲爱的朋友和不倦的战士：

我收到了您的来信。字里行间，我感觉到了您的愤怒和苦恼，但您对如此勇敢地进行的斗争却没有丝毫的倦意。

我们不得不经历着异常艰难的日子，也许它们将变得更加艰难，充满更多小市民野蛮的白痴行为、他们的怯懦、丧失人性和无谓的残忍。严峻的正义之手将写下这些日子的可耻的历史[①]，其中许多光辉的篇章将献给《约翰·克利斯朵夫》的作者，他是那为数不多的人之一，他们每个人的名字都无愧于这个最伟大的称号——大写的人类的大写的人。您当然理解，是怎样的感情促使我写下这些词句的。

目前，在欧洲以及——在它的腐蚀性影响之下——在东方，甚至在世界各地所发生的一切，向我们表明，资产阶级的自私自利的阶级文化的基础，不牢固到了何等可悲可笑的程度。

① 指1933年1月30日在德国建立的法西斯专政。

您知道，我之所以是一个马克思主义者，不是因为我读过马克思的书。顺便说一句，马克思的书，我读得并不多，而且，一般来说，我读书不是为了寻求教益，而是为了欣赏理智的美和力量。阶级制度的谎言、虚伪和卑鄙的恐怖，我是从各种生活现象和日常的事实之中直接看到的。因此，当前所发生的一切，虽然令我感到厌恶，但并不怎么使我感到惊奇。根据我半个世纪的自觉生活所观察到的前提，可以推定，它们导致的结论，定将是严峻的和毁灭性的。这结论就是：在歌德、洪波尔特、亥姆霍兹等一系列天才巨人、杰出的大师和文化奠基人的国家里，如今不负责任地、野蛮地主宰着它全部生活的，竟是一个大喊大叫的冒险家、才智平庸的蠢家伙和熟练演员本尼托·墨索里尼的蹩脚模仿者。在这个曾经鼓吹过德国小市民享有对全欧洲小市民文化领导权这一思想的国家里，如今却宣传弃绝文化，向后倒退，甚至不是倒退到中世纪，而是倒退到尼伯龙根的时代。已经有人在叫嚷：打倒耶稣！回到沃坦时代去！这——在我看来——已经流于幽默，成了小丑的“滑稽剧前的序曲”。看不出这种狂叫引起了“耶稣在人间的全权代表”——那个最狡猾、势力最大的教会的公爵——的不安，但他对于在苏联发生的一切，却是很敏感的；那里，识字无几的神父至今还没有停止反对文化的活动。

又重新开始迫害犹太人了！十月革命前的俄国和它“粗野的百姓”曾蒙受进行这种迫害的耻辱，其实他们根本不知道犹太人，因为，犹太人不住在农村。二十世纪的德国却从“粗野”百姓那里承袭了这一耻辱。真是丑恶之极。

我很想同您长谈，亲爱的罗兰，但是我该准备去莫斯科了。后天我将由海路去敖德萨。乘货轮航行一个星期，对我是有益的。我爱大海，而且，这个冬天我也够累了。在莫斯科，我将改组儿童文学工作，孩子们急切而又合理地要求扩大选题。其次，我们将建立世界文学和欧洲语言研究所。在莫斯科，工作堆积如山！

寄上关于抢救“马雷金号”——无比英勇的事迹——的工作总结。是否需要有关审讯英国人[①]的报告？有英文本。这是有趣的审讯。

我将一到就打听维克多·谢尔什[②]，并把他的情况告诉您。

紧紧地握您的手。

马·高尔基

又及：文化的不断发展和深化，只有当世界上全体劳动人民群众直接、全面、自由地参与文化创造的时候，才有可能实现——不是吗？

① 指审讯与破坏苏联电站事件有牵连的英国工程师。

② 维克多·谢尔什，法国文学家、无政府主义者，后变为托派，因在苏联进行托派宣传被拘留。西方资产阶级报界说谢尔什已被“处死”。罗曼·罗兰多次向高尔基询问事情真相，以驳斥资产阶级报纸的诽谤宣传。

四十二、罗曼·罗兰致高尔基

1933年12月30日，

维勒纳沃（沃州），奥尔加别墅

亲爱的朋友：

我们已经几个月没有通信了。但我内心里却不止一次地给您写过信。在当前这场世界性的大搏斗中，您是我在精神上的一位不可多得的同志。即使不能同您交换言语和握手（因为，我们的双手正忙于斗争），我仍可同您交换急促和诚挚的目光……就像在普瓦捷战斗中，约翰王的儿子对他所说的那样："注意提防来自右方的进攻！注意防备来自左方的袭击！"……

我们今年的工作是够多的了。但是，重新废除南特敕令①之后，在法国和在瑞士，难民蜂拥而至尤为突出（这是一个总结

① 南特敕令是胡格诺战争结束后，法兰西国王亨利四世于1598年在南特所颁布的关于宽容异教徒的敕令。南特敕令承认天主教为法国占统治地位的宗教，但给予新教徒（胡格诺教徒）以信教和祈祷的自由以及许多政治权利，并留给他们许多城堡以作保证。1685年，南特敕令被路易十四废除。其后对新教徒的迫害重新恢复，引起胡格诺教徒大批离开法国。这里，罗曼·罗兰是指希特勒上台后法西斯在德国的猖獗。

算。德国永远落后两个世纪)。近几个月来，您同我一样，把全部注意力都集中在莱比锡审判[①]上了；我写了几份呼吁书，尽力参加这场战斗。不论局势怎样变化，愚蠢的势力在这场战斗中，过去没有，今后也不会有最后的发言权。在我的祖国和英国，人们的消极、萎靡和毫无生气，比原德国雇佣骑兵、卐字狂妄之徒们的猖獗行为，更令我感到不安。现在，多数人只有一个愿望：让他们太平过活，不惜任何代价！在经历了十五年前的大流血之后，这种愿望是可以理解的。但是，当狼群还在篱笆周围转来转去的时候，人们会为此而付出高昂的代价。如果在自然界里肥羊首先要为瘦羊付出代价，这个道理还说得通！不过，人们中间的“肥羊”总是懂得，该怎样同狼达成协议。

我已写完多卷长篇小说《欣悦的灵魂》。最后两卷刚在巴黎出版。我很想给您寄去，但据某些十分可靠的消息说，意大利可能不让这部书过境；况且您又不懂法文。但愿《时代》社不拖延俄文译本的出版。我所写的，是又一本《广场集市》，只不过更加激烈罢了；它远远超出一个国家的界线而传遍全世界。我的两个主人公，一个是儿子，他在半途倒下了，虽浑身沾满血迹，却成了摆脱一切的人；另一个是母亲，她没有停步，仍继续向前走去。她的双手好像还抱着儿子的尸体，在道义上受着儿子和他的精神的支持。(最后一部叫《生育》，不仅写了新世界的诞生，也写了身穿丧服的母亲因死去的儿子而神秘地

① 德国法西斯政权策划的反共诉讼案件。他们诬告共产党人纵火焚烧国会，而实际上这是希特勒分子在戈林的直接指使下所干的。诉讼案在莱比锡自1933年9月21日进行到12月23日。主要被告是季米特洛夫。全世界广泛开展抗议运动，迫使法西斯法庭不得不宣布被告无罪。

“复活”……我们伟大的死者不是也使我们大家“复活”了吗？我甚至想冒昧地说，您就是一个榜样，我从您在列宁逝世后所写的信件里感觉到了这一点。）

卢那察尔斯基之死，使我感到悲痛。在瑞士，在战争期间，他对于我，是俄国革命的第一个预言者。在革命的紧急关头，他又发挥了令人钦佩的有益作用——理智和艺术保护人的作用。

衷心地握您的手，亲爱的朋友。值此新年之际，谨致我本人，还有玛丽亚·库达舍娃对您的亲切祝愿。她很快就要成为我的妻子了。

您的朋友罗曼·罗兰

我怀着很大的兴趣读完了伊利亚·爱伦堡的《创造性的第二天》。我以为，这是他写的作品当中最好的一本，也是描写苏联建设最生动的一本书。我希望它已在苏联出版。据说，他遇到了书刊检查机关的阻拦。我看，这是无关紧要的，因为这部真挚的、力求客观的作品会有力地为苏联革命服务。

这封信曾于1934年1月7日给您寄到索伦托，当时听说您正在那里。后来，索伦托邮局通知我，说您到了莫斯科。故将信的抄件寄往莫斯科。我又写了这几行，专祝您身体健康。我因患严重流行性感冒，在床上已躺了八天。

罗曼·罗兰

四十三、高尔基致罗曼·罗兰

1934年4月21日，莫斯科

我亲爱的朋友：

是的，我确实很少给您写信。您同志式地向我指出这点，我感到很难以为情。但这并不表明我给您写信、跟您交流思想的愿望减弱了，假如您这么想，那就错了。

我常常想：该给罗兰写信，告诉他这，告诉他那。但是，我亲爱的，我像一切积极的人，像您一样，生活在接连不断的各种激动人心的事件的旋涡之中。

维也纳事件①，季米特洛夫及其同志们的到来②，斯达维斯基

---

① 指1934年2月奥地利工人武装反抗政府对社会民主党组织的破坏。后来遭到镇压。

② 季米特洛夫（1882—1949），保加利亚和国际工人运动的杰出活动家。1934年2月27日于德国法西斯策划的莱比锡诉讼案中被宣告无罪之后，立即乘飞机到达莫斯科。

的可耻案件[①]，日本军国主义越来越公然的厚颜无耻[②]，“契留斯金号”史诗，文学争论，揭露文坛小寄生虫的卑鄙行径、两面三刀和伪善，以及其他许多事情耗去了我的时间，使我没有可能同您交流思想。而报纸不断报道您的讲演，这使我感到宽慰：罗曼·罗兰正“全副戎装”走在他的意志勇敢地选择的道路上。

另一点使我感到宽慰的是，玛丽亚·巴甫洛芙娜跟您在一起。我跟她本人几乎不认识，但却听到许多赞扬她的话。有这样一个开朗的人，一颗“聪明的心灵”在您身边，我确实很高兴。

我工作十分繁忙，达到可笑以至失礼的地步：这个季度开始，小剧院就在上演我的剧本《仇敌》，排练时我一次没去，演出也至今未看。演员自然生我的气了。

还有，我写了一本小册子[③]，现寄上。为集体农庄印了五十万册。在我们这个不久前还是半文盲的国家里，这个数字已嫌太少了。

您的文集第十五卷已出版，立即销售一空。

司汤达和巴尔扎克的作品印得很不错。不久我将给您寄一本鲍克列夫斯基为我的同乡安德烈·彼切尔斯基的长篇小说《在森林里》所作的出色的插图集，给玛丽亚·巴甫洛芙娜寄一本科学院版的《叶甫盖尼·奥涅金》。

---

① 指银行家和冒险投机商斯达维斯基伙同一些交易所经纪人，在法国殖民地部长、议会众议员和警察参与下，伪造五亿法郎银行债券一事。

② 指日本帝国主义妄图独霸中国，于1934年4月宣布对中国进行“实际保护”，任何国家都不得染指中国，中国也不能同日本以外的任何国家发生关系。

③ 指高尔基的《论富裕与不足》一书。

再过两年就是普希金逝世一百周年，我们打算以诗人当之无愧的方式纪念他。现在正在创办一所以他的名字命名的大学，专门研究各个民族、各个时期民间口头创作史和文学史。这是我很久以来的夙愿。

文学队伍不断补充有才华的青年。他们共同的毛病是缺乏历史知识，技巧也差。这些缺陷又迫使我重新提出必须提高文学质量的问题。

人才增长之快继续使我惊异。告诉您这样一件事：伏尔加河下游一个集体农庄里，来了一个生于当地农村的二十三岁的小伙子。他是个孤儿，从小无人照管，是个流浪汉。农民并不欢迎他，但是到处人手缺乏，他也找到了工作。头一年，他就建议集体农庄庄员在村里搞电气化。人们并不相信他，但说：试试看吧！结果村里有了电灯。就在那一年，这个流浪汉米纳耶夫给农民家里都装上了无线电话。于是，老人见了他都脱掉帽子，尊敬地跟他打招呼，称呼他的名字和父名：尼古拉·菲利波维奇。

后来米纳耶夫发明了搂草机和禾捆捡拾机。这些机器的采用在下伏尔加州就使七万五千人节省了不必要的劳动。米纳耶夫成了名人，全州各地、中伏尔加州、北高加索的集体农庄都派“使节”来求他：请给我们造机器吧！但当地领导却表现了典型的官僚的愚钝，不帮助小伙子的工作，使他勃然大怒：一切都见鬼去吧！他砸坏了自己的机器，想再去流浪。当时，莫斯科的文学家科兹马·戈尔布诺夫恰巧来到这个集体农庄，遇见了他。米纳耶夫被召到莫斯科。农业人民委员部召开会议，研究了机器的图纸，决定印十五万份，并附有如何制造机器的说明，分发各集体农庄。机器很简单，农民自己就能造。决定拨给米纳耶夫八千卢布建立学习实验车间，每月发给他二百五十卢布，并要求他一年内在“家庭大学”里做好考技术大学的准备。听到这个决定，小伙子高兴得哭了，他以拳击案，坚决表示：“现在我什么都能做到！”

他并不是一个例外。各个州里都出现了不少这样的人。个人和小组的独创精神已成为常见的现象。

在雅罗斯拉夫尔，从市里到工厂区有四公里路程，没有电车线。六百名工人，收集废旧铁轨，两昼夜就造了一条电车路。

在集体农庄里，对城市文明的兴趣不断增长：正在建设公共集会场所——俱乐部，建设图书馆、电影院、剧院。由于公共洗衣坊、面包房等的建立，妇女们虽不算快，但却很明显地正在从家务劳动中解放出来。有一个细节很引人注目：妇女生产队下田劳动的时候，大家都穿上最好的衣服，谁都不愿意比别人穿得差。我对旧农村的生活相当了解，所以看见农村姑娘擦着口红、穿着人造丝长袜和城里的皮鞋，觉得有些好笑。我对树皮做的鞋记得太清楚了，我还记得，丈夫怎样凶狠地打老婆。现在，只要打一下，老婆就要提出“离婚”。

亲爱的朋友，请您相信，我并不惋惜这一点。我没有打过妇女，只有一回例外：那就是看见喝得醉醺醺的保姆倒提着我的儿子，弄得孩子连哭也不哭、叫也不叫的时候，于是，我就给了她一下子，我之所以没有把她打死，只是因为我吓坏了——孩子是否还活着？那时他还不到两岁。现在他已经有两个女儿——一个叫玛尔法，另一个叫达丽亚。

瞧，我给您写了多少，而且写得十分高兴，因为我非常尊敬您，爱您，珍惜您的友情。

紧紧地握手。

马·高尔基

四十四、高尔基致罗曼·罗兰

1934年5月26日，莫斯科

亲爱的罗兰：

衷心感谢您友好的来信。儿子的死对于我确实是一个沉重的打击和痛苦的凌辱。他临死之前挣扎的情景，至今留在我的眼前不肯离去，就像我昨天才看见似的，并且我直到生命的末日也不会忘记大自然残酷地施加于人的可恶的折磨。他，马克西姆，是个强壮、健康的人，死得很痛苦。他很有才干，具有独特的、叶伦尼姆·波斯赫[1]式艺术家的才华，倾心于技术，他的见解连专家、发明家都注意倾听。他有相当的幽默感和批评家的敏锐。但他缺乏毅力，精力分散，所以未能发挥自己的任何才干。他死时三十六岁。三十二年以前，我是在阿尔扎马斯城看到他的。在那里，列夫·托尔斯泰感到了对毫无意义的小市民生活的“阿尔扎马斯恐怖”。那天是个节日，市民们在教堂里站了一会儿，回到家里，吃饱了馅饼就躺下睡了。炎热的寂

① 叶伦尼姆·波斯赫（约1450—1516），荷兰画家。

静笼罩了这座有十二个教堂和两座修道院的一万人口的小城。青蛙在池塘里呱呱乱叫。马克西姆一个人孤独地坐在大门口一条长凳上，用尖细的童声唱道：

嘻唏，你呀，
自由——我的自由，
我心爱的宝贝！
自由——天上的雄鹰，
自由——灿烂的朝霞！

我一辈子都记着孩子在这座死寂的城里——这里的人们只是大地的徒然的累赘——唱出的对自由的向往。现在，阿尔扎马斯有一所工学院，两所九年制学校和出色的花圃。

我不能不说，苏联人对我的不幸所表示的态度使我深深感动。现在我还不断收到集体农庄庄员和工人的来信和电报。“克拉辛号”全体船员甚至从北冰洋打电报来表示慰问和同情。我亲爱的朋友，我多么希望您，主持正义的英勇不屈的骑士，也能体验到与自己的国家牢固联结在一起的美好、深切的感情，得到这您早就受之无愧的奖赏。

我当然又开始了工作，并且工作得似乎还顺利。您可能已经知道，科学院和全苏实验医学研究所要从列宁格勒迁往莫斯科近郊，这两个庞大的机构将成为“科学城”的基础。可能要在这里建立一个世界文学研究所，其研究项目将是很有意义的。

这个五年计划期间，特别注意文化和儿童教育问题。改革整个教学制度，采用新教科书，学制改为十年，创办了一个专门出版儿童书籍的出版社。儿童书籍印数达十万、二十万、甚至五十万册。我并不认为，这些数字满足了需要。过几天我给您寄一份马尔夏克关于少先队员对书籍要求的报告，这是一个很有意思的报告，其中一部分已在《真理报》上发表。报告是根据少先队员们五千多封集体和个人来信写成的。

我今天读了一本书，其作者建议消除北极的积冰，使西伯利亚和加拿大返回到中新纪时期“天堂般的条件”中去。这个幻想说明了旨在真正“改变世界”的创造性思想的勃发。您知道，我们有些幻想正在变成现实。例如，我们无须再打磨切削刀具，因为已经做到使它们在运转过程中能自动磨快。这就节约了大量时间和金属。

关于植物界生物合成的思想促使人们研究创造多年生小麦、多年生烟草，等等。现在已经取得了一些成绩。

其他科学领域也在进行许多有趣的工作。总之，在我看来，这是劳动力要求解放、化为智力的标志。

结束这封长信的时候，我在内心里紧紧地握您的手。我并没有失去拥抱您的希望，我亲爱的好朋友和战士同志。

向玛丽亚·巴甫洛芙娜致以衷心的问候。

马·高尔基

又及：我的小册子是我的秘书给您寄去的。我没有把自己的书寄给朋友的习惯。这倒不是因为吝啬，那又为什么呢？说实话，我也不知道。这个“礼仪”不知什么缘故总使我不安，也许因为我对自己的书一向评价不高。

阿·彼什科夫

四十五、高尔基致罗曼·罗兰

1934年7月11日，莫斯科

我亲爱的朋友：

如往常一样，信又迟复了。这使我深感内疚。我由于工作过度，必须休息。明天就离开这里十天。我好像患了脑贫血，记忆力显著衰退。有一次，我累得简直到了滑稽可笑的程度。

我多么想详细地答复您这个十分刚强的人异乎寻常的、忧郁的来信，答复您认为自己孤独的错误观点。您不仅是一个在苏联受到热烈和真诚爱戴的人，而且全世界一切正直的人们都赞赏您，学习您坚定不移地站在困难的岗位上。您必须了解这一点。

回来以后，我写信告诉您，莫斯科是如何欢迎“契留斯金号”船员的。我觉得，世界上恐怕未必有过数十万人如此同心地庆祝一个欢乐的日子。我要强调指出，确实是欢乐的！祖国向自己的英雄们微笑了——意义就在这里！我看了一部记录“契留斯金号”从离开列宁格勒到沉没，以及后来在堪察加半岛彼得罗巴甫洛夫斯克迎接全体船员和飞行员全过程的影片。我的印象是：整个国家，从堪察加到莫斯科，都在欢迎他们。

特别令人惊讶的是轮船沉没的时刻：船已开始往冰下陷，而人们仍然急忙地把一切能够抢救的东西从甲板上拖到冰上去。我一定给您写信，详细介绍我同这些人、同史密特[①]谈话的情况。我真想经常给您写信，但是——我不得不坐下来批改数不胜数的各种手稿。我们为集体农庄庄员办了一份新杂志[②]，不久您就会收到第一期。

就此再见！紧紧地握手，衷心问候玛丽亚·巴甫洛芙娜。

马·高尔基

① 史密特，“契留斯金号”北极探险队的领导人。

② 指《集体农庄庄员》杂志。

四十六、高尔基致罗曼·罗兰

1934年10月8日，泰斯里

我亲爱的朋友：

一个星期以前，我由莫斯科来到克里米亚。中央报纸到这里要隔两天时间。《消息报》关于您的别墅受到袭击的简短报道，我昨天才读到，今天就收到了您的来信。这使我更加担忧，产生了一些可能不正确的、错误的，但却十分自然的想法。我们在这里清楚地了解，巧克力糖、干酪和克汀病患者的国家的资产阶级认为您是危害最大的“异教首领”，是它的文化的敌人之一，所以它竭力破坏您的生活。

亲爱的罗兰，您是否应当迁往成千上万正直的人们热爱您、尊敬您的国家，在这里——在克里米亚，在高加索，您会得到如意的安排。在这里，您将得到同样的、甚至更好的气候条件，会得到周到的治疗和所需要的一切。

玛丽亚·巴甫洛芙娜可以先来这里，为您选择一个最方便的地点和住处。

我刚来这里的时候，心脏扩大，呼吸困难，连楼梯也爬不了，但几天一过，我又精神饱满，又能工作了，甚至还能到山上去。这几天阳光明媚，风平浪静，海水水温十七度，阳光下今天二十三度。玛丽亚·巴甫洛芙娜可以住在我们这里，叫一辆汽车，找一个向导，此人熟悉南岸情况，并且（能够）陪她前去各处看看最适合于您的地点和住房。对此，请予以考虑。我可以向您保证，我们全国将把您当作敬爱的朋友来接待，您的到来对于我们所有的人都将是一个节日。阿列克谢·托尔斯泰今天从高加索到我这里来了，他是开完代表大会[①]之后去那里休养的。他兴高采烈地向我介绍在山里游玩的情景。我对高加索十分熟悉，在那里，我看到了我一生见过的一切景色中最壮丽的景色。在高加索，在黑海沿岸，在阿德列尔和巴统之间，您都可以为自己找到非常适于安静生活的地点。

本想告诉您一些新闻，但是实在太多，而我又急于结束此信。像这儿所有的人一样，我赶忙地工作着，质量当然因此受到很大影响。但是，我们的工作现在更需要向广度而不是向深度发展。

粮食收成非常好，例如西伯利亚西部就未必来得及把全部粮食都收上来。总的说来，全国的收割工作进行得十分令人满意。集体农庄的劳动日报酬颇高。

您的文章明天就寄往莫斯科。

紧紧地拥抱您，亲爱的朋友，望保重！衷心问候玛丽亚·巴甫洛芙娜。

---

① 指苏联作家第一次代表大会。

您如果决定到我们这里来，请先来信。地址是：克里米亚，塞瓦斯托波尔，高尔基收。

敬礼！

马·高尔基

四十七、罗曼·罗兰致高尔基

1934年12月28日，

维勒纳沃（沃州），奥尔加别墅

我亲爱的朋友：

值此岁末，遥寄对您的衷心祝愿，并希望来年夏天终能同您见面。我们总不能不互相看上一眼，便离开人间吧！

巴比塞通知我，国际革命作家联合会已经解散，将有一个更为广泛的新组织代替它。它的主要所在地将设在巴黎。我对这一点感到遗憾。我在给巴比塞的信中说，“巴黎的土壤不好。它迟早会把生长出来的一切统统毁掉”。在我看来，莫斯科应当作为新的伟大运动的中心。全世界自由和勇敢的思想家们的目光已经并将越来越转向莫斯科。明天，法西斯主义的恶浪（从左的方面或从右的方面）有可能席卷法国。在那里，革命作家国际找不到在苏联能找到的那种可靠的支柱。我不太赞成增加干部。我们正处于危机时期。在这种条件下，过于削弱思想的严肃性是不够谨慎的。不应当搞孤家寡人的宗派主义，但必须善于抵制随时准备卷土重来的、涣散人心的唯美主义发出的号召。这一点，在去年夏天于莫斯科召开的作家代表大会上本来是可以看到的。我不信任那些“为艺术而艺术”的浅薄之徒，更不信任具有“革命思想”的机会主义者。他们巧妙地溜到前进阵地上，但过不多久又抛弃这些阵地。必须在中央保持经过考验、高度警惕、紧紧把握方向的领导。不，现在不是姑息的时候。

这一点，您在苏联最近几周列宁格勒的悲惨事件①中，是看到了的！从表面上看，西方的知识分子似乎有一定程度的觉醒，那里也出现了抗议法西斯的运动，但我还是不能相信这一点。在巴黎，三万名装备精良、纪律严明的人群，由一名军官指挥——这位军官（德·拉·罗克上校）的真正作用是不容低估的——在当局的纵容下，已经动员起来，随时准备无情地去镇压任何革命运动。暗藏的法西斯已经把法国（不仅仅是法国）的土壤准备得比左翼料想的还要充分。暗藏的法西斯像五月金龟子的幼虫一样，悄悄地蛀蚀着根基，阴险地毒害着人们。这样的法西斯，看来也会说自己是左派……因而，它将变得更加危险。其为首者，在知识分子中，已经有于勒·罗曼②这样重要的作家。艾仁·蒙弗尔③这样一位优秀作家（他不是政治家，但也不抱偏见）主编的《前进》杂志，曾做过一次调查，其结果使我大为震惊。对“一旦革命爆发，您将做什么？”这个问题的多数回答，竟充满了对任何无产阶级革命不可抑制的、侮辱

① 指1934年12月1日基洛夫在列宁格勒被刺。

② 于勒·罗曼（1885—1972），法国作家。

③ 艾仁·蒙弗尔（1877—1936），法国作家、记者。

性的、不共戴天的仇恨。而那些并非最蹩脚、通常头脑冷静、通情达理的作家（……）表现得最为激烈。

不久前，我很愉快地结识了波将金[①]。我认为，他是一个能够为广泛发展法苏两国之间在精神上联系的人。

衷心地握您的手，我亲爱的朋友。愿在新的一年里，能继续保持我们行动的力量和欢乐，以造福于我们为之服务的伟大事业！

您的朋友罗曼·罗兰

① 波将金（1878—1946），苏联国务活动家，1934—1937年任苏联驻法国大使。

四十八、高尔基致罗曼·罗兰

1935年4月末

我亲爱的朋友：

您问我，6月份我是否在莫斯科？我不能准确地回答您，因为6月份，我将同一批文学家去巴黎参加巴比塞和爱伦堡筹备的代表大会[①]。大会具体日期尚未确定。也许，您会比我先知道。

您决定去莫斯科，我很高兴和激动。如能同您一起离开法国该有多好——您说呢？我非常想陪您看看从雅罗斯拉夫尔到卡马这一段伏尔加河的风光。如果给我们弄一只小艇，我们四人：您、玛丽亚·巴甫洛芙娜、我和我的秘书，可以用六至八天的时间，沿伏尔加河作一次美好的旅行。

我有半年没有给您写信了，想起来真不好意思和感到惭愧。但是，这段时间对于我是特别沉痛的。尽管我不喜欢，也不善于谈论“私事”，但还是要说：儿子的不幸夭折对我是一大打击。而基洛夫遭到极其卑鄙的暗杀，更使我悲恸万分。他是一

① 指国际反战代表大会，高尔基因身体不好未能出席。

位出众的人物和最有才华的管理人才。后来，古比雪夫也死了，他也是一个杰出的人物。这些悲剧发生的同时，正在召开集体农庄突击队员代表大会——这件意义重大的事深深地激动着我，当然感情完全不同。亲爱的朋友，在社会主义文化建设中涌现出了多少令人惊讶的妇女。但是，敌人并没有打瞌睡，他们越来越清楚地看到自己的灭亡是不可避免的，所以他们不断扬言要进行一切犯罪勾当和破坏活动。不久前，乌拉尔一位年轻的作家，颇有独创性的《高山往事》一书的作者之一贝科夫惨遭杀害。生活越来越变得五光十色，生活中矛盾的不可调和性也变得日益明显和尖锐，爱和憎的火焰越烧越旺。

我发起出版两本书。一本叫《世界一日》。我们收集世界各国和各城市一天的报纸，随便哪一天（4月17日、5月3日、9月5日）都行。把这一天里发生的富有特色的事情挑选出来，例如百万富翁的婚礼、失业者被赶出住所、体育盛会、犯罪、勇敢的功勋、技术思想的胜利、家庭悲剧，等等，便可得出一天的生活画面。同样，也挑选苏联的一天。我看，这将是很有趣的。

为艾尔温·申克[①]的事，我今天将给勃·阿·格里福佐夫写信，把申克打算移居苏联的愿望告诉莫斯科。

祝您一切顺利，亲爱的朋友。最后，愿我们尽快见面！

马·高尔基

---

① 艾尔温·申克，匈牙利作家，匈牙利1919年革命参加者。革命失败后，流亡国外。

四十九、高尔基致罗曼·罗兰

1935年9月12日

亲爱的朋友：

我很少给您写信，但这并不意味着，同您会见①留给我的印象在逐渐消失。我可以毫不夸张地说，每天，我都不止一次地在想：可惜，罗兰没有看到这个！或者：罗兰读了这个，定会高兴的。我希望您的愉快并不比我的少。生活的愉快能使人增添力量，并使他的思想之火燃烧得更加光彩照人。十分自然，我希望见到您精力充沛，心情愉快。我在阅读您写给那些热爱您的人的信。我钦佩您孜孜不倦的精神，赞赏您对我国人民的关切。

我的国家正在奋发工作，并迅速“富”了起来。现在，秋天已经来临。可以十分明显地看出，今年秋天，人们穿得比去年秋天更好、更暖和，甚至更漂亮了。我们满怀深情地同巴比塞告别了，我们隆重地送他返回祖国。我未能去参加葬礼，因

① 指1935年6月29日罗曼·罗兰同高尔基在莫斯科会见。

为天气不好，身体感到很不舒服：两腿疼痛，吐血，加之离不开写字台，有许多细小而又必须做的工作。

彼得·克留奇科夫给您寄去关于马赫诺的有趣的材料，谢尔什不日将被逐出苏联，这已经决定了。

我每晚都读福伊希特万格的作品，这是一位优秀的、十分有趣的文学家！

而本尼托·墨索里尼却要打仗，真见鬼！有时觉得，英国会阻止他；有时又觉得，是英国在挑唆他。总之，很明显，这些岛民的“贵族人种”已开始感到自己在世界上的处境是多么复杂和危险，任何战争也不可能使这种处境变得轻松一些。

季米特洛夫的演说[①]，您是否看到了？人们告诉我，他讲得很出色。“这是一位领袖人物”——人们这样谈论他。我因身体不好，没有出席共产国际的会议。假如您在莫斯科的话，您肯定也会坐在会议大厅里。

生理学家大会[②]也是一件大事。过不了多久，您就会收到这次大会的工作报告。

紧握您的手，我亲爱的朋友。

热烈问候玛丽亚·巴甫洛芙娜。祝您健康，望多保重。

您的高尔基

---

① 指季米特洛夫在共产国际第七次代表大会上的发言。

② 指第十五次国际生理学家大会。大会在列宁格勒举行，由伊·彼·巴甫洛夫主持。

五十、高尔基致罗曼·罗兰

——七十寿辰贺信[①]

亲爱的朋友罗兰：

您已年逾古稀，其中半百之年是在美好的劳动中度过的。我们这个暴风雨般的阶级搏斗的时代，旧世界垂死挣扎的时代，英勇建设社会主义世界的时代，是不可能充分估价其意义的。当解放了的人类回顾我们今天生活于其中的现实，了解它令人惊叹的悲剧性史诗的日子，您的具有历史意义的劳动将会得到应有的评价。在这部史诗的画卷上，将屹立着宏伟的巨著《约翰·克利斯朵夫》和许多崇高艺术作品的作者的强大而又光辉的身影。但是，即使现在，您已经是我们地球上一切正直的人们所爱戴的人，您不仅在欧洲，而且在印度、摩洛哥和美洲都受到爱戴，作为诗人、导师，作为英勇不屈精神的榜样而受到爱戴。我感到自豪的是，在我国，人们对您爱得尤为热烈。紧

① 1936年1月29日发表于《真理报》。

紧地握您的手。

祝您健康，罗曼·罗兰！

马·高尔基

五十一、罗曼·罗兰致高尔基

1936年2月11日，星期二

亲爱的朋友：

我在生日这一天收到的所有贺信中，您的贺信写得那样热情，那样美好，使我们心里感到特别亲切。我衷心地向您表示感谢。

至今，我还被这些函电弄得头昏脑涨。我认识的和不认识的许许多多人的思想，像鸟儿一样，从世界各个角落飞来，在莱蒙湖附近的一个小别墅的上空盘旋。我并不觉得它们都是给我的。于是，我问自己："它们究竟是寄给谁的？"直到今天，我还不能完全相信，所谈的一切，竟是关于我过去的生活……

不，当然不是！人们谈论的，是我们把自己的生命与之视为一体的新世界年青的生命。他们庆贺我的生日，实际就是庆贺这年青生命的节日；这是他们自己的生命，这是人类伟大的理想；是我们千百万人都渴望实现的，也一定能够实现的理想。

正如您能想象的那样，全部函电之中，最充满着"爱"（我完全可以用这个词）的，是来自苏联的函电。它们洋溢着那样温暖的感情，足以使冰雪消融！……

多少我从未见过、将来永远也见不到的普通人给我写了贺信！对于我们来说，他们比亲人还要亲！他们当中有许多人一再天真地问：“罗曼·罗兰，您为什么不住到我们这里来？”（他们的意思是说，不只住到苏联去，而且住到他们居住的地方去……）“您是我们的。您属于我们……”

但是，尤其使我惊奇的是，另一个国家也要求我，对我说：“不，你是我的……”这个国家就是我出生的国家！这是它第一次这样提出它对我的权利！为了庆祝我的生日，1月31日在巴黎组织的人民的庆祝活动，规模如此之大，气氛如此之热烈，甚至使组织庆祝活动的人自己首先感到惊奇。巴黎人表现出他们在精神上和思想上与作家完全一致，在我们这里还是第一次（如果算上巴比塞的隆重葬礼，则是第二次）。等级的藩篱被破坏了。这的确是一个新现象！庆祝我生日的活动，成为准备了两年之久的一次重大事件爆发的机缘——自那时起，法国知识分子最终决定加入群众运动的行列，并组成反对共同敌人的共同战线。无论如何，这个晚上（我只听到从远处传来的它的回声），我对我寄予希望的这个民族（早在三十年前，我便把自己的《七月十四日》[1]献给了她），收获了所播种的一切。而这比起我的法国同行们的称赞更使我感到快慰。

现在，我还希望有可能把我脑海里“酝酿”已久的几部作品写出来。不过，当我经常处于请求和呼吁的包围之中，要想

---

① 罗曼·罗兰在1901年写的剧本。

使心境保持某种平静，并不是一件容易的事情。我深感疲惫，只得搬到比蒙特勒山更高的一家医院，以便能在那里休息十来天。但只要我一下山，返回奥尔加别墅，立即又会被源源而来的信件和事务缠住。

希望克里米亚已给您的健康带来了好处，您的肺和心脏已强壮起来。拥抱您，并致最衷心的祝愿。请转达我对您的美丽儿媳的问候，如果她同您在一起的话。

您的朋友罗曼·罗兰

五十二、高尔基致罗曼·罗兰

1936年3月22日，泰斯里

我亲爱的朋友罗兰：

昨天读了您3月6日发表在《星期五报》上的，如往常一样勇敢、明智的论文[①]。

苏联人阅读您的文章，而您又给苏联公民和同志们写信，这是多么好啊！人们对您的爱越来越深，评价越来越高。不久前，我收到一位熟人寄来的一封谈事务的信。他在信的末尾感叹地说："法国边境上发生的事件[②]该会使罗兰多么焦急不安啊！"我觉得，这个感叹是十分令人感动的。

马尔罗[③]到我这里来过。看来，他是个聪明能干的人。我们商定了一些联合欧洲知识分子反对法西斯主义的实际办法。您同马尔罗熟识吗？我觉得，您如能跟他谈一谈，对我们的共同

① 指罗曼·罗兰的《保卫和平》一文。

② 可能是指希特勒违反1925年洛迦诺条约于1936年3月7日宣布重新武装莱茵区。

③ 马尔罗（1901—1976），法国作家。

事业是会有好处的。

我待在克里米亚，这里的扁桃花已经开了，南方的春天急于再次显示自己的力量。

我工作得很多，几乎什么事情都来不及做完，累得要死。除了生活中的各种不愉快的事，我今天又大量吐血。当然，这并不危险，但总是十分讨厌。尤其讨厌的是，周围的人露出惊恐的眼色，有的人还来安慰说：别怕！而我怕的只有一件事：在我写完长篇小说[1]之前，心脏停止跳动。总的说，我一向什么都不怕，并且认为，活了六十八岁还怕这怕那是可笑的。

居住在拉芒什海峡群岛上的“贵族人种”的利己主义和伪善，令我气愤，激起我对他们的仇恨。似乎他们正在把法国出卖给德国法西斯去掠夺和破坏[2]。自负的火鸡威尔斯明哲地沉默着，而他本可以使他的同胞多少感到羞愧的。但是，这个题目可以谈论很久，所以还是不谈为好，因为“言多无济于事”。

祝您健康，我亲爱的朋友，紧紧地握您的手。衷心地问候玛丽亚·巴甫洛芙娜。

马·高尔基

---

① 指《克里姆·萨姆金的一生》。

② 指英国政府对希特勒武装德国所持的纵容态度。

高尔基和茨威格的通信

一、茨威格致高尔基

1923年8月29日，萨尔茨堡（奥地利）

最尊敬的高尔基先生：

邮局给我送来了一个少有的好消息：您愿意将我的短篇小说《一个陌生女人的来信》收入您编的小说集。不言而喻，我高兴地表示同意。但对我来说，您的称赞才是最大的愉快。我无限热爱您的作品：多年以来，不曾有过任何东西能够像您在《回忆》[1]里对您的初恋所作的描写那样使我感到震惊。在德国文学中，还没有谁的作品能够写得如此率真——我知道，借助于艺术，甚至借助于精妙的手法，也许是能够做到这一点的，但是我觉得您的率真是绝无仅有的，连托尔斯泰也缺少这种叙述的朴素自然。我多么喜爱您的作品！我多么敬佩您在所有这些罪恶的年代里所持的人道主义立场！

此刻，我心情非常好——因为我决定向您表达自己的热爱和尊敬。寄上两本书，一本是短篇集《阿莫克》，另一本是介绍

① 指高尔基的短篇小说《初恋》。

长篇小说家的书《三位大师》，其中有一篇是评论陀思妥耶夫斯基的，但请别以为我是个纠缠不休的人。您不一定非读不可，也不必感谢我。您可以不等读完，便把它们送给别人。我只是想给您寄点什么东西而已。

如果您什么时候愿意带给我最大的快乐的话，请惠赐几页您的手稿。我正在收集（不是像小姑娘们收集作家亲笔题词那样）这类手稿，这首先是出于对作家们的热爱，其次是为了更深入地理解他们的创作。陀思妥耶夫斯基的手稿，我有《被侮辱与被损害的》中的两章；托尔斯泰的，有《克莱采奏鸣曲》中的两章。这两份原稿，都是在战前花了很多钱和力气才得到的。如果您能用您亲手写的几页稿纸使狄奥斯库[1]的行列更加充实起来，我将感到非常幸福！

还有，任何时候如果您在文学事务方面，在德国有什么需要的话，我将很幸运地为您效劳。

尊敬您的斯蒂芬·茨威格

又及：请不要放过拜访罗兰的机会！！！同他相识，乃是人生一件大事。他的善良，他的正义感，在这可怜的世界上是绝无仅有的；他的精神力量那么伟大，足以战胜身体的虚弱。

---

① 希腊神话中的人物，宙斯和丽达的孪生子。

二、高尔基致茨威格

1923年9月18日，弗赖堡

我亲爱的茨威格：

请您原谅我迟迟没有回复您的友好和使我引以为荣的来信。所以如此，是因为我不懂外文，我只会说俄语和用俄文写作。而能够把我给您的信译成外文的那位最了解我个人精神生活的挚友，整整有一个月不在我这里。现在他已经回来，我立即非常高兴地给您写信。

在没有读到您的《阿莫克》和《一个陌生女人的来信》这两个短篇之前，除了您的大名以外，我对于您，茨威格，几乎一无所知。第一个短篇，我并不很喜欢；第二个短篇，则以其惊人的诚挚语调、对女人超乎寻常的温存、主题的独创性，以及只有真正的艺术家才具有的奇异表现力，使我灵魂深为激动。读着这个短篇小说，我高兴得笑了起来——您写得真好！由于对您的女主人公的同情，由于她的形象以及她悲痛的心曲使我激动得难以自制，我竟丝毫不感到羞耻地哭了起来。而且，哭的不只是我一人，我那位最亲密的朋友也哭了，我对他的智慧和心灵的信任，也许超过了我自己。

您知道，茨威格，从事虚构的艺术家，能够使人们变得比上帝或大自然、历史和人们自己所创造的人，更加优秀得多，更无比有趣得多。

后来，我读了您论罗曼·罗兰的那本书，这是一本关于一个真正具有特殊意义和特殊精神魅力的人的出色的书。我无须谈论，这样一本关于一个法国人的书，在我们这个野蛮的时代由一位德意志人来写，这件事具有多么大的意义。从这一点来讲，我觉得您的著作是人对现实的许多胜利之一：凡有理智而又正直的人，都有权把这些胜利看作是他们的道德力量和精神力量所不容置辩的明证，并引以为自豪。

对于我来说，这本书使罗兰变得更加具体、更加生动，也更加亲切了。我一向十分热爱这个出类拔萃的人，现在更加爱他，因为——多亏您——我更加清楚地看到了他的精神面貌。

《一个陌生女人的来信》将作为一本小书收入丛书出版。收入这套丛书的有：《曼侬·莱斯戈的故事》、莫泊桑的《我们的心》、薄伽丘的《菲亚米塔》、《罗密欧与朱丽叶》，以及其他一些描写爱情的作品。屠格涅夫的《初恋》已经出版，日内您将收到。

这些书都附有插图，请您告诉我，在德国画家当中，您认为谁最有资格为《一个陌生女人的来信》画插图。

其次，请允许把您的短篇小说《月光小巷》翻译出来，在我主编的在柏林出版的《座谈》杂志上发表。

我还想请您为《座谈》杂志写一篇介绍现代德国语言艺术家的文章，或者就您喜欢的任何题目写一篇文章。

这个杂志只谈艺术和科学问题，同政治完全无关。罗曼·罗兰、弗朗茨·埃仑斯、（约翰·高尔斯华绥）、格雷哥里奥·马·西埃拉[①]等许多外国作家都在上面发表文章。

遵嘱高兴地把手稿寄上[②]，这是我目前手头仅有的，如不能满足您的要求，容后另寄。

谢谢您寄来的书[③]。我的作品等K.沃尔夫出版德文译本后，即寄上。

在我们地球上有种种快事，而对于我来说，同您会面就是这样的快事。

衷心地祝您一切顺利，斯蒂芬·茨威格！

马·高尔基

我的地址：弗赖堡（勃莱斯古），贡特斯达尔，杜尔夫街5号。9月18日

---

① 格雷哥里奥·马·西埃拉（1881—1948），西班牙作家。

② 高尔基应茨威格在8月29日信中提出的请求，给他寄去了手稿。

③ 指茨威格8月29日信中提到的《阿莫克》和《三位大师》两本书。

三、茨威格致高尔基

1923年9月26日，

萨尔茨堡，卡普茨涅贝格5号

我亲爱的、伟大的马克西姆·高尔基：

我手里正拿着您的来信和惠赐的宝贵手稿（信来得稍晚一点，因为要通过检查），不知该怎样感谢您才好。您对我的作品所作的评价，使我当之有愧。我觉得，我离真正的悲剧特有的朴实，还相差很远，我总是责怪自己心理描写太多，缺少你们俄国作家具有的那种迷人的伟大的率真。我们不得不重新探索我们的道路，重新写得朴素自然。朴素自然是你们固有的特点，你们不可能是另一种样子。在我们自己身上需要克服的“文明”太多了，而人民的真正心灵对我们尚未打开。我很懂得作家应当成为怎样的人，因此我从不满足。

获悉您打算出版《一个陌生女人的来信》，没有语言能够表达我是多么幸福。柏林的插图画家，我一个也不熟悉。随便请一位既合适又愿意做这件工作的人好了（这种人现在在柏林多的是)。我高兴地同意在您的杂志上发表我的短篇小说《月光小巷》。我也将很高兴给这家杂志寄一篇文章去——也许介绍奥地利作家?我尚在犹豫。只有当我毫不拘束地直抒己见时,我的语言才具有说服力。而在我国作家当中,我真正喜爱的却很少。我认为盖尔曼·巴尔也许是最有趣的一位,因为他最活跃。但我目前正在写一本关于荷尔德林[1]的大部头书,他是十九世纪德国最伟大的诗人。现寄上该书中的一段。也许,您会觉得它对您的杂志是合适的。

亲爱的马克西姆·高尔基,我常常担心您在德国生活是很困难的。远离祖国,只身一人,周围全是些陷于绝望而神经激奋的人——您有时一定会感到十分孤单!您青年时代的早期生涯过于长期漂泊不定,现在一定希望过安定、宁静的生活。但愿工作能帮助您!因为我怀疑,您目前在德国未必能找到与您相称的人。优秀的人物都躲藏起来,隐身不见了,青年人则染上了民族主义的狂热。人们无暇顾及他人。也许,您注定要再次充当您曾经在俄国一度经历过的那些现象的见证人:物质世界主宰一切,冷漠,总危机。既然如此,请到奥地利来吧,这里的人们将亲切地接待您——这一点我可以向您保证——在这里您可以不必那样直接同政治、同生活的物质方面打交道。请珍重您的工作,如今我们这里其作品为人们需要的作家实在太少了,而您就属于这些为数不多的作家之列。

罗兰也比您想象的还要孤独。这个最善良、最谦虚的人却没有几个亲密的朋友。他生活在伟大的孤独之中,而正因为

① 荷尔德林(1770—1843),德国浪漫派诗人。

这种孤独，才显示他的伟大。伟大的灵魂是以高昂的代价换来的！他感到自己那么孤独，有时候我真替他担心。

再一次感谢您，亲爱的、伟大的高尔基。我希望什么时候能够同您和您的夫人见面。现在条条道路都被封锁了，但让我们满怀希望，世界不久即将为所有的人开放，所有的人终将团结起来。

您热烈的、忠实的崇拜者

斯蒂芬·茨威格

再寄上我的两本书：战争期间写的悲剧《耶雷米亚》和十年前发表的短篇小说汇成的集子（在我看来，它们太过于感伤和抒情了）。

四、高尔基致茨威格

1923年10月4日

亲爱的斯蒂芬·茨威格：

来信和书收到，衷心地感谢您！

您说的罗曼·罗兰的情况，使我深感不安，虽然，您当然也知道，一个人越不同凡俗，越伟大，就越孤独。这是非常不幸的。但是否应当抱怨这一点呢？对于像罗兰这样的人来说，孤独乃是他们更加深刻、更加明智地观察生活的高度。

在当前这个生活发生悲剧性转折的时期，特别容易感到孤独。但话又得说回来，像罗兰这种类型的人，应当从这场悲剧里找到安慰，乃至骄傲，因为现实生活之所以遭到破坏，仅仅是为了以更快的速度走上通向他们理想的路，他们必然要走这条路，因为再没有别的路可走了。正是自我保存的本能把人们推上这条道路，我们从俄国的例子上可以看到这一点。

我不是一个十分乐观的人，但我觉得，我对人了解颇深，所以我相信：即使人们不好的品质，历史（或者说是进化）终究能把它们改造得符合于精神文明的要求。

再一次感谢您的来信和惠寄的书。最近，有一个美国人克拉克[1]曾来过我这里，他对您的评价很高。

祝您一切顺利！

马·高尔基

① 克拉克（1890—1954），美国戏剧批评家、翻译家。

五、高尔基致茨威格

1923年10月4日，贡特斯达尔

亲爱的斯蒂分·茨威格：

由于不应有的疏忽，有一件很想告诉您的事，在前一封信里却忘了提及，就是：您答应给我们的杂志写点东西，使我非常高兴。请允许我告诉您，我将对此感激不已，并急切地等待您将惠寄给我的一切。

再次向您致以最良好的祝愿。

马·高尔基

六、茨威格致高尔基

1923年11月3日，

萨尔茨堡，卡普茨涅贝格5号

我最亲爱的老师：

上星期我不得不到维也纳走了一趟，明天还要再到那里去，因此我既未能给您写信，也未能把为您的杂志撰写的特写寄给您。您住在弗赖堡使我深感不安。您的饮食可好？是否得到了您所需要的安静？德国的状况这样悲惨，一想到这些，我就很担心。尤其是这些没完没了的币值波动，我们每天被迫要上的这种算术课，对诗人来说这简直是毒药。这一切，我们已忍受了三年。只有在这种可怕的、捉摸不定的状况结束之后，我感到我的智慧力量才能得以恢复。

所以，如果您觉得您在德国不如意，认为移居另一个国家对您的工作更加有利，就请您考虑奥地利。现在，这儿是一个宁静的小岛。您还可选择梅腊诺，那也是一个迷人、静谧的角落。想到您生活在这可怕的风暴之中，我感到不寒而栗。最近几年您饱经忧患，您完全有权为您的美好艺术而生活。我们的时代，处于热昏胡说的状态，我再不相信理智还能起什么作用。只好等待这阵狂热退下去，但是，唉，它却发展得越来越严重了。

今天只写这几句。我仅仅是想对您说，我们热爱您，我们的心同您在一起。

真心忠于您的

斯蒂芬·茨威格

七、高尔基致茨威格

1923年11月6日，贡特斯达尔

我亲爱的斯蒂芬·茨威格：

衷心感谢您满怀诚挚关切的来信，它使我无比感动。

是的，这里的生活变得相当严峻。当一个悲剧的观众比做一名悲剧演员困难得多。看着那些不久前还能享受文化生活，处于智力旺盛阶段的人们，现在只为糊口而挣扎——这种光景实在可悲！

而多数人急切盼望出现一个“强硬的政权”，部分原因是存在着分立主义的倾向和蒙昧的利己主义，这种利己主义表明，人们多么快地在失去对精神利益共同性的意识。

在莱茵河彼岸，人们在令人厌恶地、疯狂地寻欢作乐。而在拉芒什海峡的另一边，人们却在等待，在静观邻居们的垂死挣扎。这一切混在一起，就叫作人道的基督教文化……

为了不过多地去想这些，我发狂地工作。我打算很快去卡尔斯巴德。

现寄上您那篇出色的小说《月光小巷》译文的校样，刊登它的杂志不久即寄上。有趣的是，您的主题很像将在同一杂志上发表的我那个描写爱情的短篇[①]。再一次感谢您的来信！请不要忘了写文章！

您诚挚的马·高尔基

① 指高尔基的短篇小说《单恋》，刊登在《座谈》杂志上。

八、茨威格致高尔基

1925年2月19日，

萨尔茨堡，卡普茨涅贝格5号

亲爱的、伟大的马克西姆·高尔基：

没有人像我这样珍重您的工作时间。如果所谈的事情不是您所关心的和精神上需要的，我是永远不会给您写信的。

事情是这样：1926年1月29日，是我们伟大的罗曼·罗兰的六十寿辰。为了庆祝这个日子，我们正在筹备出版一本专集，将收入所有自认为是他的朋友的大作家和艺术家们的贺词。

出版者业已选定。现在的问题是需发专函邀请有声望的人士，但专函应由罗兰的朋友们组成的委员会签名。将签名的人士有：代表法国的是乔治·杜亚美，代表德国的是海尔曼·海赛，代表奥地利的是我，我们请求您也在这封信上签上您的名字。

我相信您会同意的。望以短函表示肯定的回答。

获悉您健康无恙，甚幸。您关于列宁的回忆使我深为感动！

忠于您的斯蒂芬·茨威格

九、高尔基致茨威格

1925年2月22日

亲爱的、尊敬的茨威格：

不言而喻，能同您、海尔曼·海赛和杜亚美一起参加筹备庆祝罗曼·罗兰（我十分热爱和尊敬的人）诞辰的委员会，对我来说，这是莫大的荣誉。

但我要预先告诉您，我参加委员会一事可能会引起一些误会。

问题是，在欧洲最有声望的俄国大作家梅列日科夫斯基[①]，伊万·蒲宁[②]、库普林[③]，以及侨居巴黎的其他五六个人，对我抱着敌视的态度。在他们看来，我是暴君们的拥护者。这使我担心，一旦他们在委员会名单里看到有我，就不会在给罗兰的贺词上签名，而自己去另搞一套……

---

① 梅列日科夫斯基（1865—1941），俄国资产阶级反动作家和评论家。

② 伊万·蒲宁（1870—1953），俄国作家。

③ 库普林（1870—1938），俄国作家。

您对我所说的，有什么想法？盼复。（我急切地等待您的回信。）

您的真诚的马·高尔基

十、茨威格致高尔基

1925年3月9日，

萨尔茨堡，卡普茨涅贝格5号

亲爱的、伟大的马克西姆·高尔基：

我今天刚旅行回来，便立刻给您写信。我们发起的委员会决不会邀请所有的名人，而仅仅邀请罗曼·罗兰的朋友，以及和他信仰相同的人。无论是癫狂的梅列日科夫斯基，还是蒲宁和库普林，都不会得到我们的邀请。我们考虑的人，范围很小，这些人正在为反对仇恨而斗争。他们都鄙视仇恨和野蛮的疯狂。您提到的那几个人，不属于我们同一信仰者，所以我们决不会去央求他们。我们要团结的是这样一些人：他们相信人类，而不相信那些崇拜民族主义和政治纷争的朝生暮死者；他们即使在人类沉醉于鲜血和叫嚣残杀而变得完全野蛮的时期，也仍然对保持人性的人满怀深切的感激之情。我们打算搞的是一本友谊录，而不是整个文学界的纪念集。所以您不必担心：我们的邀请决不会发给任何一个在内心培植仇恨的人。

我理解（虽然也憎恨）这些不幸的俄国人的狂怒，他们正在寻找发泄仇恨的对象，他们因为祖国的毁灭而痛苦万分！我怜悯这些远离真正生活而苟且偷安的倒霉鬼，他们是大城市里的外来人，我也相信，您将是能够饶恕他们不公正的仇恨的第一个人。

您写的关于列宁的书，极其鲜明地向每一个愿意了解的人表明，您对这位伟大的革命家充满了深厚的人的感情，然而，唉，仇恨蒙住了人们的眼睛，他们不愿正视真理。我重说一遍：虽然我痛恨他们的言论，但我怜悯他们，因为我觉得他们是很不幸的人。您的作品，尤其是近作，洋溢着如此明朗的人道精神，写得如此深刻、真实，任何投向您的诽谤终将在您磊落的胸怀面前碰得粉碎。请原谅，亲爱的、伟大的高尔基，如果您觉得我的话是献媚的话。但我向您起誓，多年来我已不曾感受过在您的回忆录里感到的那种发自内心的热情、如此鲜明的真诚的人性。特别是会见列·安德烈耶夫的那几章，更是如此——这几章深深地感动了我。我读了至少十遍，我知道我还会一再读它。说实话，我羡慕您的才华，您能够叙述得如此简明扼要，令人惊叹不已；在欧洲谁也没有这样的才华，甚至托尔斯泰也没有掌握这种高度的质朴无华。我们呢——我们在紧张地写作，专心于心理刻画，虽苦苦工作，却从未找到您下笔时所掌握的那种简洁明晰的形式。亲爱的、伟大的高尔基，我担心您甚至想象不到自己应该是一个多么幸福的人（我不用“自豪”这个字眼，因为您被赋予这种才华，并不取决于您的意志）。

这就是说，我已得到了您的同意，如果我们的计划能够实现的话。我们还没有完全把握能否实现它。罗曼·罗兰非常谦虚，我们甚至害怕以最亲密的态度对待他，也会冒犯他。目前，我们正在预先同他的姐妹进行慎重的商谈，以便了解我们能否大胆去准备这一礼物。

您是否读过罗曼·罗兰的新作《爱与死的搏斗》，我认为这是他最近十年来创作的最好的作品。看来，时代有利于白发老人：萧伯纳七十岁写的剧本，罗兰五十八岁写的剧本，都比所有现代文学作品更有朝气。这就使我们能够指望，我们的精力不至于很快就衰竭的。

亲爱的、伟大的高尔基，衷心地祝您身体健康。能向您表达我是多么热爱您和敬佩您，我感到幸福。

忠于您的斯蒂芬·茨威格

又及：寄上我的一本童话小书。您若没有时间，可不必读它。只要想到书已到了您的手里，我就很幸福了。

十一、高尔基致茨威格

1925年3月15日，索伦托

我亲爱的茨威格：

我未能清楚理解您前一封信的含义，深感抱愧。而刚刚收到的这封信，使我很受感动。无须说，我多么珍视您的赞誉，这是能够创造出像《一个陌生女人的来信》这样细腻、这样动人的作品的艺术家的赞誉。您诚挚的态度对我是多么宝贵。我个人对自己的看法是：我还没有完成自己力所能及的事情，也许我再也做不到了。总之，我不偏袒高尔基，一点也不！我对他的态度并不是盲目的。别以为这是故作姿态——我向您保证，不是的！我所以对您说这种话，那是因为“对已完成的工作的失望”，对自己力量的怀疑，使我不得不这样说。这种感情您当然也有体会，它像折磨我一样，也在折磨着您。

我写了一本书——一部大型的中篇小说[1]——我很想把它献给罗兰。但我不知道，这能否使他高兴。您对此有什么

① 指《阿尔达莫诺夫家的事业》。

想法？

我现在正在写这样一些俄国人，他们比任何人都善于杜撰自己的生活，杜撰自我。如果这本书[1]我能够写得比那一本好些，我就把它献给罗兰。

我还没有时间读您的书[2]——衷心感谢您寄给我！一等读完，如您愿意，我将把自己的想法，当然是作为一个读者而不是作为一个批评家的想法，写信告诉您。

再一次感谢您的美好情意。我一千次地祝您健康、幸福。

马·高尔基

① 指《克里姆·萨姆金的一生》。
② 指茨威格的《永恒方丈的眼睛——一个传奇》，莱比锡，1925年。

十二、茨威格致高尔基

1925年4月复活节前的一周，萨尔茨堡

亲爱的、伟大的马克西姆·高尔基：

听说，复活节是俄国一年当中最盛大的节日之一，在这一天人人都要向自己所爱的人赠送礼物。请允许我也按照这个俄罗斯的风俗，向您倾诉我对您的怀念，让我从远方拥抱您，并祝愿您得到伟大艺术家热爱和向往的一切：工作、欢乐、健康、完美！

您把大作献给罗曼·罗兰，一定会使他感到莫大的快乐。对于他来说，友谊也许高于爱情，他十分珍惜体现这种感情的每一件东西。您想象不出，他实际上多么孤独：在战争年代，他最亲密的朋友都卑鄙地背弃了他，而您自己大概也知道，人过了一定的年龄便不想再结交朋友了。这是青年时代的许多优点之一！

衷心地感谢您愿将我寄给您的书读完，这本书是以神话的形式表现出一种信念的象征。但请不要把时间花在这本书上，请首先把您的作品写完！

获悉您身体健康，欣慰之至！我原打算今年去意大利访问，但觉得还是留下来工作为好。如果您秋天还在索伦托的话，我可能来意大利一天，专门拜访您（但不能妨碍您的工作）。

忠于您的斯蒂芬·茨威格

十三、高尔基致茨威格

1925年5月14日，索伦托

我亲爱的茨威格：

您的信使我深受感动。

我没有立即给您回信，因为有点小病，而那些住在国内的俄国作家的来信，又使我颇感压抑。再则，我正埋头于创作长篇小说[①]，我想在这部小说里描写俄国知识分子三十年的生活。我认为，就色调的多样性而言，这完全是一部亚洲式的作品，渗透着通过纯俄国式的心理和思潮表现出来的各种欧洲思想，既充满了各种现实的痛苦，也充满了同等程度的想象的痛苦。这项细致而又艰苦的工作深深地吸引着我。

我献给罗兰的书，即将在德国出版俄文本。我很久没有听到关于罗兰的消息了——我觉得，我那篇论安纳托尔·法朗士的文章，给他留下了不好的印象。但是，我不能用另一种眼光去看待作为艺术家的法朗士，而作为普通人的法朗士，我既不

① 指《克里姆·萨姆金的一生》。

认识也无法评判。我喜欢他的优雅、明快、辛辣和俏皮的思想，虽然他的享乐至上主义对于我是格格不入的。我认为，法国人的怀疑主义的微笑，对于我们俄国人也许是十分有益的，因为我们总是过于匆忙地去相信，总是盲目地去相信。这就是为什么我羡慕那个拥有蒙田、勒南[①]和法朗士的民族。您得承认，同托尔斯泰和陀思妥耶夫斯基相处，是比较困难的。我们最伟大的天才普希金是在九十年前被人杀害的，但人们直到现在才开始阅读他的作品，了解他那渊博的才华，并钦佩他那强大的精神力量。

再一次感谢您亲切的来信。请您相信，同您相识对我是莫大的快乐。秋天我大概会在这里——来吧，对您的光临我将感到非常高兴。热烈地握您的手。

马·高尔基

---

① 勒南（1823—1892），法国哲学家、宗教史学家、作家。

十四、茨威格和罗曼·罗兰致高尔基
（明信片）

1925年6月10日，魏玛[①]

意大利，索伦托

马克西姆·高尔基收。

我们向您致敬。

忠于您的斯蒂芬·茨威格

罗曼·罗兰

① 魏玛是德国的一个城镇。

十五、茨威格致高尔基（明信片）

1925年6月15日，萨尔茨堡

意大利，索伦托

马克西姆·高尔基先生收。

亲爱的、伟大的马克西姆·高尔基：

我们关于出版一本献给罗曼·罗兰的书的倡议，各地都迅速做出了响应，这个消息一定会使您高兴。弗洛伊德[①]、布兰代斯[②]以及我们所有的大作家都同意参加，而我感到幸运的是，由于您的合作，俄国文学界也有了代表。能够向一个给予我们支持的人表示感谢，是多么令人高兴！我希望您写作顺利，并望您即将完成我们急切盼望的大作。

您的诚挚的斯蒂芬·茨威格

① 弗洛伊德（1856—1939），奥地利作家、心理学家。
② 布兰代斯（1842—1927），丹麦批评家、文学史家、政论家。

十六、茨威格致高尔基

1925年9月5日，

奥地利，萨尔茨堡，卡普茨涅贝格5号

亲爱的、伟大的马克西姆·高尔基：

您当然将高兴地知道，我们为罗曼·罗兰六十寿辰准备的书将是一份非常美好的礼品。各国的优秀人物都高兴地响应了我们的号召，给我们伟大的朋友寄来了贺词。您在倡议书上的签名无疑促进了这件事的成功。现在，亲爱的、伟大的高尔基，请您自己不要忘记为这本书写几句、写一页或几页寄给我们。您的心会告诉您，对罗兰应当说些什么。如果没有您的大名，将令人十分遗憾。

附上一个写有出版人地址的信封，他承担了汇集所有手稿的工作。我预先向您表示感谢。

我希望能在11月份来索伦托拜访您。报上说您又回列宁格勒了，我很失望。但幸运的是，这一次报纸报道失实。当我想象您在这座美丽的海滨城市工作，身体健康，生活幸福（如果在我们这个世界上还能够生活幸福的话）的情景，我就感到高兴。

您热诚的崇拜者

斯蒂芬·茨威格

十七、茨威格致高尔基

1926年10月—11月初

我亲爱的、伟大的老师：

现将我的两个短篇小说寄上，但愿它们的译文不至于太坏，您如能一读，我将感到高兴。得知您的巨著[①]在柏林一家杂志上发表，我为您重新投入艺术创作而高兴。我热爱您，真诚地钦佩您，希望开春能前来同您握手。

忠于您的斯蒂芬·茨威格

① 指《阿尔达莫诺夫家的事业》。

十八、高尔基致茨威格

1926年11月9日，索伦托

亲爱的斯蒂芬·茨威格：

我今天收到了您寄来的书，衷心感谢您的关心和惠赠给我的十分珍贵的礼物。

您的书，我以前就读过，是时代出版社寄来的，我的一位熟人伊里亚·沃尔夫松在那里工作。我可以告诉您，译文很仔细，用的是真正的文学语言，我觉得译者很了解您的风格特点，尽可能细致地表达出来。这使我有权大胆谈论原作的优点。

我相信，亲爱的茨威格，您是不需要我的夸奖的，但我还是要说，您的作品写得很出色。过去谈到《一个陌生女人的来信》时，我对您以罕见的温存和同情来描写妇女，就已赞赏不已。关于《一个女人一生中的二十四小时》，我要再一次重复这些话，但要补充一点，即这个短篇您写得比《一个陌生女人的来信》《阿莫克》《折磨人的秘密》以及收进俄文版这两本书里的所有作品，都更见匠心。

但是，尤其使我惊讶的，是您在《一个老年人的记事》里表现出来的才华。在我看来，您的风格在这篇作品里几乎达到了我在列夫·托尔斯泰的作品里才见到的那种奇妙的立体感、严整性和力量。我不知道还有比这更高的赞扬，但是在此，我不认为这是过分的赞扬。这个短篇里洋溢着的艺术家的智慧——这是一种极其珍贵，也许是比其他人都更接近于真理的智慧——促使我把它同托尔斯泰相比。我指的是这样一些句子，比如“天性……总能唤起儿童对父亲的嗜癖的厌恶”，或“女人委身于他人，在我看来，并不就是背叛”，还有“情敌尖酸痛苦的好奇心”。在最后这个警句里，我第一次看到了对精神妒忌心最精确不过的表述；它也许比生理的、本能的妒忌更加折磨人。在这类警句里，能够感觉到一颗伟大、聪慧因而也是忧郁的心灵发出的呼声。

其次，不言而喻，小说的主题也使我很激动。您对这个主题的描写令人惊叹。俄国文学中还没有人写过这个主题，我也不记得——不知道——西方作家当中有谁接触过这个主题。看来，您第一个独辟蹊径，并且做得十分出色。

我曾经有机会听过那些同性恋者的种种忏悔——请想象一下，其中有一位竟是教授！但这类忏悔丝毫不能使我动心，只留下了某种对忏悔者、对我都一样是不需要的悔过的印象而已。

您的小说中的人物所以能打动人，是因为您使他比我耳闻目睹的那些活人更加高尚，更有人性。这一点特别重要，并再次使我相信，艺术完全有理由高于现实。

我极其高兴地对您说了这一切，亲爱的茨威格，紧紧握您的手——才华出众的艺术家的手。我相信，您定会写出比您现有作品更加美好的著作。

马・高尔基

十九、茨威格致高尔基

1926年12月19日，萨尔茨堡

亲爱的、伟大的马克西姆·高尔基：

我有一个多月不在家，因为我先去讲学，后又参加了话剧《沃尔波涅》的排练；这是根据约翰逊·本杰明[1]的老情节编写的一个辛辣的喜剧，它取得了令人头晕目眩的成功。我听说，这出戏也将在列宁格勒上演。这段时间，我一直想给您写信，但又不好意思对您美好的来信仓促作复。您的话对我产生了无比美好的影响。我认为，自从我们的世界外表上变得越来越单调，生活变得越来越机械的时候起，就应当在灵魂深处发掘决然相反的东西，做一个勇敢而又正直的人。我们的责任是要做亲眼看见的这一永无休止的进程的见证人，极其真实而又明确有力地说出自己的意见，这就是我们现在所能做的一切。我不知道，我们是否有能力像巴尔扎克或陀思妥耶夫斯基所做的那样，再创造一个完整的世界；也许，我们生活的时代，变化得

① 约翰逊·本杰明（1573—1639），英国剧作家。

太急剧了，不能以一瞥概其全貌。但是，某些作家的作品也许能使下一代人对我们的精神状态有一个完整的概念。

亲爱的、伟大的高尔基，我急切盼望着您的长篇巨著出版单行本[①]。我已预先关照，要我们的一家大型杂志给我留出篇幅，登一篇长文。最后，还应指出，心理描写的真实性，在许多方面应归功于您，而我们欧洲人多么需要您的作品所具有的创作思想的明晰性。我们德语文学过去一向，而今天尤其难以为人民理解，它只不过是受过教育的知识阶层的财富，是那个无形的小圈子的财富，其成员都冠有令人厌恶的头衔："文明人"和"文明的代表者"。我们没有为所有人写作的伟大作家，没有托尔斯泰、巴尔扎克、左拉、康拉德[②]和高尔基，没有才华卓著、足以把自己的作品写得十分明白、易懂的人。我希望，尊作那样的作品将重新唤起人们创作类似作品的愿望。一想到春天我有可能去意大利，便十分兴奋。我有点害怕那里笼罩着的政治气氛，害怕同我在那里度过的青年时代相比，那时，现实世界对我是不存在的，我完全沉浸于艺术和历史，为那些不现实的东西欣喜不已。但是，应当了解各国的本来面目，把了解它们的政治作为了解它们的性质的一把钥匙。

我也想去俄国旅行——艾恩斯特·托勒尔[③]向我介绍了俄国的许多情况，他对您的人民十分钦佩。

---

① 指高尔基的《阿尔达莫诺夫家的事业》。

② 康拉德（1857—1924），英国作家，出生于波兰。

③ 艾恩斯特·托勒尔（1893—1939），德国作家。

再一次衷心地感谢您。每当我提到您的名字，总是满怀兴奋和对您的无限思念之情。

忠于您的斯蒂芬·茨威格

二十、茨威格致高尔基

1927年3月10日，坎内，圣乔治旅馆（只待几天）

通信处：萨尔茨堡

我亲爱的、伟大的马克西姆·高尔基：

我这样久没有给您写信，并非因为懒惰，而是因为我在旅行，目前仍在旅途中。我很想不写信，而是突然到索伦托来亲自握您的手，并向您表示感谢。但我不能克服自己对意大利之行的特殊担忧：我好久没有去那里了，该访问的地方又那么多，而一个冬季的工作已使我颇感疲劳。所以我便在坎内附近的一个小村庄找了一家小旅馆离群独居起来，以便静心写作和欣赏闪闪发光的蓝色海洋。

亲爱的、伟大的高尔基，朋友们已经替我把您的序言[①]译了出来。说实话，您对我这样好，使我很惭愧。您赋予了我一副多么沉重的担子！现在我当以孜孜不倦的劳动来报答您对我如

① 指高尔基于1926年12月为列宁格勒时代出版社出版的斯蒂芬·茨威格选集写的序言。

此大度的信赖。我应当成为您善良的心里想象的那样的人。我十分清楚地意识到，为了成为一名真正伟大的作家，我所缺少的正是伟大的淳朴和聚精会神从事重大构思的能力。也许，我本可以着手创作重大的作品，但在这些可怕的岁月里根本不可能专心于创作。我们不得不过多地注意眼前的事物，这就妨碍我们艺术地表现那些具有长远意义的事件。

上一个伟大时代的杰出人物：陀思妥耶夫斯基、托尔斯泰，以及那些伟大的英国人——他们全都为自己的创作而生活，他们生活在安静的世界里，不受强烈欲望的干扰。时代有利于他们的创作。

我十分欣慰地获悉您创作了一部篇幅浩瀚的巨著，虽还没有读到，但预先向您表示祝贺。您的长篇小说在萨尔茨堡等待着我。我已请求我们的杂志留下篇幅，我要撰文详细介绍这部小说。由于我对此十分认真，所以预先阅读，更准确地说，是在反复阅读您的全部作品，而且读得兴致勃勃！您具有我们缺少的一切：尖锐的和明晰的洞察力，把握活生生的人的特征，并使人物跃然纸上的本领。在全部当代文学里，我不知道有哪些作品可与您描绘的列宁和托尔斯泰肖像并驾齐驱。这是惟妙惟肖的两幅肖像，唯有它们将留存于世。

目前我正在写一篇关于托尔斯泰的篇幅较长的特写（一本小书）。论述托尔斯泰的书多不胜数，但大都平淡无奇。他内心的巨大悲剧至今尚未阐明，我个人想在这方面略尽微力。区分这位罕见的思想家身上独特地交织在一起的平庸和天才（如卢梭），了解他多么热烈地向往做一个农民一样纯朴的人，这需要很大的勇气。命运注定他洞悉人们内心深处的一切，觉察每一个人而首先是他自己身上哪怕一丝一毫的虚伪。我觉得，他一定会有点儿怕您，因为他感到，您已经看清了他的灵魂的本质——纷乱而多重的本质。这是一个深渊，有时他喜欢将它掩饰起来，有时又喜欢用理智的光芒把它照亮。我很羡慕您认识他。您同往昔的、而并非神话世界的最后一批巨人有过交往，这是少有的幸运；由于您的力量，您的影响，对于当前这一代人来说，您自己也成了这种古典文化的代表者之一。

我衷心地希望您身体健康。报上说您似乎打算回俄国去。我很理解您想重新看看祖国的愿望，您在您的祖国未来的历史面前，是一位不可缺少的见证人。但愿您的独立精神无损，您的健康无恙。这首先对我们，也对后代，都是十分宝贵的。

忠于您的斯蒂芬·茨威格

二十一、茨威格致高尔基（明信片）

1927年4月11日，萨尔茨堡

意大利，索伦托

马克西姆·高尔基收。

亲爱的、伟大的高尔基：

我已拜读了您的长篇小说①——您最近会读到，我是多么感激您，我是多么激动！这是多么好的作品！ 祝贺您。不久您将在报刊上看到我的评论。

忠于您的斯蒂芬·茨威格

① 指高尔基的《阿尔达莫诺夫家的事业》。

二十二、茨威格致高尔基

1927年5月20日，奥地利，萨尔茨堡

亲爱的、伟大的马克西姆·高尔基：

请以宽容和善意的心情接受这篇评论您的长篇小说的文章。此文我打算同时在几家德文报纸上发表。但愿它能使您对于我在阅读这部伟大作品时的莫大喜悦有一个印象。

听说，您将于明年回俄国参加列夫·托尔斯泰的纪念活动。我争取在您启程之前来看您。我内心感到有必要来握一握您坚强有力的手，并向您表示我的钦佩。我很尊重俄国青年作家的作品，但他们的作品里缺少人民的伟大形象和民族的形象。您是最后一位把俄国看作一个独特世界，一种原动力的作家。现在您重返祖国后的任务是要描写变化了的俄国。必须让人们听到真实的声音，因为我们目前读到的一切是不明真相的，甚至往往是仇恨的产物，而主要的是，缺少一个民族处在紧急关头所必需的那种热情、真挚的魔力。今天比任何时候都更迫切需要尖锐的观点和了解事物本质的热烈愿望。把偶尔捞到的一鳞半爪记录下来的方法，对这个伟大的国家是不适用的。俄国不像意大利，从库克组织的旅行列车的窗口是“看不清楚”的。俄国是需要深入去了解的。您，最诚实的作家，注定要继续描绘这幅壮丽的图画，因此，我希望，阿尔达莫诺夫一家仅仅是这幅三折画的开始。

亲爱的、伟大的高尔基，请您怀着多次向我证实过的那种善意，接受并相信我发自内心深处的谢意。

真心忠于您的斯蒂芬·茨威格

二十三、茨威格致高尔基

1927年12月10日，萨尔茨堡

亲爱的、伟大的老师：

请不要以为我把您忘了，相反，我们大家，您的朋友和您的崇拜者们，正在筹备您的纪念日[1]。我希望这个日子将表明世界多么感激您。目前我正在写一本大部头著作，论述写自传体裁的三位大师，确切些说，是三种不同的风格：卡扎诺瓦，个人生活年谱的朴素编辑者[2]；司汤达，心理刻画者；托尔斯泰，道德说教者。今天我向您提出一个请求：请允许我把这部著作献给您（正式地），以表达我的感激和敬仰之情。

您无须复信。如果您很忙的话，我将把沉默看作是同意的表示。我很想以此菲薄的礼物，向全世界表明我对您的深切的爱。

今年，我只忙于这部论文形式的重要著作，后来又构思了

① 1928年3月28日是高尔基六十寿辰和从事文学活动三十五周年。

② 卡扎诺瓦（1725—1798），意大利作家，著有揭露法国大革命前夕宫廷幕后生活的回忆录。

几个短篇小说。一待写完此书之后，我想去俄国访问一个月。我觉得应当亲眼去看看俄国；外国报刊已堕落到荒诞不经的地步，我们的责任在于明确、真实地反映一切。我想访问您的伟大祖国的愿望已经有二十年了，我急切地期待着这一向往终将实现。

祝您身体健康，工作卓有成效。我常常考虑去意大利，但我觉得，此刻去俄国旅行更加重要。如果我能挤出时间去的话，我将只向您谈谈自己的观感，因为，我想，在这个国家停留的时间很短，加之语言不通，所以不准备发表自己的观感。

您诚挚的斯蒂芬·茨威格

二十四、茨威格致高尔基

1928年3月22日，萨尔茨堡

我亲爱的、伟大的马克西姆·高尔基：

对于所有热爱艺术和人类意识中的真理的人将成为节日的那一天即将来临。我已答应要在柏林皮斯卡多剧院召开的大会上代表成千上万个希望向您表达敬佩的德意志人发言。遗憾的是，该死的流行性感冒使我不能亲自到会发表演说，但我的讲稿将寄往柏林，在会上宣读。我希望您也会看到这篇讲话。多么可恶的疾病，竟使我不能亲自去发言！

您还将收到一份作家和艺术家们的联合贺词。我引为骄傲的是，我是这一表示感激之情的庆祝活动的倡导者。我熟悉一代作家，我也了解人数众多的演说、宴会、讲话。但我只承认一项义务——对师长表示感激的义务。不能一辈子不向我们倾心崇敬的人说几句感激的话。用不着说很多，但一生中哪怕说一次这样的话，还是应当的。

我亲爱的、伟大的高尔基，在这些日子里，充满感激之情的贺词像惊人的浪涛一样涌向索伦托，贺信的洪流将维苏威火山喷溢的熔岩一般炽热的爱带到您的家里。因此，我要克制自己，只说几句最重要的话。总之，我要说的是：

愿您永远像现在这样。二三十年以来，我们热爱的正是这样的您。

请珍重您的体力，愿您的灵感和创造力永葆青春！

为了人类，请您永葆炽热的感情。这是人类比以往任何时候都更需要的！

我非常热爱您，全心全意敬仰您！

忠于您的斯蒂芬·茨威格

二十五、茨威格致高尔基[1]

1928年3月

马克西姆·高尔基：

当您已经闻名于世的时候，我还坐在学校课桌旁念书，当时我们这些孩子对俄国还几乎一无所知。在我们上课用的地图上，离我们的城市和河川很远的地方，一片强劲、巨大、黑沉沉的雷雨云，从太平洋岸边伸延过来，几乎把我们这小小的欧洲遮住了。这时，老师们都说：这是一个强大的国家，但是，唉，在文化方面却十分落后，荒芜和野蛮，还有可悲的大量文盲。但是，请不要以为是政治上的仇恨促使他们说出如此傲慢的话！这只不过是一种自我安慰的愚蠢的骄傲——我们曾为我们兴旺发达的学校教育和我们的文明而感到骄傲，欧洲曾经把这种文明视为最高人性的保障。长期以来，我们自己也相信从大量的粉笔和书籍里所产生的这种文明的优越性，而且，唉，我们欧洲人不只是在学校课桌旁对此深信不疑。只是到1914年，

① 这封信是茨威格致高尔基六十岁寿辰的贺信。

披在我们人类身上的这一层薄薄的外衣一下子被戳破了，露出了屠夫的肌肉。那时，我们才懂得我们的文明是多么贫乏。

后来，我上了大学。于是，俄国——以托尔斯泰和陀思妥耶夫斯基的形象——又出现在我的面前。这一突如其来的新鲜事物强烈地吸引着我，使我心醉神迷。展现在我眼前的，是前所未有的人性和如此深厚的情感；这样的情感，我以前一无所知，它似一个深渊那样吸引人。我们曾经怀着怯生生的兴奋心情去认识这形象万千的世界；这些形象是如此宏伟，超越了自身，超越了人类的一切平庸，走向对立的两极——罪恶与神圣！我们爱他们，又害怕他们；我们是怀着一种类似恐惧的复杂感情把自己同他们联系在一起的。我们之所以又爱他们又怕他们，是因为他们与我们之间隔着某种异己的东西，某种极端的，甚至敌对的，令我们害怕的东西。我以整个身心热烈地爱着这些形象，同时也十分明确地感觉到，我是不能同他们生活在一起的。因为这些巨人总是处在狂热之中，总是强迫自己想入非非，总是自己起来反对自己。那时，我初次认识了俄国的天才；但对于它的人民，对于它的真正力量，还是毫无所知。

后来，马克西姆·高尔基，我接触了您写的作品，我再一次从中发现了新的东西：俄国人的力量，俄国人的健康的东西，以及这个伟大民族的心灵和整个面貌。如果说托尔斯泰和陀思妥耶夫斯基向我们揭示的特殊的人是感情、情欲过剩的俄罗斯人的极端表现，如果说他们使我对这个民族的精神所固有的破坏力有所认识，那么，多亏了您，我才发现了这个民族潜藏着的、悄悄成熟起来的创造力。我幸运地感到，真正的人民，不论何时何地，不论在哪个国家，也不论在哪片天空之下，都是同样的，好似土地的原初的力量，好似小麦和大麦，都是吸收同样的汁液，被同一个太阳照耀的本体。不同的民族和人民，烘烤面包的方法各不相同，面包有白有黑，有甜有酸，但构成它的本体——粮食——到处都一样。而您对这个本体——人民的描绘，比当代任何人的描绘都更富有诗意和真实感。您没有人为地让它发酵，也没有像托尔斯泰和陀思妥耶夫斯基那样把它神化，也没有像多数“民粹派作家”那样让它裹上一层糖衣；您是用惊人的现实主义，十分诚挚的感情，以及您直爽而人道的目光所特有的公正无私来描写人民的。您既不抬高，也不贬低。您看到了一切，而且一切都看得十分透彻。因此，您的目光，您的眼力，对我来说，乃是当今世界上的奇迹之一。托尔斯泰和陀思妥耶夫斯基对于他们眼见的一切，总是宽宏地加以夸大，有时甚至弄到了惊人的地步，而您的天才，马克西姆·高尔基，却正相反，在于正确地看到一切事物的本来面貌。如果您描写的是一个人，那我敢担保，您看到的他就是这个样子，一点不多，一点不少。因为您的尺度总是准确的，不会歪曲也不会改变。您的尺度如同当代文学中绝无仅有的透视灵魂的最精确的光学仪器。托尔斯泰的相片有数万张，记述他生平的传记特写也数以万计，但我不知道其中有哪一种比得上您用六十页纸为后代人塑造的他的形象那样生动和逼真。同时，一如对这位伟人的态度一样，您对那些最最不幸的流浪汉，俄罗斯漫长道路上无家可归的茨冈人的描写，也是十分真实的。多亏了您，我们对俄国的了解才有了依据，我们面前的俄罗斯人不单单是心胸开阔的人，而且也是日常生活中具有鲜明尘世生活特点的人。

一个艺术家的眼光如此公正无比，绝不是他的眼睛的一般机能，或是他瞳孔构造的奥秘——它有机地来自心灵的诚实，来自支配人的整个身心的天生的永恒的正义感。我从未有过亲自同您见面的幸运，但我从您的每一句话里都能感觉到您本性的无所畏惧的诚实。因为，如果不是一个天性十分诚实的人，便不可能塑造出成千上万个真实的形象。好像是全体人民把您从芸芸众生中推举出来做一名见证人，让您描绘出人民的本质形象，说出他们最隐秘的思想和愿望，而您诚实和卓越地完成了这一伟大的使命。我们今天对俄罗斯人民有了较深的了解，我们热爱俄罗斯人民，并且相信他们的精神力量，这在很大程度上应归功于您，马克西姆·高尔基。今天，当我们怀着激动和感激的心情紧握您的手时，通过它我们也接触到了全体俄罗斯人民的肉体，感觉到了他们激烈跳动的脉搏。

顺致敬爱之意！

斯蒂芬·茨威格

二十六、茨威格致高尔基（明信片）

1928年4月27日

意大利，索伦托

马克西姆·高尔基收。

亲爱的、伟大的马克西姆·高尔基：

今寄上我献给您的书[①]。这是印出的第一本，您将看到，您的名字在我评论托尔斯泰的长篇特写里多次出现。

我关于您的讲演，将于工人的节日——5月1日五点三十分在维也纳电台广播。也许，在俄国也能听到。我多么钦佩您。

忠于您的斯蒂芬·茨威格

① 指茨威格的《三个自己生活的歌手——卡扎诺瓦、司汤达、托尔斯泰》一书，书上的献词是“怀着十分感激和深深的敬意献给马克西姆·高尔基”。

二十七、高尔基致茨威格

1928年5月16日，索伦托

亲爱的茨威格：

对您将十分有趣的大作题词献给我，现在才迟迟表示感谢，是因为我想先把书读完，却又没有时间做到——最近这两个月，为我“贺寿”搅起的忙乱和我近日即将启程去俄国的准备，大大妨碍了我的工作和生活。您对司汤达出色的评述，我读了简述，可能不十分准确。但是，有关这位奇人、艺术家和思想家的一切著述，用俄文写的和译成俄文的，我全读过，我熟悉他所有的书。我认为，这使我有权把您对司汤达的评述称之为真正出色的评述，这是一位才智与司汤达相当的优秀艺术家所做的出色的评述。需要十分深切地体验一个人的感受，才能像您所做的那样，在他的怀疑态度和他的浪漫主义的矛盾之中找到他的悲剧的根源。我不知道，在您之前，欧洲文坛上是否有人指出过这一点。我觉得，这是您的发现和您的功绩。这证实了我的信念：艺术家对艺术家的感应总是胜于历史学家和批评家。

但是，亲爱的朋友，您是否觉得，司汤达的悲剧是所有浪漫主义者的悲剧？怀疑态度总是并且不可避免地伴随着浪漫主义？在克莱斯特[①]、诺瓦利斯[②]、霍夫曼[③]身上，甚至在法国人不太深的怀疑主义的完成者如安·法朗士身上，您是否也感到了这种悲剧？安·法朗士是司汤达的远亲，说他与《论爱情》一书的作者没有亲族关系是不可能的和无法解释的。

也许，对于司汤达，应当说他的浪漫主义是由怀疑主义派生而来的。司汤达对浪漫主义的解释让人产生这样的想法。他说，浪漫主义“像正确选择的一种药物，及时和适当地用于社会，会对社会有所帮助并且能给予快乐”。

在我看来，司汤达具有深厚和明哲的人性，但没有对人的侮辱性的“怜悯”。我觉得，早在叔本华之前很久，他就清楚地感到需要“体恤”的道德，而不是基督教感伤的和无能为力的“怜悯”。也许，正因为如此，他在论文《莎士比亚和拉辛》里称德国基督教浪漫主义为“胡言乱语”，不过，这样说并不完全正确，因为德国浪漫主义者中间有优秀的异教徒，因而也是怀疑主义者，而“怀疑态度”与基督教在本质上是矛盾的。

您论述司汤达的文章可以激起许多极其有趣的想法，更不必说它的艺术价值了。如果我说，您对列夫·托尔斯泰的评述稍逊一筹，您不会见怪吧？我认为这是十分自然的，原因是：批评界对列夫·托尔斯泰的研究尚未达到对司汤达了解的程度。

---

① 克莱斯特（1777—1811），德国作家。

② 诺瓦利斯（1772—1801），原名弗里德里希·冯·哈登贝格。德国诗人、哲学家。耶拿浪漫主义派代表。

③ 霍夫曼（1776—1822），德国浪漫主义作家。

托尔斯泰是理智与本能的极其巨大的、前所未有的矛盾，这是只有在俄罗斯天才身上才会发生的矛盾。在托尔斯泰之前，世界上任谁都没有像此人这样说过，“过于聪明，就令人讨厌”，“意识是可能降临到人身上的最大的精神祸害”。这样的想法早在青年时期，在1854年就经常出现在托尔斯泰的头脑里并折磨着他直到生命的末日，因此，我认为，要阐明《战争与和平》的作者，应当从这些思想入手。在他身上，艺术家的创造力量一生都在与说教者的本能，与在某个上帝面前犯错误的恐惧进行斗争。在谈到需要帮助人们的时候，托尔斯泰从来未能像司汤达那样以富有人性的态度体会这种帮助。列夫·托尔斯泰对基督的歪曲大大超过了例如德尔图良①和拉克唐茨②以及其他基督教教义的解释者。当他摆脱了基督的时候，他写出了《哥萨克》《哈吉穆拉特》，而当他想代表基督进行创作的时候，得到的却是枯燥乏味的《复活》。

请原谅我写了这样一封长函。再次衷心感谢您对我的态度。

紧紧地握手。

马·高尔基

---

① 德尔图良（约160—220后），基督教神学家、作家。

② 拉克唐茨，三到四世纪早期基督教作家。

二十八、茨威格致高尔基

1928年11月6日，萨尔茨堡

亲爱的、伟大的马克西姆·高尔基：

我收到了萨柯和凡塞蒂[1]书信出版委员会从纽约随信附来的电报。这些书信多么好啊！邀请您参加书信出版委员会的电报，已发往俄国。看来，这封电报您没有收到。如果您同意和罗曼·罗兰及其他许多人一起加入委员会（我对此寄予希望，因为事关反对残酷恐怖斗争所必需的文件），请复电。

我在报上发表了俄国之行观感[2]，过几天给您寄上。我完全回避了一切预言或议论。我认为，在一个国家总共只待了十五天，是无权这样做的。要是别人也效法我的做法，那就好了。可以说，我的文章之所以产生了很好的印象，正因为它只介绍事实，而不加评论。还有我在文章里强调了俄国人这些年来表

---

① 萨柯（1891—1927）和凡塞蒂（1888—1927），美国的工人革命家，原籍意大利，1927年8月23日被判处电椅死刑，在全世界引起强烈抗议。

② 1928年茨威格曾前往俄国，参加列夫·托尔斯泰诞辰一百周年纪念活动。

现出来的英雄主义。

您从中可以读到我拜访您的回忆，这次访问给我留下了难忘的印象。我想很快再到俄国去一次，研究这一次仅仅看到的那些东西。我们在道义上是十分有负于俄国的：她遭受的苦难比所有的民族都要多。而这些苦难使她变得更加伟大。我们这里的人常常把政治同看得见的结果——财富和舒适混在一起，误以为拥有最大量汽车的民族，才是最伟大的民族。

然而，历史会做出自己的修正。

亲爱的、伟大的老师，真心忠于您的

斯蒂芬·茨威格

二十九、高尔基致茨威格

1929年1月20日

亲爱的茨威格：

我终于读完了您极其有趣的《三个自己生活的歌手》一书。我担心“终于”一词会触犯您，但琐事猬集，使我无暇去阅读那些我寄以很高希望因而想细读的著作。您的书就是其中之一——这并不是恭维话。

我最喜欢您写得十分出色的卡扎诺瓦那一章。您从混乱的二十世纪的高处回眸，您那心理学家罕有的渗透着欧洲人的典雅而尖锐的怀疑主义的才华，以及您特有的艺术家的直觉，在这篇特写里极其辉煌地表现了出来。我想，您不仅成功地说出了关于卡扎诺瓦，而且总的来说，也是关于十八世纪一位天才人物典型的“全部真理”。您是否还打算写洛伦斯·斯特恩[①]？

我觉得，您的司汤达写得逊色一些。这大概是因为我自青少年时代起就爱上了他，并且爱得有点吃醋。对于我来说，他

① 洛伦斯·斯特恩（1713—1768），英国作家，感伤主义代表人物。

第一个赋予文学以人的“圣经”的性质。他同巴尔扎克和福楼拜一起——我觉得，没有司汤达就没有他们——对于我来说，就像《约伯记》[1]《传道书》[2]的作者们，就像以赛亚[3]那样伟大。所以，当有人对我说：司汤达很胖，没有博得女人的欢心，以及诸如此类的话时，这些事实使我有点发窘。我不想、也不需要知道这些事。您感到可笑吗？那有什么，您笑就笑吧。但是，不用说，我发现，您关于司汤达有许多新的、精辟的见解，而且阐述得极好。您是一位才华惊人的艺术家。

托尔斯泰，您写得也不错，虽然我认为他生活的主要悲剧不在于您和大家都认为的那些方面。我看到的托尔斯泰是一个憎恨理智、毕生同理智搏斗，最终由于理智而变态反常的天才艺术家。还在青年时代早期，他便感到自己具有艺术家的伟力，他当时就懂得：他那基督教徒的渺小而又摆脱不掉的胆怯的理智，与他丰富的感情力量和他作为异教徒的艺术家的直觉，是敌对的。他在《青年时代的日记》（1851年，第5卷，第4页）里写道：“意识是可能降临到人身上的最大的精神祸害（他忘了在“最大祸害”之前加上“一切祸害中的”）。”您可以看得出来，这是一个基督徒写的，并且是出于理智写出来的。但是，同年同月，他这位异教徒和艺术家却又指出：“特别是一个空脑袋，能装许多思想。”后来他在致他第一部长篇小说里的女主人公阿尔谢尼耶娃的一封信中写道：“过于聪明，就令人讨厌。”在我看来，同他的天才相比，他的理智实在微不足道，但这偏偏

① 见《旧约全书·约伯记》，计四十二章。

② 见《旧约全书·传道书》，计十二章。

③ 见《旧约全书·以赛亚书》，计六十六章。以赛亚是亚摩斯的儿子。

又是一种摆脱不掉、自我欣赏和畏首畏尾的理智。它意识到自己在与它敌对的才华面前软弱无力，因而惊慌失措。列夫·尼古拉耶维奇企图通过攻读佛学著作、叔本华、犹太教圣法经传《塔木德书》、莎士比亚来砥砺他的理智，但都无济于事。我们从托尔斯泰这位道德家和基督徒所写的哲学文章可以看到这一点。帕斯卡[①]和阿米艾利[②]对托尔斯泰的影响，比霍布斯[③]和休谟[④]大得多。其结果是：道德说教的理智毁了艺术家的生活和工作。出于理智，列夫·托尔斯泰呼喊道："我不能沉默！"作为艺术家，他希望沉默，而且对许多事情也确实善于沉默，正像我们在《塞瓦斯托波尔的故事》《哥萨克》《童年》和《少年时代》里所看到的那样。

异教徒的巨大天才和基督教徒渺小的、道德说教的理智之间不可调和的矛盾——不只是托尔斯泰一个人的悲剧。这是俄国许多大大小小人物"精神上的疾病"。您在果戈理、陀思妥耶夫斯基身上可以看到它，您在当代很有才华的青年作家列昂诺夫身上也可以看到它。他的长篇小说《贼》的一个主人公说："思想，这就是痛苦的根源。谁若是消灭了思想——人类就将在自己的记忆中对他推崇备至。"这一类"最玄奥的说法"，在俄国人那里是屡见不鲜的，他们至今很少能够使情感和智力保持平衡。对多数"善于思考的"俄国人说来，理智是侏儒、吹牛家，是恶棍。它衣冠楚楚，到处受人欢迎，博得别人的信任，

① 帕斯卡（1623—1662），法国数学家、物理学家和哲学家。
② 阿米艾利（1821—1881），瑞士宗教思想家。
③ 霍布斯（1588—1679），英国哲学家。
④ 休谟（1711—1776），英国哲学家、经济学家、历史学家。

于是，它就“指手画脚”起来。它身上有某种“魔气”。正经的俄国人从来都想把魔鬼剃光、刮净。我个人不同意这一点，在我看来，魔鬼好就好在身披长毛，到处捣乱。

我关于司汤达的评论，是一个只能阅读他的作品的俄文译本的人的评论。我提醒您这一点，是希望您能理解我的评价会有错误或言过其实的地方。

现在，亲爱的茨威格，请您允许我衷心感谢您把这本出色的书题献给我。您这种友好的表示，使我深为感动。紧紧握您的手。

您是否知道，罗曼·罗兰为何不给我写信？他很久没有写信来了，我是否有得罪他的地方？

望多保重，亲爱的朋友！

马·高尔基

三十、茨威格致高尔基

1929年12月16日，萨尔茨堡

亲爱的马克西姆·高尔基：

不让您知道我还活着以及我对您的热爱，我是不能结束这一年的。根据我的计划安排，我可能在1月或2月去索伦托和阿马尔菲两个星期；我希望，将有幸在那里再次见到您。

今天我打算告诉您的消息中，没有什么值得高兴的东西——相反，这封信只是内心不快的流露。我刚刚读完伊斯特拉季[1]的书，令人气愤的是，他竟如此曲解您的立场。有一点历史感的人，就能理解您的处境是无比困难的，我觉得，对这一点我是完全理解的。对俄国现政府的某些措施进行抨击，这是很容易的事，像伊斯特拉季这样一个外国人最终是会这么做的，虽然他大概没有意识到，他的书里反面的东西将被用作抨击的手段，至于他对俄国发生的世界性变革所持的正面态度，人们

① 伊斯特拉季（1884—1935），法国作家，生于罗马尼亚，1928年访苏后曾著书诽谤苏联。

只会闭口不提。相反，在您——代表整个俄国文学的作家——看来，任何批评当然都负有无限重大的责任。我理解，在这种时候沉默，对您是痛苦的，但是每一个通达事理的人，每一个思想健全的人，都会怀着敬意对待这种沉默。它的力量，有时可与公开的讲话相等。在我们这个时代，政治处处都更多地取决于经济考虑，而不是纯粹精神方面的考虑；这就使我们表示“赞成”或“反对”的权利越来越小了。但我请求您，请完全相信我，任何一个通达事理的人与任何一个热爱、了解和尊敬您的人，都不会认真看待伊斯特拉季强加于您的那些幼稚的想法。

我对伊斯特拉季稍有了解，他是一个彰明昭著的幻想家和臆造者，他富于想象，感情易激动，总爱根据表面印象去理解现实；至于沉着、公正和有远见的智慧，则是与他无缘的。在当代人中，谁也无法一眼看透目前俄国发生的事情，并做出最终的判断——我本人就从来也不敢表示明确的观点，所以我对每个在自己的考察中只以人性和生动描绘为限的人，是很尊敬和佩服的。总的来说，当代世界给我的印象是：这是一个政治上的过渡时期，我看到的只是酝酿、准备和犹豫不决地勾勒出的线条，我们只能一心等待各种形式的明朗化。

我希望，您会利用时间创作一些新的作品，也许，如果我到意大利来的话，我将从您那里听到一些这方面的消息。

这封信仅仅是一封问候信，也是亲切的，对您充满热爱的表示。

忠于您的斯蒂芬·茨威格

三十一、高尔基致茨威格

1929年12月22日

亲爱的斯蒂芬·茨威格：

得知您将于1、2月份来索伦托，非常高兴。务请您提前几天通知我到达的日期。

我没有读过伊斯特拉季的书，还是初次从您那里听说他给予我的关注。但我相信，关于我，他会写出不甚称赞的话来的。

去年，他在莫斯科曾来看过我。我同他谈了不到一个小时，但从他问及一些据我所知对他充分信任的人的最初时刻起，我便对他产生了反感。他提的一些问题表明了他内心十分粗鲁，使我把他比作美国采访者。他整个谈话的语气，就像一个精神上无知的人。

在这次十分不愉快的谈话之后，大概对我、对他都一样不愉快，伊斯特拉季几次邀请我到他下榻的莫斯科郊外的别墅去，但我没有去。这就是伊斯特拉季同我的全部关系史，您看得出来，这段历史十分短暂。

我不以为他关于我的评论值得您生气，但您的这种义愤和您充满友情的来信，深深地感动了我。

我急切地等待着您光临。

紧紧地握您的手。

马·高尔基

三十二、茨威格致高尔基

1930年1月11日—12日，那不勒斯

亲爱的、伟大的马克西姆·高尔基：

我已到达那不勒斯。在这里将逗留十至十五天，住在帕凯尔旅馆。我将高兴地在您指定的一天来拜访您，这样可以耗费您不超过一小时的宝贵时间。请允许我同我的妻子一道前来，她很想认识您。劳您酌情选定对您合适的日子和时刻，但不要由于盛情而牺牲您的工作时间。

忠于您的斯蒂芬·茨威格

三十三、高尔基致茨威格（电文）

1930年1月12日，索伦托

那不勒斯，帕凯尔旅馆

斯蒂芬·茨威格收。

星期三中午十二时，我将荣幸地会见您和尊夫人。

高尔基

三十四、高尔基致茨威格（电文）

1930年1月18日，索伦托

那不勒斯，帕凯尔旅馆

斯蒂芬·茨威格收。

明天，星期日中午十二时，我们将在那不勒斯大陆旅馆见面。

高尔基

三十五、茨威格和夫人弗·茨威格致高尔基（电文）

1930年1月23日，那不勒斯

最尊敬的朋友们：

我们将于星期六午后前往你们处，请勿因我们的到来而忙碌。期待愉快的会见，谨向你们热烈致意。

斯蒂芬·茨威格

弗列杰里卡·茨威格

顺向布德贝格男爵夫人致以最良好的祝愿。

三十六、茨威格致高尔基（电文）

1930年1月27日，罗马

感谢亲爱的大师和大家给予我们的盛情接待。

顺致衷心的问候。

斯蒂芬·茨威格

三十七、茨威格和夫人弗·茨威格致高尔基（明信片）

1930年1月末—2月

亲爱的老师和朋友：

我们欣赏大海，沐浴阳光，怀着感激的心情回忆起同您一起度过的时刻。向您致以最良好的祝愿。

忠于您的斯蒂芬·茨威格

谨向布德贝格夫人，季莫莎夫人[1]，您的儿子和两个小孙女致以热烈的问候。

忠于您的弗列杰里卡·茨威格

① 高尔基的儿媳娜杰日达·阿列克谢耶芙娜·彼什科娃在家里的名字。

三十八、茨威格致高尔基

1930年3月4日

亲爱的、最尊敬的马克西姆·高尔基：

我迟迟才给您写信，因为我想写一封长信给您，而又为种种事情忙得不可开交。由于在慕尼黑的幸福而又可惜短暂的会见，我现在知道，布德贝格男爵夫人同您在一处，她那么善良，同意把我的信转交给您。

我首先要告诉您罗兰的情况，他同我一样，对伊斯特拉季的行为感到十分气愤。这件事特别使他恼怒，因为，舆论界已形成了这样的看法：似乎伊斯特拉季很忠于他，不经他的同意当然是不会发动这一重大攻势的。事实上，伊斯特拉季不顾罗兰坚决的警告，写了他那本书，现在他也很清楚自己做了一件多么愚蠢的事。此人的不真诚，或在更大程度上说，此人的无所顾忌，单从下面这件事也充分暴露了出来：他竟以令人厌恶的自命不凡，慷慨激昂地向世界宣告，说什么是他，正是他将第一次在自己的三卷书里把真相告诉世界。而尤其令人反感的是：他只写了第一卷，第二卷和第三卷分别由维克多·谢尔什和鲍里斯·苏瓦林执笔，但却署了他的名字。伊斯特拉季的这种行为，在我看来，是极端的不诚实，因为，如果他没有足够的勇气说明他在别人的著作上署了自己的名字，至少也应当指出是同两位作者合写的。我们所有了解伊斯特拉季的人早就看清了，他完全没有掌握实际材料和分析国民经济问题的能力；他的才能仅仅在于一时的感情冲动和天生的东方式幻想劲头。我不认为他会自觉地干坏事，他是自己抱轻信态度的牺牲品，他相信每一句谣言，也相信他自己发明的谎话。您在一个短篇小说里描写过这种人——这种人不单是生活在现实中，而且生活在他自己虚构的世界中，这种人是天生的幻想家和臆造者。在文学描写方面，这或许是一个长处，尽管在史诗中我最喜欢的恰恰是真实的人，但这位幻想家却似大象闯进瓷器店一样，钻到政治里来了。罗兰认为有必要，非常有必要强调指出，他不仅同这本书毫不相干，而且对它持不赞成的态度。他是唯一对您的祖国发生的一切持深思熟虑、毫不动摇的立场的人。

不言而喻，他同我一样，也犯过一些小错，有一次曾专门请求过您的帮助。一旦艺术或文化活动家在什么地方受到了触犯，现代人类便表现出特别的敏感。我把这一点看作是现代人类不多的优点之一。这好比在战斗中，一个七岁孩子的死亡，比二百个成年人的牺牲给人的印象更为强烈。如果一个文化活动家受到不公正的对待，就会比一千个默默无闻的人更引人注意。超出于民族范围的声援，精神和理智代表人物的声援，正是从这里产生的。而这幸好依旧是地球上的一种力量。

我不能谈得很详细，您也知道是什么原因——我仅希望您不要以为罗兰的态度有了什么变化或冷淡了，让您知道这一点，对他非常重要。他属于那些不为报纸上的报道所迷惑的为数不多的人。当酝酿和实现需向公众舆论保密的某种意图时，现在采用的还是一百年前的老一套办法，这一点我们在战争年代就已经领教了。那本书便属于这一类。最令人不快的是，伊斯特拉季这个不成熟的头脑甚至不明白，他磨剑是为了谁，反对谁。

亲爱的马克西姆·高尔基，现在我要热烈感谢您的长篇小说①。这部小说，我读得很慢，很仔细。您对一些人物的描写如此充分和准确，一些关键场面写得如此出色，不止一次地令我惊叹。我怀着莫大的兴趣等待着后几卷，因为——我想开诚布公地说——这一卷好像为一个阴影所笼罩，它顶上到处蒙着乌云，而我觉得，随后的几卷将带来暴风雨，将这些乌云驱散。人们从这一类作品里将第一次真正了解到，在战前年代里，这些隐秘的力量激起的强烈不安，怎样控制着整整一代人。我们今天懂得这种惶惶不安，并且知道它不是从人们内心产生的，而是这个时代的紧张气氛所造成的。这就像一个还不知道自己已经怀孕的妇女，突然感到恶心和兴奋一样。如果把整整一代人的文学著作加以比较，我们便能像气象学家确定天候那样，确定这种完全一致的预感。

关于我自己，我只能对您说，在罗马度过十分愉快的几天之后，便突然需要返回家中，因为同一位演员的合同被破坏了，我必须对自己的剧本作某些修改。我不得不多次来回奔走，现

① 指高尔基的《克里姆·萨姆金的一生》。

在又要去德国，在那里将上演几场，以便在维也纳和柏林正式举行公演以前，我们有一个切身的感受。但我体会到，每年在习惯的生活圈子之外度过一段较长的时间，是多么重要，这对工作有很大的促进作用；所以，我希望明年能在意大利或西班牙多住一些时候。回想起您接待我们的一片热情，我们今天又向往起意大利来了。希望再次重温那些同生活中一切美好的东西一样少有的时刻。

祝您工作卓有成效，身体健康！ 请代向您全家和您的朋友们致以衷心的问候！

您忠实的和满怀感激之情的

斯蒂芬·茨威格

三十九、茨威格致高尔基

1930年8月12日，汉堡（暂住此地）

萨尔茨堡，卡普茨涅贝格5号

亲爱的、尊敬的马克西姆·高尔基：

我太久没有让您获悉我的近况，但我们常常十分亲切地想起您，特别是前不久听说可爱的意大利受到地震威胁的时候。目前我正在休假，我的大部分工作已顺利结束，所以又能够松一口气，并同您亲切交谈了。这几天，我也许在这里，也可能去柏林会见弗拉季米尔·利金[①]。我极想从他那里直接了解比报纸提供的更多的俄国的情况；报纸很少刊登客观的报道，多数情况下总是以悲观的调子描绘正在发生的事情。我觉得，时局从来也没有像今年这样紧张、这样悲惨而又壮丽，下一代俄国作家定会替自己找到跟法国大革命事件同样、甚至更加伟大的主题。在经济生活领域里，第一次出现了经济计划这样一个伟大的开天辟地的奇迹。这种经济计划包含某种有如一场大战役

① 弗拉季米尔·利金，俄罗斯苏维埃作家。

那样激动人心的场面。要想弄清楚这些事件，须得将自己的知识、感情以及一切习以为常的概念来一番改造。我当竭尽全力，尽可能弄清这一切，而我国多数知识分子却对这些问题表现出了我难以理解的冷漠态度。看来，他们没有料到，或者不愿意承认，未来一代的命运，也许是未来一个世纪的命运，正与俄国的命运一起决定。对您来说，亲爱的、敬爱的高尔基，不能在今年实现您的愿望——重返俄国，这当然是很痛心的。我希望这不是因为您的健康状况不佳。我祝愿您身体健康。您自己应当多多保重。您还肩负着一项义务——完成您的长篇史诗[①]。我简直是怀着疯狂的好奇心等待着这部杰作问世。

今年冬天，我很可能再次去那不勒斯或索伦托。我真想干脆离开欧洲两三个月，或者至少到巴利阿里群岛去。但这些都没有定下来，因为我首先要写完一本大部头的刻画心理的著作，离不开图书馆和城市。我要到9月底才有空闲，届时我还想写一本篇幅不大的长篇小说。这只需要有二十张白纸和一支笔就够了，而这些东西到处都可以找到。我预先为能有这种空闲时间而高兴，因为，年复一年，我在内心深处已经越来越变得像个游牧人，越来越不考虑地点、国家和语言了。由于盼望见到您和大家，我很想先去意大利，如能如愿以偿，那么，我们逗留的地点当然也将取决于此。

我想，这段时间您一定常常得到罗兰的音讯。目前，在法国，他是唯一一个对俄国态度明确、不受政治影响、不抱偏见的人，是唯一能以人的态度与之谈及这个问题的人。一般来说，

---

① 指高尔基的《克里姆·萨姆金的一生》。

那里笼罩着可怜的无知以及由侨民们精心培植和助长的敌对情绪。在那样的气氛中，您恐怕连八天也待不下去。

这只不过是一封匆匆草就的问候信，目的是向您表明，即使在未给您写信的时候，我们也常常亲切地惦记着您。

向您全家致以最良好的祝愿。

真心忠于您的斯蒂芬·茨威格

四十、茨威格致高尔基（明信片）

1930年8月（不早于12日），汉堡

亲爱的、伟大的马克西姆·高尔基：

我有幸在汉堡见到了弗拉季米尔·利金。我们怀着热烈的心情谈起了您。

忠于您的斯蒂芬·茨威格

四十一、茨威格致高尔基

1931年9月12日，萨尔茨堡

我亲爱的、伟大的高尔基：

这是我对为艾普顿·辛克莱[1]请求诺贝尔奖奖金的表格的回复[2]。我将不停地为您要求！明春，我将赴俄国作一次长途旅行，并写一本书。

您忠实的斯蒂芬·茨威格

① 艾普顿·辛克莱（1878—1968），美国作家。

② 此信是茨威格1931年9月12日致诺贝尔委员会代表赫尔茨费尔德的信上的附言。“亲爱的赫尔茨费尔德先生：如果我不签名支持辛克莱，请不要生气，因为我认为，primo et unico Ioco（第一个和唯一一个——编者注）有权获得诺贝尔奖奖金的就是二十或三十年来一直被忽视的和更年长的，并且，在我看来，更具有无比威望的人。此人就是马克西姆·高尔基。出于政治考虑在纯文学事务方面也对俄国继续进行抵制，当时竟然曾经绕过了托尔斯泰，我认为这种事不成体统。我十分尊敬和看重辛克莱，但是首先要考虑两个人，他们更年长，他们的高龄不容继续延宕，我指的是马克西姆·高尔基和西格蒙德·弗洛伊德。”

四十二、茨威格致高尔基

1932年5月10日，萨尔茨堡

亲爱的、尊敬的大师高尔基：

为了帮助一个人，我今天向您提出一个小小的请求。有一个勇敢的年轻姑娘，在祖国——反动的罗马尼亚活不下去了，希望在一个新的国家里诚实地工作，开始真正的新生活，因为在我们欧洲，想诚实工作的人们，已经没有立足之地了，所以，她勇敢地到俄国去了。她在那里看上了一个工作。但却无人担保她持有诚实的观点，不是自己反动祖国的密使。这一点我完全有把握保证。叶娃·玛丽雅·霍恩——这是她的姓名——做任何工作都将给俄国带来荣誉。但遗憾的是，我的保证是没有什么分量的。也许，您能说句话，予以支持，并以此为一个有才干的人（她在文学方面也很有天赋）开辟一条生活之路。

我经常想念您，并且总是怀着敬爱之情。我们在小范围内再一次提出了要求，希望终能授予您诺贝尔奖奖金，但是，在那里是教授们说了算，在那里真相是藏在桌子底下的。我希望您健康，并望着您的祖国而高兴，我们大家也抱着越来越大的希望注视着她。欧洲的愚蠢，使每一个有思想的人感觉羞愧。

忠于您的斯蒂芬·茨威格

四十三、茨威格致高尔基（电文）[①]

1932年9月15日，萨尔茨堡

我们怀着莫大的喜悦，庆贺您从事文学创作四十周年。您的文学活动为世界创造了另一个天地，即各种激动人心的命运和形象的世界，并向各国人民展示了俄国人民的伟大。祝您，亲爱的大师，为艺术、为劳动和受苦受难的人类，为您的那些钦佩您的朋友们，永葆精力。

您的朋友当中最忠于您的人之一

您的斯蒂芬·茨威格

① 这是茨威格在高尔基从事文学活动四十周年时给他的贺电。

四十四、茨威格致高尔基

1934年5月12日，英国，伦敦西，波特兰11号

亲爱的、最尊敬的马克西姆·高尔基：

我刚从报上惊悉您蒙受了沉重的损失[①]，我迫切要向您表达我深切的同情。我还保留着对您的儿子的亲切回忆；此刻，他明朗的面容重又浮现在我的眼前，我同您一起分担您承受的一切。请向您的儿媳转达我的深切同情。此时此刻，我强烈地感到我是多么紧密地同您联系在一起，您的幸福或不幸，就是我的幸福或不幸。

今天，我不想向您谈自己的情况。最近一年，对于我是极为艰难的一年，因为我责无旁贷地必须在内心确定对待德国事件的态度[②]。紧接着就是维也纳事件[③]。我已经越来越尖锐地感觉到，欧洲正酝酿着严重的事件。道义的和精神上的不安，在各

① 指高尔基的儿子彼什科夫于1934年5月11日去世。

② 指对希特勒上台的态度。

③ 1933年至1934年，维也纳成为意大利法西斯追随者和奥地利希特勒分子争夺政权尖锐斗争的舞台，后者要求把奥地利并入希特勒德国。

个国家虽不相同，但其强烈程度却是一样的。以沉着和坚定与此对抗——这是何等重大的任务！

我经常怀念您，对您永远深怀敬意，但从来没有像此刻这样亲切地想念您。

真心忠于您的斯蒂芬·茨威格

四十五、茨威格致高尔基

1936年1月26日前

最尊敬的马克西姆·高尔基：

我仅仅想提醒您：1936年1月26日是罗曼·罗兰的七十寿辰。我已尽一切可能发动在巴黎的朋友们组织一次类似去年大会那样的大规模活动。但他们都行动迟缓，态度消极，而时间却不等人。我希望您的话将更有分量，您发出的电报定将把他们鼓动起来，促使他们履行这一朋友的义务。

真心忠于您的斯蒂芬·茨威格

附 录

初　　恋①

高尔基

当初，也是命中注定，为了教训我，让我经受了初恋的悲喜剧式的激情。

一伙熟人准备到奥卡河上去划船，委托我去邀请克氏夫妇一道去玩。克氏夫妇前不久刚从法国回来，我还不认识他们。我晚上去他们家。

他们住在一座旧房子的地下室里，房子对面的街上积满了污水，整整一个春天和夏天几乎不曾干涸过。乌鸦和狗把它当成镜子，肥猪又把它当作自己的浴池。

我带着沉思的神情，一下闯进了素不相识的人家的房间里，就像一块石头从山坡上突然滚落下来，引起了主人莫名其妙的慌乱。一个板着脸的男人站在我面前，堵住了通向里间的房门。他中等身材，略微有点发胖，留着一把淡褐色的大胡子，一双

① 本篇是高尔基自传性短篇小说之一，最初发表在《红色处女地》杂志1923年第六期上。

蓝眼睛闪着温和的光。

他整了整衣服，冷淡地问道：

“您有什么事？”

接着又教训似的说：

“进来之前，应当先敲门！”

他背后昏暗的房间里，有个像大白鸟似的东西动了一下，接着就听见清脆而快活的声音：

“特别是——如果您是到结了婚的人的家里去……”

我生气地问，他们是不是我要找的人？当那个颇像诸事如意的小老板的男人作了肯定的回答之后，我才向他们说明了我的来意。

“您是说，是克拉克派您来的？”男人庄重和沉思地摸着胡须问我，同时又颤抖了一下，猛地转过身去，神经质地大声叫了起来：

“哎哟，奥莉加！”

根据他的手有点痉挛的动作，我觉得，他身体上不便说的那个部位仿佛被人拧了一下——显然，那是腰下的什么地方。

一个苗条的姑娘，抓着门框，站到了他刚才站立的地方。淡蓝色的眼睛含着微笑，打量着我。

“您是干什么的？警察？”

“不，只不过穿了一条灯笼裤。”我很有礼貌地回答，而她却笑了起来。

我没有不高兴，因为她眼睛里闪烁的，正是我久久盼望的那种微笑。显然，她的笑是我的装束引起的：我穿着警士的蓝色肥大灯笼裤，上身穿的不是衬衣，而是厨师的白色短上衣。这是很实用的东西，可以巧妙地当作外套，只要把领扣一直扣到脖子，里面就不用穿衬衣了。加上一双别人打猎穿的高筒靴和意大利土匪戴的宽檐帽，这就是我的出色的打扮。

她拉住我的手，把我拖到房间里，推我在椅子上坐下。然后站在我面前问道：

“为什么您穿得这么可笑？”

“为什么——可笑？”

“请不要生气。”她友好地劝我。

多奇怪的姑娘——谁会生她的气呢？

大胡子男人坐在床上卷纸烟，我朝他看了看，问道：

“这是您父亲，还是您哥哥？”

“丈夫！”他不容置疑地回答道。

“怎么啦？”她笑着问。

我沉思片刻，望着她说：

“请原谅！”

我们用这样短促的语句谈了大约五分钟，但我觉得，我可以在这间地下室里，凝视着这位太太的鹅蛋小脸和她温和的眼睛，一动不动地坐上五小时，五天，五年。她小嘴的下唇比上唇厚些，好像微微有点肿胀，栗色的浓发剪得很短，像是戴在头上的一顶软帽，绺绺卷发罩在玫瑰色的耳朵和少女柔媚红润的双颊上。她的手很美——她抓住门框站在门中间的时候，我看见了她一双裸露到肩膀的手臂。她穿着花边、宽袖的白色短上衣和裁剪讲究、也是白色的裙子，装束似乎特别朴素。但是她身上最出色之处，是她那对淡蓝色的眼睛：它们闪耀着愉快、亲切和那么友好的好奇神色。而且——毫无疑问，她的微笑恰好为二十岁的人的心灵——一颗蒙受窘困生活凌辱的心灵所需要。

“快要下雨了。”她丈夫说，喷出的烟雾裹住了他的胡须。

我看了看窗外，晴朗的天空里繁星点点。这时我恍然意识到自己打扰了这个人。于是，像遇到了长久而又悄悄寻找的东西之后，我怀着暗自喜悦的心情告别了他们。

我在野外田间溜达了整整一宿，细细地回味着淡蓝色眼睛里闪烁的亲切的光辉。天亮时分，我已深信不疑，这位娇小玲珑的太太，同那个有着肥胖的猫儿一般温顺目光的大胡子笨伯根本不是一对。我甚至开始为她惋惜——可怜的女人！竟同一个脸上沾着面包屑的大胡子生活在一起……

第二天，我们在混浊的奥卡河上划船，陡峭的河岸砌着各色宽大的灰泥板，那是开天辟地以来最美好的一天，太阳从节日般晴朗的天空里奇妙地照耀着，河面上飘着熟透的草莓的清香，所有的人都记起，他们是真正出色的人。这使我充满了对他们愉快的爱。甚至我心上人的丈夫也变成了出色的人：他没有坐在他妻子坐的我划的船上，整整一天，他的举止十分得体。最初，他向大家讲述了很多关于格莱斯顿①老头的有趣的故事，然后，喝了一壶甘美的牛奶，就躺在灌木林里，像婴儿一样乖乖地一直睡到晚上。

---

① 格莱斯顿（1809—1898），英国国务活动家、自由党领袖，曾任英首相。

不用说，我们的小船最早到达野餐地点。当我把心爱的太太从船上抱下来的时候，她说：

“您真有劲！”

那时，我觉得自己有力量推倒城里的任何一座钟楼，便对她说，我能一直把她抱到城里——七俄里路程（大概，抱不了那么远）。她轻轻地笑了，温柔的目光抚慰着我。整整一天，她的眼睛在我面前熠熠闪光。我深信，它们也只是为我而发光的。

接着，一切都很快地发生了。这无论对一个第一次遇到她从未见过的有趣的野兽的女人来说，还是对一个需要女人柔情的健康的青年男子来说，都是十分自然的。

很快我就了解到，尽管她具有少女的外貌，事实上却比我年长十岁，她在别洛斯托克贵族女子中学受过教育，曾是冬宫警卫队长的未婚妻，在巴黎住过，学过绘画，后来又学了产科。往后我发现，她母亲也是助产士，我出生时就是她接的生。我把这件事看作是命中有缘的征兆，因而欣喜若狂。

同生活潦倒的艺术家和侨民的相识，同其中一些人的交往，以及随后在巴黎、彼得堡、维也纳的地下室和阁楼里半流浪、半饥饿的生活——这一切使这位贵族女子中学的学生变得糊涂可笑，极其有趣。她轻松活泼，活像一只小青鸟，怀着聪明少年强烈的好奇心看待生活和人们，热情洋溢地高唱法国歌曲，姿态优美地抽烟，熟练地画画，戏也演得不错。她的巧手还会出色地做衣服和帽子。她没有从事产科医师的工作。

“我有过四次实习的机会，但死亡率是百分之七十五。”她说。

这一事实使她永远放弃了间接帮助增殖人口的工作，而她直接参加这一可敬事业的证人则是她的女儿——一个可爱、漂亮的四岁左右的小姑娘。她谈起自己的时候，用的是人们谈论十分了解，但已十分厌烦的人时的口气，但有时，她谈论自己的时候，仿佛有点惊异，眼睛显得更蓝更漂亮，闪烁出一丝羞怯的微笑，唯有害羞的孩子才这样。

我清楚地感觉到了她敏锐有力的智慧。我知道她在文化上高出于我，我看到了她对人的善良宽厚态度；她比我认识的所有小姐和夫人有趣得多，她那漫不经心的说话声调令我惊奇。我觉得，我那些革命的熟人知道的一切，这个女人不仅全都知道，并且还知道一些更为重要的东西。不过，她总是从远处、从旁边观察一切，带着成年人的微笑，静观她曾体验过的，那些孩子们玩的，可爱的，虽然有时也是危险的游戏。

她住的地下室隔成两个房间：一间小小的厨房，同时也当过道；另一间是临街有三扇窗子的大房间，其中两扇窗子则对着垃圾成堆的肮脏的院子。如果用作鞋匠的作坊，这倒是个好地方，但对曾经在大革命的圣城巴黎，在莫里哀、博马舍、雨果和其他光辉人物的城市里待过的高雅的女人来说，实在太不相称了。房间里还有许多画镶在不相称的框子里，使我十分懊丧，除其他感情之外，还引起我对这个女人的同情。但她自己对于在我看来应该使她感到屈辱的这一切，似乎并不在意。

她从早忙到晚，早上做厨娘和打扫房间，然后坐在靠窗的大桌子旁，整天埋头用铅笔照着相片临摹居民的肖像，绘图，为统计图着色，帮助丈夫编制地方自治会的统计汇编。街上的尘土从敞开的窗子里落在她的头上和桌子上，过往行人粗黑的脚影不时在纸面上闪来闪去。她边工作边唱歌，坐累了，就抱起椅子跳几圈舞，要不就同小姑娘玩一会儿。尽管她从事的是大量肮脏的工作，她自己则总是干净得像头小猫。

她的丈夫是个性格柔和而慵懒的人，他喜欢躺在床上读翻译小说，特别喜欢大仲马。他说："这可以使脑细胞轻松轻松。"他爱用"严谨的科学观点"去看待生活。他把吃饭叫作"摄取食物"，吃完饭，他则说：

"胃肠把食物输往机体各部时需要绝对的安静。"

于是，他忘记抖掉胡须上的面包屑，就躺到床上，专心致志读上几分钟大仲马或克沙维耶·戴蒙荅潘，然后，便发出两个半小时抒情的鼾声。他的浅色的柔软的小胡髭微微抖动着，好像里面有什么看不见的小东西在蠕动。睡醒之后，他会久久地望着天花板上的裂缝出神——突然，他想起来了：

"啊，昨天库兹马曲解了帕尔涅利的意思！"

他要去揭穿库兹马，便对妻子说：

"请你替我把玛伊丹斯克乡的无马户统计搞完。我一会儿就回来！"

他回来时已快半夜了——有时比这还晚。他得意扬扬地说：

"你知道吗，今天我把库兹马打败了！这个家伙记引文的本领真大，可我也不比他差。而且，他完全不懂格莱斯顿的东方政策，真是个怪人！"

他经常谈论皮纳[①]、李舍和大脑卫生学。天气不好的日子，他留在家里，从事对妻子的女儿的教育——这个孩子是在两次罗曼司中间的某个当口上偶然诞生的。

“廖莉亚，你吃东西的时候，一定要细嚼慢咽，这样容易消化，可以帮助胃加速把食物分解为化学物质。”

吃完饭，他一边使自己处于“绝对安静状态”，一边把孩子放在床上，给她讲故事：

“这样，当嗜血成性的野心家波拿巴篡夺政权之后……”

妻子听着他的讲演，不由笑得前仰后合，流出了眼泪。但他并不生气，也没有时间生气，因为他很快就睡着了。小姑娘玩弄了一会儿他光滑柔软的大胡子，也蜷作一团睡着了。我同小女孩非常要好，比起鲍列斯拉夫讲的有关嗜血成性的篡位者以及约瑟芬·博阿尔内[②]对他的可怜爱情的讲演来，她更喜欢听我的故事。这激起了鲍列斯拉夫可笑的妒忌心。

“我抗议，彼什科夫[③]！应当先用对待现实的基本原则启发孩子，然后再告诉孩子现实，如果您懂英语，并能阅读《儿童心理卫生学》的话……”

他恐怕只知道几个英文字：“Good bye！”

他年岁比我大一倍，却具有小狮子狗一般的好奇心，喜欢嚼舌头，并且摆出不仅对俄国，而且对外国革命小组的秘密也无所不知的神气。不过也可能他真的了解这一切。常有一些神秘人物来找他，他们的样子，就像高贵的悲剧演员不得不偶然

① 皮纳（1857—1912），法国资产阶级心理学家。

② 约瑟芬·博阿尔内，拿破仑的皇后，后离婚。

③ 彼什科夫，高尔基的真姓。

扮演头脑简单的笨伯似的。我在他那里见到了秘密工作者萨布纳耶夫，他笨拙地戴着火红色的假发，穿着一件漂亮的上衣，又瘦又短，十分可笑。

有一次，我到鲍列斯拉夫那里去，见到一个脑袋很小的狡黠的家伙，很像个理发师，穿着带花格的裤子、淡灰色上衣和吱吱作响的皮鞋。鲍列斯拉夫把我挤到厨房里，小声说：

“这个人从巴黎来，负有重要使命。他必须见到柯罗连科，请您去安排一下……”

我去了，但是，有人在大街上已经把来人指给柯罗连科看了，В.Г.[①]颇有远见地声明：

“不，请不要介绍我同这个花花公子相识！”

鲍列斯拉夫替巴黎人和“革命事业”抱屈，花了两天时间给柯罗连科写信，从愤怒、严厉、直到亲切的责备，各种文体都试过了。最后——把他起草的这些书信文体的楷模扔进炉子里付之一炬。紧接着，在莫斯科、尼日尼、符拉基米尔开始了大逮捕。原来，那个穿花格子裤子的人就是后来出名的兰杰津·加尔京格，按顺序说，他是我见到的第一个奸细。

除此之外，我心上人的丈夫倒是个可爱的好心人，有点感伤，并可笑地为“科学知识”所拖累。他说：

“知识分子生活的意义，在于不断地积累科学知识，以便无私地将其传播到广大的人民群众中去……”

---

① 柯罗连科的名字和父名的头一个字母。

我的爱情日益加深，渐渐变为痛苦。我坐在地下室里，望着我心爱的人儿弯着身子在桌旁忙碌，我心头抑郁，真想把她抱在手上，带她离开这个该死的地下室。我因为有了这个愿望而感到陶醉。地下室里塞着一张宽大的双人床，一张让小女孩睡觉用的笨重的旧沙发，以及上面堆着落满灰尘的书籍和文件的桌子。窗外，不断有行人的腿怪诞地闪过；有时，一只野狗伸着脑袋往里面窥探。地下室里很闷热，从大街上又不时吹来被太阳蒸发起的污泥的臭味。而这个娇小的少女似的女人却在轻声哼着歌曲，铅笔或钢笔在她手下沙沙作响，一对矢车菊般的可爱的眼睛向我投来亲切的微笑。我爱这个女人到了如醉如狂的地步，我痛苦地怜悯她。

"再讲一点关于您自己的事吧。"她要求我。

我开始讲起来。但几分钟之后，她说道：

"您讲的这不是自己！"

我自己也知道，我讲的一切还不是我自己，而是我迷惘地陷身其中的东西。我必须在我所经历的种种杂乱的印象和冒险中认清自己，但我没有能力，同时也害怕这样做。我是谁，是什么？这个问题很使我困惑。我憎恶生活，它曾一度迫使我干出自杀这种不体面的蠢事。我不了解人，我觉得他们的生活不合理、愚蠢和肮脏。我身上有这样一种人的非常敏锐的好奇心：他总是为了某种目的而想窥测生活的所有阴暗角落和生活深处的一切隐秘。有时我甚至觉得自己会为了好奇而去犯罪——我想去杀人，目的只是想知道我会受到怎样的处置。

我似乎觉得，如果我真是认清了自己——我在心爱的女人面前就会是一个讨厌的、陷入种种奇怪的感情和念头交织成的紧密的罗网里的人，一个荒诞可怕的人，准会把她从身边吓跑。我必须对自己采取一些措施。我已经相信，正是这个女人不仅能够帮助我正确地了解真正的自我，而且还会完成某种奇迹，使我立刻摆脱阴暗的生活印象织成的罗网，彻底抛掉心头的某些东西，从而使我的心灵燃烧起巨大力量和巨大欢乐的火焰。

她谈论自己时那种满不在乎的神情，她对人的容让态度，却使我相信她知道不寻常的东西，她握有打开一切生活之谜的钥匙，因此她总是那样愉快和自信。也许，我最爱的是她身上我不了解的东西。但我用青春的全部力量和热情爱着她。我痛苦地，难于忍受地抑制着自己的热情——这种热情已经在肉体上烧毁了我，使我失去了力量。如果我单纯和粗鲁一些，对我也许倒更好一些。但我坚信，对女人的态度不能局限于生理上结合的举动，我了解这种举动像野兽一般极其粗鲁简单的方式——它只能引起我的厌恶，尽管我是一个健壮和性感强烈的青年，有着容易激动的想象。

我不知道这种浪漫主义的幻想是怎么会在我的身上产生和存在的，但我毫不动摇地相信，在我所知道的一切的背后，一定还有某种高深莫测的因素，里面隐藏着同女人交往的崇高而玄妙的意义，并且在第一次拥抱里就包含着巨大、欢乐甚至可怕的东西——一感受这种欢乐，人就会完全变样。

我觉得，我的这种幻想不是从我阅读过的小说中得来的，而是从现实生活矛盾的感受中培育和发展起来的，因为：

“我来到世界上，就是为了不妥协。”

此外，我奇怪和朦胧地回忆起：在现实生活以外的某个地方，在我童年时代早期的某个时候，我曾经历过心灵巨大、强烈的萌发，一种甜蜜的颤抖，说得更准确一些，是对和谐的预感，经历过像初升的朝阳那样无比光明的欢乐时刻。也许，这是当我还在母体中的时候发生的，她的神经本能的幸福的迸发，通过热流传给了我，创造了我的灵魂，第一次点燃了我的生命。也许，我母亲这一幸福激动的时刻反映在我身上，使我终身热烈地期望着从女人身上获得不同寻常的东西。

当你不知道的时候，你就会纵情想象。人类得到的最聪明的东西——就是善于爱女人，崇拜她的美。由于对女人的爱，大地上才诞生了最美好的一切。

有一次，我从驳船尾端跳到水里去洗澡，胸部撞在锚栓上，脚被船索绊住了，我在水里倒挂着，喝足了水。赶大车的把我拉了起来，人们赶忙抢救，做人工呼吸，把我身上的皮肤全弄破了，我的喉咙出了血，只好躺在床上接受冰疗。

我心爱的人来看望我。她坐在我的床头，问我倒霉的事是怎么发生的，一面用轻盈、可爱的小手抚摸着我的头，两眼黯然惊惶地望着我。

我问她有没有看出我爱上她了？

“知道，”她谨慎地笑着说，“看出了，这很不好，虽然我也爱上了您。”

不言而喻，听了这些话，我觉得大地晃动了一下，连花园里的树木也都欢快地翩翩起舞。由于这种突然而来的幸福、惊异和狂喜，我不禁发呆了。我一下把头躺到她的膝上，如果不是使劲抱住她的话，也许我就会像肥皂泡一样从窗口里飞出去了。

“不要动，这对您身体不好！”她严厉地说，一边把我的头移回到枕头上去，“也——不要激动，否则，我要走了！看来，您是位非常不理智的先生。我没料到竟有这样的人。等您病好之后，再谈我们的感情和关系。”

她说这些话的时候非常平静，发蓝的眼睛微笑着，显得难以形容的亲切。她很快就走了，却使我置身于彩虹一般美丽的希望的火焰之中，置身于幸福的自信之中。我想，如今有她的善心帮助，我将展翅飞向另一种感情和思想的境界里去。

几天之后，我坐在田野里山谷的边沿上，微风在下面的丛林里沙沙作响。灰暗的天空预示着将要下雨。我心爱的女人用平淡的话语，严肃地谈起了我们之间年龄的差别，说我应当学习，让妻子和孩子拖累自己，对我来说未免太早了。这一切都十分正确，却令人沮丧。她是用母亲的口吻说的，因而也更激起了我对这个可爱的女人的爱情和尊敬。我听着她的声音，她温柔的话语，既悲伤又甜蜜——生平第一次有人这样同我说话。

我向山谷深处望去，那里，风儿摇曳的树丛犹如一条绿色的小河在泛着涟漪。我向自己发誓，一定要用我心灵的全部力量来报答这个女人对我的温情。

“在做任何决定之前，我们都应该仔细想想。”我听她轻轻地说。她用折下来的核桃树枝轻轻地敲着自己的膝盖，两眼向隐没在葱茏的、花园似的山丘之中的城市方向凝视着。

“当然，我应当同鲍列斯拉夫谈一谈，他已经有所觉察，所以很神经质，而我不喜欢悲剧。”

一切都非常忧伤，非常美好，但也少不了庸俗、可笑之事。

我的灯笼裤的裤腰很肥，只好用一个三英寸长的大铜别针把它别住——现在，值得穷困的恋人们高兴的是，没有这种别针了。该死的针头一直轻轻地划着我的皮肤，我不小心一动，整个别针刺进我腰里去了。我不动声色地把它拔了出来，但我可怕地感到，由于刺得太深，伤口流出了许多血，把灯笼裤弄湿了。我没有穿衬衫，而厨师的上衣很短，下摆刚刚齐腰。这湿漉漉的裤子粘在皮肤上，叫我怎么站起来，怎么走路呢？

我知道这事太滑稽可笑了，这样尴尬的处境使我十分恼火，由于过分激动，我活像一个忘记了自己角色的演员，用很不自然的声调说了起来。

她听我说了几分钟，起先听得很仔细，后来带着明显的困惑说道：

“说得多美。您突然变得不像您自己了。”

这彻底把我击垮了。我像被勒住了脖子，不再吭声。

“该走了，眼看要下雨了！”

“我——留在这里。”

“为什么？”

叫我怎样回答她呢？

“您——生我的气了？”她温柔地望着我的脸，问道。

“噢，不是！是生我自己的气。”

“也不必生自己的气。”女人说着站起身来。

而我不能站起来。我只好坐在热烘烘的血泊里。我觉得，血还在我腰间像小溪般的潺潺涌出，她马上就会听到这个声音，并且会问：

“这是什么声音？”

“你走吧！”我在心里求她。

她又慈爱地对我说了几句亲切的话，终于迈着匀称美丽的双腿，沿着山谷的边缘袅袅婷婷地走了。我凝望着她的背影，看着她袅娜多姿的体态渐渐远去，渐渐变小。然后，我躺倒在地上，我意识到，我的初恋将是不幸的。我被这个打击完全击溃了。

当然，事情果真这样发生了：丈夫的眼泪，感伤的唾沫，可怜巴巴的话语，形成了一条宽阔的激流，而她没有决心穿过这股黏糊糊的激流游到我这一边来。

“他是这样孤立无援，而您——这样坚强！”她流着眼泪说。“他说：‘如果你离开我——我定会死去，就像花儿没有了太阳……’”

我想起了这朵“花儿”的矮脚，女人一样的大腿和西瓜一样滚圆的肚子，不由得哈哈大笑起来。他的大胡子里爬着苍蝇——它们在那里总可以找到需要的食物。

她微笑着说：

“不错，这些话委实可笑——但他毕竟很痛苦！”

“我也很痛苦。”

“噢，您年轻，您有力量……”

这时，我似乎第一次感到自己是弱者的敌人。后来，在许多更严重的情况下，我经常看到，强有力的人一旦陷入弱者的包围，竟那样可悲地一筹莫展，而为了维护注定要死的人的徒然无益的生存，又白白浪费了多少极其宝贵的心血、力量和智慧。

没有多久，濒于发狂的半病态的我，便离开了城市，将近两年时间，我像飞蓬一样，在俄罗斯的大道上流浪。我走遍了伏尔加流域，顿河、乌克兰、克里米亚、高加索，我有过许许多多、数不胜数的感受和冒险，变得更加粗野和凶狠，但在我的心头却一直保存着这个女人的可爱形象，尽管我见过比她更漂亮和更聪明的女人。

两年多之后的一个秋天，在梯弗里斯有人告诉我，她已经从巴黎回来，得知我与她住在同一个城市里而感到非常高兴。那时，我这个二十三岁的健壮的青年人，一生中第一次晕了过去。

我不敢去找她。但不久，她通过熟人，主动邀请我去。

我觉得，她变得更漂亮、更可爱了。那少女般的身材，那柔和红润的脸颊和矢车菊色的闪耀着妩媚光辉的眼睛，都一如既往。她的丈夫留在法国，只有活泼、优雅像小山羊一样可爱的女儿和她在一起。

我到她家的时候，城里雷电交加，大雨倾盆。从圣大卫山上冲下来的大水把街道变成了汹涌的河流，连街上的石块都卷起来了。狂风怒吼，河水咆哮，阵阵轰隆隆的倒塌声震撼着她的房屋，窗玻璃哗啦啦地直响，房间里充满了蓝色的火光，四周的一切似乎坠入了无底的潮湿深渊里去了。

小姑娘吓得躲进被窝里。我们站在窗前，被天公的一顿发作弄得大为震惊。我们在交谈，但声音不知为什么那么轻悄。

“我第一次见到这样厉害的大雷雨。”亲爱的女人站在我身旁轻轻地说。

突然，她问道：

“喏，怎么样，您对我的相思病治好了吗？”

“没有。”

看来，她感到惊奇，仍旧小声说：

“天哪！您变化多大！完全是另一个人了。”

她慢慢坐到窗口旁的沙发上，身子颤抖了一下——可怕的闪电刺得她眯缝起了眼睛，她轻声说：

“关于您，这里的人谈论得很多。您到这里来干什么？告诉我，别后您是怎样生活的？”

上帝，她整个身躯是多么娇小而优美！

我对她一直讲到半夜，像是在忏悔。威严的自然现象总使我激动，使我产生无比愉快的心境。大概，我讲得很好——她的凝神倾听，以及从睁大的眼睛里射出的紧张目光，使我相信了这一点。她只是偶尔小声地说一句：

“这真可怕。”

离开的时候，我发现她同我告别，已不再有那种长者的庇护般的微笑了，而这种微笑过去多少有点儿使我生气。我沿着湿漉漉的街道走着，看着天上镰刀般的一弯新月划破了朵朵云块，我兴奋得头晕目眩。第二天，我通过邮局寄给她一首诗——她后来经常朗诵它，这首诗也一直牢记在我的脑海里：

夫人！
为了您的抚爱，您那温柔的目光，
机灵的魔术师甘愿做您的奴隶。
他巧妙地精通令人神往的艺术：
用些小玩意儿，
用赤手空拳，
制造小小的欢乐！
请收留这个快活的奴隶吧！
也可能从微小的欢乐中，
他会造出巨大的幸福，
难道不是有人用物质的微粒
创造出了整个世界？

噢，是呀！世界创造得并不愉快，
它装载的欢乐太少，太可怜！
但世界上毕竟还有许多有趣的东西，
比如，您的忠仆就是如此。
在世界上也有美好的东西——
这，我说的是您！

您！
但——不要吭声！
愚蠢笨拙的辞藻，
哪能同您的心灵相比？
您的心灵是这个花儿凋零的世间——
百花丛中最瑰丽的一朵。

当然，这算不上是诗，但这出自我真诚愉快的心意。

我又坐在了我认为世界上最好的，因而对我必不可少的人面前。她穿着天蓝色连衣裙，宛如一团柔软芬芳的云朵裹着她的身体，但并未掩盖住身姿典雅、优美的线条。她一边用手抚弄着腰带，一边对我说出不平常的话语。我凝望着她那嵌着粉红色指甲的纤细的手指的动作，觉得自己像是一把被出色的音乐家正在爱护地调拨的提琴。我真想死去，真想把这个女人一口气吸到心里去，让她永远留在那里。我的身子在难以忍受的、强烈得发痛的紧张中颤抖着。我觉得，我的心脏马上就要爆炸了。

我给她朗读了刚刚发表的我的第一个短篇。但我忘了她是如何评价的，好像她惊奇地说：

“原来，您在写散文了！”

仿佛是在梦中，我依稀听见了来自远方的声音：

“这些年里，我对您想得很多。难道这是由于我，使您经受了那么多的痛苦？”

我对她说了这样的意思：只要她活在人间，就不会有痛苦和可怕的东西。

“您多么可爱！……”

我疯狂地想拥抱她。但我的一双手却是长得愚蠢，重得荒唐。我不敢接触她的身体，害怕会碰痛她。我站在她面前，由于激烈的心跳而摇晃着。我喃喃地说；

“同我一起生活吧！请同我一起生活！”

她笑了，笑得又平静又——羞涩？她的可爱的眼睛里闪着耀眼的光辉。她走到房间的角落里，从那里说道；

“让我们这么办吧：您到尼日尼去，我留在这里，让我想想，然后再写信给您……”

我像曾经读过的一部小说里的主人公那样，恭恭敬敬地向她鞠了一躬就走了。我真是有点飘飘欲仙。

冬天，她带着女儿到尼日尼来找我。“穷人娶亲偏夜短”——民间谚语又讥讽又悲伤地这样说。我亲身体验到了这句谚语是一个深刻的真理。

我们用两卢布一月的房租，租了一幢“独家住宅”——神父花园里的一个旧澡堂。我住在浴室的前室，夫人则住在浴室里。这里既是卧室也是会客室。这个“独家住宅”不太适宜于家庭生活，屋角和缝隙都结了冰。我夜间工作时，只好把所有的衣服都裹在身上；此外，还得裹上毯子，即使这样，仍然得了十分严重的关节炎。这对我当时引为自豪的健康和耐寒性来说，是十分反常的现象。

当我生起炉子时，浴室里要暖和一些，但是我们的房间里却充满了难闻的霉臭味、肥皂味和蒸气浴用的桦笤帚味。长着一双漂亮服睛、像瓷娃娃一样的小女孩心神不安地头疼起来。

春天，浴室里出现许多蜘蛛和海蛆——母女俩害怕得直发抖，我只好用胶皮鞋把小虫子打死。小小的窗口被茂密的接骨木和野化了的马林树密密遮挡住，房间里总是很阴暗，而醉醺醺的爱发脾气的神父还不让我把这些灌木挖掉，甚至连枝子也不让剪。

当然，可以找一所更合适一些的住房。但我们欠了神父的钱，神父又很喜欢我，不让我们走。

“你们会习惯起来的！”他说，“要不，你们把债务还清，爱上哪里就上哪里，哪怕去到英国人那里也行。”

他不喜欢英国人，他硬说：

“这是个懒惰的民族，除了牌阵之外，他们什么也想不出来，打仗也不行。”

他个子很大，红红的圆脸盘，火红色的大胡子，嗜酒如命，因而使他无法再在教堂里服务，而且由于对小个子、尖鼻子、头发像乌鸦一样黑的女裁缝的爱情而受尽了痛苦和折磨。

他一边用手抹去滴到大胡子上的眼泪，一边向我述说她的狡诈。他说：

“我知道她是个无赖，但她使我想起了伟大的女殉教者费米亚玛，因此我爱她！”

我仔细查了一下教堂日历，上面并没有这个女圣徒的名字。

他对我不信教很气愤。他的信教理由使我十分震惊。

“您，孩子，脚踏实地看看这样的事实：不信教的人只有几十个，而信教的——千百万！为——什么？鱼儿离不开水呀！灵魂也是这样，离了教堂就活不了。信服了吧？好，我们喝一杯！”

“我不喝，我有关节炎！”

他把叉子插进一块鲱鱼中间，又高高地举在手中，威胁着说：

“这也是——因为不信神！”

为了这个浴室，为了没钱买肉和给孩子买玩具，也为了该死的、嘲弄人的贫困，我在心爱的女人面前感到痛苦和羞愧，常常为此而失眠。贫困这个孽障倒并不使我自己感到不好意思或痛苦，但对于娇小典雅的贵族女子中学的学生，特别对她的女儿来说——这种生活太委屈、太要命了。

每到晚上，我在自己的角落里伏案抄写各种呈文、向法院的上诉书和创作短篇小说的时候，我总是把牙咬得咯咯直响，诅咒自己，诅咒人们，诅咒命运和爱情。

我的女人的举止十分豁达大度，像一位不愿儿子发现自己为难的母亲，她的嘴里从没有吐出半句对这种卑贱生活的怨言，条件越是艰苦，她的声音越有精神，她的笑声也越爽朗。她从早到晚画着神父以及他们故世的妻子的画像，绘制县城的地图——地方自治会由于这些地图还在一个展览会上得过金质奖章呢。画像的订货完成之后，她就用各种零头布料、麦秆和金属丝，为我们街道上的姑娘、太太们编织最摩登的巴黎宽檐帽。我对女人的帽子一窍不通，但其中显然总有某种十分可笑的因素——因此我的这位女匠人对着镜子试戴她自己做的这些异想天开的头饰时，总是笑得上气不接下气。但我发现，这些帽子对订货者产生了奇怪的影响，她们用五光十色的“鸡窝”装饰自己的脑袋，走在街上也挺着肚子，显出特别自豪的神气。

我在律师那里工作，并为当地报纸写短篇小说，一行字两戈比。晚上喝茶时，如果没有客人，我的夫人就有趣地向我讲述沙皇亚历山大二世视察别洛斯托克中学的情况：沙皇把糖果分给女学生，有几个姑娘吃了沙皇的糖果奇迹般地怀孕了。这个或那个漂亮的姑娘同沙皇一起去别洛维兹克森林打猎，往往一去不复返，后来在彼得堡嫁了人。

我太太引人入胜地向我讲述巴黎的情景。我通过各种书籍，特别是马克西姆·杜坎恩的大部头著作已对巴黎有所了解，而她是根据茫马特尔的小酒馆和拉丁区混乱的生活研究巴黎的。这些故事比葡萄酒更使我激动。于是，我创作了一些对妇女的颂歌。我觉得，正是对女性的爱情力量创造出了生活中全部的美。

我特别喜欢她讲述自己的罗曼司。这特别吸引我。她讲得非常有趣，非常坦率，有时竟使我十分不好意思。她一边笑着，一边用轻松的话语，像是用削得尖尖的铅笔的线条勾画出了一个向她求婚的将军的可笑形象。这个将军抢在沙皇之前向野牛打了一枪，接着对受伤的公牛大声喊道：

“陛下，请原谅！”

她讲起了俄国的侨民。我感到她的话里总蕴藏着对人的宽厚的微笑。有时，她的真挚达到不知羞怯的天真地步。她伸出小猫一样尖细绯红的舌头，津津有味地舔着嘴唇，而她的眼睛似乎闪出特别的光亮。有时我觉得，她的眼睛里闪耀着厌恶的火星，但我更经常地看到她像一心一意玩着洋娃娃的小姑娘。

有一次她说：

“处于热恋之中的俄罗斯人总是有点多话和笨拙，而且往往——讨厌地饶舌。只有法国人最善于爱。对于他们，爱情几乎就是宗教。”

从此，我在她面前不由变得谨慎和克制一些了。

关于法国女人，她是这样说的：

“你在她们身上不是总能找到发自内心的热烈的柔情，但她们出色地用令人愉快和十分细腻的感情来代替这种柔情——对她们来说，爱情是一种艺术。”

这一切她都是很严肃地、用教训的口吻说出来的。这不全是我需要的知识，但不管怎样——这些毕竟也是知识，因此，我总是贪婪地听着她讲。

“在俄罗斯女人和法国女人之间，大概有着水果和水果糖之间那样的差别。”一个月色皎洁的晚上，她坐在花园的凉亭里说。

她自己也就是糖果。在我们夫妻生活的最初日子里，有一天，我当然是怀着激动的情绪，向她叙述了我关于男女之间相互关系的浪漫主义的观点。这使她十分惊异。

“您这是真的？您当真这样想？”在淡蓝色的月光下，她躺在我的怀抱里问。

她那玫瑰般的身体像是透明的，发出一种醉心的巴丹杏一样微苦的香味。她纤细的手指轻轻地抚弄着我鬈毛似的头发，她惊惶地睁开大眼睛望着我，不太相信似的笑着。

“啊，我的上帝！”她喊了一声，跳到地板上，若有所思地在房间里从光亮的地方走到阴影里，她的皮肤在月光下闪出缎子一样的光泽，赤着的双足悄无声息地踩在地板上。然后，又重新走到我跟前，用手抚摸我的脸颊，以母亲似的口吻对我说：

“您应当同一个姑娘开始生活，是的，是的！而不是同我……”

当我把她抱起来，她哭了，低声说：

“您感到我是多么爱您吗？我从没有体验过同您在一起这么多的欢乐——这是真的，请您相信这一点。我从没有这样温柔，这样妩媚，这样无忧无虑地爱过。同您在一起，我感到非常、非常的好。但我仍然要说：我们错了——我不是您需要的人，不是！这是我的错。”

我没有理解她。她的话使我感到害怕，我急忙用高兴和温情抚慰她的情绪。但这些奇怪的话却依然留在了我的记忆里。过了几天之后，她又激动地流着泪，悲哀地重复了这些话：

“唉，如果我是个姑娘多好！……”

我记得，这天夜里花园里呼啸着暴风雪。接骨木的枝丫不停地敲着玻璃窗，烟囱里大风像狼一样在嚎叫。我们的房间又暗又冷。脱落的糊壁纸沙沙作响。

每挣几个卢布，我们就请几个客人，摆设丰盛的晚宴：肉、伏特加、啤酒、馅饼……总之，享受一番。我的巴黎女人胃口很好，喜欢俄国饭菜“瑟丘格”——填满荞麦粥糜和鹅油的牛肚、鱼油鲶鱼馅饼、羊肉土豆汤。

她组织了一个“馋肚皮”团——一共十来个人，他们喜欢大吃大喝，精微而审美地通晓美酒佳肴，夸夸其谈而又不厌其烦地议论着烹调美味的奥秘，但我感兴趣的却是另一种性质的奥秘，我吃得不多，吃饱肚子的过程也引不起我的兴趣，与我的美学要求毫不相干。

“这是些空虚的人！”我提起“馋肚皮”时说。

“如果把他们好好振奋起来，也会同所有的人一样，”她回答说，“海涅说过，‘在衣饰的遮掩下，我们都赤裸着身子！’”

怀疑主义色彩的引文她知道很多，但我觉得，她不是总能成功或恰当地运用它们。

她非常喜欢“振奋”别的男性，并且也很容易做到这一点。她永远是那么愉快、机智、像蛇一样灵活。她能很快在周围引起人们吵吵嚷嚷的活跃情绪，激起并不十分高尚的感情。一个人只要同她谈上几分钟话，他的耳朵就会发红，又慢慢变成紫色，而眼睛也会陶醉地湿润起来，就像山羊望着白菜一样地望着她。

“一个磁石般的女人！”一个公证人的助手这样说。这是个不走运的贵族，长着自称为皇者德米特里的赘疣，肚子有教堂圆顶那么大。

一个头发淡黄的雅罗斯拉夫尔贵族学校学生写了些诗献给她——用的总是韵律诗体。我觉得这些诗实在令人作呕。她读了之后哈哈大笑，连眼泪都笑出来了。

“你干吗要挑逗他们？”我问。

“这同钓鲈鱼一样有趣。这叫作——卖弄风情。没有一个自尊的女人不喜欢卖弄风情的。”

有时她望着我的眼睛，笑着问：

“你吃醋了？”

不，我没有吃醋。但这多少有点打搅我的生活。我不喜欢庸俗的人。我是个生性开朗的人，我知道，笑是人最美的特性。我认为杂技团里的丑角。露天舞台上的幽默家和剧院里的喜剧演员都是平庸之辈，我很自信地认为，我比他们更能逗人发笑。我往往会让我们的客人笑得直不起腰来。

“天哪！”她赞赏地说，“你能成为一个何等出色的喜剧演员！你该登台演出，当演员！”

她自己曾经很成功地在业余剧团里演过戏，正统的剧团班主也邀请过她。

“我喜欢在台上，但害怕后台。”她说。

她好说实话，从不隐瞒自己的愿望和想法。

“你——太爱发议论，”她教训我说，“从本质上说，生活是简单和粗俗的，不需要把它弄得复杂化，从中寻找什么特别的意义。只要学会减少它的粗俗性就行了。超出这一点——那你什么也达不到。”

我从她的哲学里感到了太多的妇科学味。我觉得，她的圣经就是《产科学教程》。她自己也向我说起过，她从贵族女子中学毕业后读的第一本科学著作如何让她大吃一惊。

“我是个天真的姑娘，觉得头上挨了一砖头，好像被从云端扔到了烂泥里，我由于惋惜我无法再相信的一切而大哭了一场。但很快就感到自己脚下的土地虽然残酷，但毕竟坚实了。我最可怜上帝，我曾经那么快活和亲切地感到过他的存在。突然，他像烟卷的烟雾一样消失了，对天堂里的爱的幸福的幻想也随之消失了。而我们在贵族女子中学里的时候，关于爱，大家都想得那么多，谈得那么美！”

她那贵族女子中学和巴黎的虚无主义使我产生了阴沉的思绪。有时夜间，我放下工作，从桌边站起来，走过去看看她——她睡在床上的时候，显得更娇小、典雅和美丽，我看着她，十分痛苦地想起她那破碎的心灵，以及她那混乱的生活。对她的怜悯，更加深了我对她的爱。

我们俩的文学趣味迥然不同：我狂热阅读巴尔扎克、福楼拜，她则更喜欢保尔·费瓦尔、奥克塔夫·费伊尔耶、保尔·戴科克，她特别喜欢《月罗姑娘，我的夫人》，她认为这是一本写得最机智的书，而我觉得它同《刑法典》一样枯燥无味。尽管有这些不同，我们的关系却非常好。我们彼此都没有丧失对对方的兴趣，我们的热情也没有消退。但在共同生活的第三年，我发现——我的心里有什么东西在不祥地吱吱作响，而且越来越响，越来越明显。我不断如饥似渴地学习和阅读，并开始认真地醉心于文学创作；客人们越来越妨碍我，都是些没有意思的人。但客人们的数量增加了，因为我同妻子挣的钱比过去多了，可以经常安排午宴和晚宴了。

她觉得生活就像蜡像陈列馆，但因为男人身上并没有贴着

“请勿用手触摸”的警告牌，所以她有时对他们太不谨慎，而他们又把她的好奇估计得太对自己有利。于是，在这样的基础上就产生了我不得不去排解的误会。不过，我担任这种角色有时不够克制，大概总很笨拙，有一个被我扯耳朵的人抱怨我：

“喏，好吧，我承认自己有错！但扯我耳朵——我怎么，是个小孩子吗？我的年龄几乎比这个蛮子大一倍，而他——扯我的耳朵！喏，如果揍我，倒还体面些！”

显然，我没有掌握在人们的自尊心的范围以内去惩罚他的艺术。

我妻子对我的小说相当冷淡，但这在一定时间内一点也没有刺伤我：我当时也不相信自己可以成为真正的文学家。我把自己在报纸上发表作品只当作谋生的手段，虽然有时也感到了某种奇怪的废寝忘餐的创作激情。但是，有一天早晨，我给她念我在夜间写成的短篇小说《伊则吉尔老婆子》，她却沉沉地睡着了。最初一瞬间，这也没有使我生气，我只是停止了朗读，并沉思地望着她。

她把可爱的小脑袋靠在破旧的沙发背上，微微张着嘴，均匀而又安静地呼吸着，简直像个孩子。初升的朝阳透过接骨木的枝叶，从窗口里窥视着我们；金色的光影，犹如轻盈的花朵开放在这个女人的胸口和膝上。

我站起身，蹑手蹑脚地走到花园里，内心感到受了屈辱的针刺一样的疼痛。我对自己的力量产生了怀疑。

在我生活过的所有日子里，我看见的女人不是置身于沉重的奴隶劳动之中，就是陷身于肮脏、腐化和贫穷之中，要不就醉生梦死，洋洋自得于庸俗的温饱之中。童年时代给我留下的美丽印象——唯有玛尔戈皇后。但是许许多多不同性质的印象，像大山一样已经把我同它隔开了。我以为，伊则吉尔的生活史应当为女人们所喜欢，应当能够唤起她们对自由和美的渴望。然而——瞧吧，连我亲爱的女人也一点不为我的小说所动——她睡着了！

为什么？是因为生活在我胸中浇铸的大钟的声音还不够洪亮？

我在心里把这个女人当作母亲，我期望并相信，她能够用醉人的甜蜜喂养我，激发起我的创作力量，我期待她的影响会缓和我在生活的道路上养成的粗野。

这是三十年前的事了，如今我是内心怀着微笑回忆这一点的，但在那个时候，一个人想睡就睡的无可争辩的权利却使我非常伤心。

我曾经相信，如果用愉快的心情来谈论忧伤，悲哀就会烟消云散。

我曾经怀疑，世界上冥冥之中有个喜欢欣赏人们痛苦的人在调皮地活动；我又觉得似乎存在某个制造家庭悲剧的精灵，巧妙地破坏人们的生活，我把这个看不见的悲剧家看作自己的敌人，并竭力不让自己上他的圈套。

我记得读了奥登堡[①]的《菩萨及其生平、学说和团体》一书中的“任何存在都是痛苦”之后，曾深深感到愤懑——我很少体验到生活的欢乐，但我觉得，生活的痛苦的磨难只是偶然现象，而并不是规律。我仔细地阅读了大主教赫利桑夫厚厚的著作《东方的宗教》，我更加愤懑地感到：建立在恐惧、消沉和痛苦基础上的关于世界的学说，对于我是完全不能接受的。在痛苦地体验过宗教狂热之后，我感到自己受了这种徒劳无益的情绪的侮辱。对于痛苦的厌恶，引起了我对一切悲剧的本能的憎恶。于是，我就学会了把悲剧变为可笑的轻松喜剧的本领，而且学得还不坏。

当然，单为了说明我和我的女人之间正在酝酿一场“家庭悲剧”，而我们俩都竭力阻止其发展，是用不着说这许多的。我之所以发了这一番议论，只是为了提一提在我认识自己本质的道路上所经历过的有趣的曲折。

我的女人生性快活，不会闹这种家庭悲剧，尽管非常富于“心理感受”的俄罗斯男女两性十分热衷于家庭悲剧。

但是那淡黄头发的贵族学校学生的沉郁的韵律诗句毕竟像秋雨一样对她发生了作用。他用圆润、漂亮的笔迹，精心地写满信纸，并且偷偷地到处乱塞——书里、帽子里、糖罐子里，到处都有。我一发现这些折叠得很工整的纸片，就交给妻子，对她说：

“请接受这些又一次企图刺伤您心灵的东西吧！”

---

① 奥登堡（1863—1934），苏联东方学家，印度和伊朗的文学史、艺术、考古学、人文学和语言学专家。

最初，库皮东[①]的纸箭并没有对她发生作用。她把冗长的诗念给我听，遇到有趣的句子，我们就一起哈哈大笑：

无论在白天和夜里，
我愿和您形影不离，
一切都映在我心里：
您小手的动作和点头的姿势。
您像温柔的斑鸠咕咕地叫着，
而我在心灵里像一只鹞鹰，
在您头顶上翱翔。

但有一次，她读完这个贵族学校学生的一篇“汇报”之后，沉思地说：

“我可怜他！”

我记得——我可怜的不是他，从那时起，她不再出声地念韵律体诗句了。

诗人是个矮壮的青年人，比我年长四岁。沉默寡言，非常爱喝酒，屁股很沉。节日里，下午两点到我家吃饭，可以一动不动一声不吭地一直坐到夜里两点。他同我一样，也是律师的文牍员。他的心不在焉很叫他和善的雇主惊诧。他对工作马马虎虎，常用沙哑的嗓子说：

“一般地说，这些全是乱弹琴。”

“那什么才不是乱弹琴呢？”

---

① 库皮东，罗马神话中的爱神，维纳斯的儿子。

“怎么对您说呢？”他思索着问，抬起毫无表情的灰眼睛看了看天花板，没有再说什么。

有一次，他显得特别痛苦，并且像故意装出来的烦闷无聊——这最使我恼火不过了。他细饮慢斟；喝醉了，嘲讽似的喷着鼻子，除此之外，我在他身上没有发现任何特别之处。因为有一条规律，在丈夫看来，追求他妻子的人都不是好东西。

有个富有的亲戚，从乌克兰的什么地方每月给这位贵族学校学生寄来五十卢布——这在当时是一笔很大的款子。每到节日，这个学生给我妻子送来糖果，在她的命名日那天，还送给她一只闹钟，铜座上雕着一头鹰在撕裂黄颔蛇。

这个讨厌的东西总是提前一个小时零七分把我闹醒。

我的妻子不再同那个学生调情，开始以女性的温柔对待他。她觉得自己由于打乱了一个男人的方寸而负疚。我问她，根据她的意见，这桩可悲的事该如何了结？

“我不知道，”她回答道，“我对他没有确定的感情，但我——希望使他振奋起来，他身上似乎有什么东西在沉睡，我好像可以将它唤醒。”

我知道她讲的是真话——她希望唤醒每一个人和所有的人，在这方面她能够轻易地获得成功：她唤醒了别人，也唤醒了他身上的兽性。我提醒她关于齐尔采雅[①]的故事，但这也不能制止她想“振奋”男人的愿望，而我发现，在我的周围，公羊、公牛和公猪等畜群突然增多了。

我熟悉的人宽宏地向我讲起了我家庭生活中令人吃惊和不

---

① 齐尔采雅，希腊史诗中的女巫，使奥德赛约的同伴变成了猪。

愉快的流言蜚语。我直率和粗鲁地警告这些“神话”的编造者：

“我要揍你们。”

有些人虚伪地进行辩解；有少数人感到委屈，但不太厉害。而妻子则对我说：

“你要相信，你用这种粗暴的办法什么目的也不会达到，只会使人议论得更难堪！你不是不吃醋吗？”

是的，我还太年轻，太自信，不会想到吃醋。但是有些感情、想法和猜测是只能对心爱的女人倾诉，决不能向别人说的。在同女人交往中有这样的时刻，你会不由自主地向她倾吐一切，就像教徒在自己的上帝面前一样。当我想到，这些我非常珍惜，而且只属于我个人的一切，她也许会在亲热交往的时候脱口告诉别人，我感到非常痛苦。我觉得，可能发生某种非常接近于背叛的东西。也许，这种担心就是吃醋的根子？

我觉得眼前的生活可能把我甩出我正在走的生活道路。我已经想到，对我来说，除了文学之外，生活里已不再有别的位置，而在当前的条件下我已无法工作。

我在生活的进程中已学会了对人们容忍，虽然我内心里并不因此丧失对他们的兴趣和尊重。这使我没干出更丢丑的事来。我当时就已看到，所有的人，在看不见的完美的真理之神面前，多多少少都是有罪的，而在人类的面前，那些公认的道德家尤其有罪。道德家是罪恶和善行交媾而生的杂种，而这种交媾不是恶习对善行的强奸；或者相反，而是它们合法婚姻的自然结果，具有讽刺意味的必然性在其中扮演了神父的角色。婚姻是神秘的东西，由于它的力量，两种明显的对立物结合在一起，而生出来的差不多总是可悲的庸才。那时我像孩子喜欢冰淇淋一样，很喜欢怪僻的议论。这些怪论的机智，就像美酒一样使我兴奋，用语的怪诞往往冲淡了事实的粗鲁和令人生气的反常。

“我觉得，如果我离开的话，也许会更好一些。”我对妻子说。

她想了一下，同意了：

“是的，你说得对！我知道，这种生活——不如你的意！”

我们俩互相紧紧拥抱，默默地伤心了一阵子，我便离开了城市。她很快也离开这里，登台当演员去了。我的初恋就这样结束了——这是一段很好的经历，尽管结局不好。

不久以前，我的第一个妻子去世了。

我要赞美她：这是一个真正的女人！她善于安贫乐道。对她来说，每一天都是节日的前夜。她总是等待着大地上明天将开放出新的、不同凡响的鲜花，非常有趣的人们会从某个地方出现，会发生令人惊异的事件。

她以嘲笑和半轻蔑的态度对待生活中的种种苦难，像驱赶蚊子那样对它们一挥了之；而她的心里总隐藏着愉快的、使人惊奇的愿望。但这已不是贵族女子中学学生天真的赞叹，而是喜欢光怪陆离的忙碌生活的人的正常欢乐了。她喜欢人们之间悲喜剧式紊乱的联系，喜欢如阳光下闪烁浮动的灰尘一般的琐事的洪流。

我不想说她爱他人，不是这样，但她喜欢观察他们。有时，她加速了夫妇或情人之间日常风波的发展或使这种风波趋于复杂化，她巧妙地激起一些人的妒忌心，促使另一些人接近——

这种不无危险的游戏很吸引她。

"'爱情和饥饿主宰着世界'，而哲学则是世界的不幸，"她说，"人们活着是为了爱，这是生活的要旨。"

我们相识的人当中有一个是国家银行的官员，他是个瘦高个，走起路来又缓慢又妄自尊大，活像一只大雁。他很注意穿着，时常仔细地看着身上，用又黄又干瘪的手指掸去西装上除他之外谁都看不见的灰尘。他憎恶独创的思想和鲜明的语言，仿佛那是对他沉闷和准确的语言的嘲弄。他说起话来很庄重、动人，他谈论某种总是无可辩驳的言论之前，先要用冷冰冰的手指理理他浅火红色的稀疏的髭须。

"随着时间的推移，化学科学在原料加工工业中将具有越发重大的意义。人们常说女人变化无常，这话完全公正。在妻子和情妇之间没有任何生理的差别，只有法律上的差别。"

我严肃地问妻子：

"你是否能够断定，所有法律公证人都是独立自由的？"

她负疚和悲哀地说：

"噢，不，我没有这种能力，但我肯定，用煮得很嫩的鸡蛋去喂大象是可笑的！"

我们的那位朋友听着我们谈话，一两分钟之后，明智地说道：

"我觉得，你们说这些话，太不严肃。"

有一次，他的膝盖碰到了桌子腿，碰得很痛。他皱着眉，确信地说：

"结实性——乃是物质无可争辩的特性……"

有时，在把他送走之后，我的妻子又愉快又激动，又热情又活泼，半躺在我的膝上，说道：

“你瞧，他是个多么无可救药的蠢货。在一切方面都反映出他的愚蠢，甚至连走路和手势都笨头笨脑；他也算是一种叫我喜欢的典型。你摸摸我的脸颊！”

她喜欢我用手指轻轻地抚摸她的脸，抚平她那可爱的眼睛下面细小的皱纹。她眯缝起眼睛，像小猫一样缩着身子，喃喃地说：

“人们真是出奇地有趣！甚至一个大家都觉得很乏味的人，也会使我激动，我很想窥视他的内心，就像看一个盒子——里面也许密藏着某种谁也不曾发现，从来也没有展示过的东西，只有我一个人，将首先看见这些东西。”

她在寻找“谁也不曾发现的东西”的过程中，毫不紧张，她怀着像孩子第一次走进他不熟悉的房间时的满意和好奇心情寻找着。有时，她确实在绝对枯燥无味的人的晦暗的眼睛里燃起紧张思维的明亮的火花，但更为经常的却是激起想占有她的固执的愿望。

她爱自己的肉体，她会赤裸着身子站在镜子前赞叹着说：

“女人——造得多么好啊！她身上的一切是何等匀称、和谐！”

她说：

“我穿得漂亮的时候，觉得自己更为健康、有力和聪明！”

事实也是这样：她打扮一新时，就变得更加愉快、机智，她的眼睛也闪耀着得意扬扬的光辉。她会用印花布出色地为自己缝制漂亮的衣服，穿在身上就像是丝绸和天鹅绒。她的穿着总是很素雅，但我觉得很华美。女人们欣赏她的打扮；当然不总是出于真心，但大家总是大声赞赏她。她们是在妒忌她。我记得，有个女人曾经悲伤地说：

“我的衣服比您的贵两倍，您的衣服却比我的好十倍——看着您甚至会使我感到痛苦和委屈！”

当然，女人们并不喜欢她，更不用说她们编造有关我们的流言蜚语了。有个相识的女医士，人长得非常漂亮，但十分愚蠢。她满怀好意地警告我：

“这个女人会把您的血吸干！”

我在我的第一位夫人身边学到了许多东西。但是，我们之间不可调和的差别使我非常痛苦。

对我来说，生活是严肃的任务。我看得太多，想得太多。我生活在不断的紧张不安之中。一些与这个出色的女人的精神格格不入的问题，总是用参差不齐的声音在我的心里叫喊。

有一次，警察在市场上打了一个仪表优雅的老人——一个独眼犹太人，原因是他似乎偷了小贩的一把洋姜。我在街上遇见了这个老人，他身上沾满了尘土，走得很慢，神情十分庄严，那只又大又黑的眼睛，严峻地望着空旷而又炎热的天空，从被打破的嘴里流出来的鲜血，顺着长长的白胡须直往下淌，把银白的胡须也染红了。

这是三十年以前的事情，但现在，我眼前仍然浮现着他那含着无声的责备凝望苍天的目光和他银针似的眉毛在颤抖的情景。对人的侮辱是忘不了的，永远也忘不了的！

我回到家里，已被忧郁和愤慨弄得十分沮丧，心情坏透了。这样的印象使我脱离了生活的常轨，我变成了生活中的外人，变成了这样一种人，为了折磨他，故意向他展示大地上一切肮脏、愚蠢、可怕的东西，一切可能会侮辱人心灵的东西。而在这样的时刻，这样的日子里，我特别清楚地看到，我最亲近的人同我相距何等遥远。

我把犹太老人被殴打的事告诉了她。她惊奇不已！

“就因为这个，你都要发疯了？你的神经多么脆弱啊！”

后来，她又问道：

“你说——是个漂亮的老头？但——如果他只有一只眼睛，他怎么会漂亮呢？”

她讨厌任何痛苦。她不爱听不幸的故事。抒情诗几乎一点也不能打动她，同情的火焰很少在她小小的、愉快的心房里爆发。她热爱的诗人是贝朗瑞和海涅，后者总是笑着忍受痛苦。

在她对待生活的态度中，有着像孩子对魔术师无比巧妙的手法那样的信任：一切已经表演过的魔术都很有趣，但最有趣的还在后面，将在下一个小时，也可能是在明天，但是——一定会表演。

我想，她在临终的那一刻，依旧希望看到这个最后的、完全不可理解的、巧妙惊人的魔术。

（译自《高尔基三十卷集》第十五卷）

单　恋[1]

高尔基

每当我走过剧院胡同的时候，差不多总看到有一个人待在旧木房伸延出来的那家小铺门口。我觉得他好像站的不是地方。在尘土飞扬的一线天空覆盖下，在城市的这条狭窄、阴暗的缝隙里，他似乎是多余的。

这人要不是坐在门旁的椅子上看报，便是一个肩膀倚着门框，双手交叉在胸前，站在门口。他头顶上方挂着一块小小的招牌，上面的黑色斜体字告诉人们，小铺里出售文具用品。模糊不清的窗玻璃后面，摆着一沓沓信封、拍纸簿，以及粘在四方硬纸板上的花花绿绿的旧邮票。

有时，我在玻璃窗前停下，装作观看这些落满灰尘、褪了颜色和不起眼的商品，一面悄悄地观察这个商人，而他却全神凝视着对面那栋房子的窗口。那房子已年久失修，像个用砖头砌成的旧盒子，墙壁上有一条弯弯曲曲的裂缝，上下两排各有

① 本篇最初发表在苏联《座谈》杂志1923年第三期上。

四个窗户，屋檐被鸽子屎弄脏了，下面一层窗户上面挂着一块生了锈的招牌，也沾满了鸽子屎。招牌上写着：

穆奇尼克成衣铺

这座房子立在大地上大概不下一百年了。而整条胡同的两旁全是这样的旧房子，一栋紧挨一栋，既凄凉又肮脏。

这人身穿一件长长的、破旧不堪的礼服，更显出他那瘦削而匀称的身材；脚上穿一双旧皮鞋，不难看出，鞋底虽然有点小，式样倒还时髦。他的脸上长满了浓密的胡须，修剪得很整齐，颅骨上过长的花白头发平整地梳到耳后。耳朵很小，但轮廓分明。他的头发大概很软，梳得服服帖帖，就像粘在头上似的。这种发型有点“书生气”，同他那干枯的长脸并不协调；似乎正由于这种发型，他那大软骨尖鼻子才那样突出，那样忧郁地向前伸着。这人的一双眼睛很怪：眼白发青，眼珠发黄，两眼窄得像一条缝，目光冷冰冰的，直视前方，但给人一种印象，他总是朝下看着地面。

我在窗前站了大约三分钟，等着这人最后发问：

“您想买点什么？”

但他好像没看见我，一动不动地站在那里，两手交叉在胸前，为无形苦闷的云雾所包围。这激起了我的好奇心。他在等候什么？他为什么苦恼？

有几个中学生到他的小铺来买集邮用的旧邮票，他很勉强地放他们进了铺子，跟他们说上三言两语，如同完成一桩与己无关的事情。

当我走进他的小铺买信封的时候，他对我也同样的不客气，把东西包好，说完价钱，就把双手交叉在胸前，显然是等着我快点走开。

“您做买卖很久了吧？”

“很久了。”

“这地方有点偏僻吧？”

“是的。”

“您这里有古代钱币卖吗？”

“没有。”

很显然，这人不愿意说话。但是，一张明信片突然跳入我的眼帘，上面印着一个女人的肖像：她坐在宽大的安乐椅上，用鸵鸟翎毛扇子半遮着嘴，眼睛娇媚而又嘲讽似的微笑着，脸上露出一副醉酒或调皮的神态。明信片下面印着：

外省剧院著名女演员——拉丽萨·安东诺芙娜·多勃雷宁娜

还有一张明信片印的也是那个女人扮演奥菲利娅的照片，她手捧一束鲜花，但两眼并无疯狂的神情，仍然露出那令人莫解的笑容。还有她扮演娜拉、玛丽·斯图亚特的剧照。此外，还有好几张。所有的照片上，同样的笑容使她的嘴微微歪斜着。她的嘴大而圆，把上半边脸同宽大的圆下颌明显分了开来。

“这是她最好的一张。”商人用发灰的长手指指了一下女演员坐在安乐椅里的那张照片，感慨地说：“这是我印的！”他又骄傲地补充了一句。

“我从来没有听说过她的名字。”我说。

他耸了耸肩，似乎受了委屈。

“她可很有名望，她的名字曾经轰动一时。”

他列举了女演员在那里获得“巨大成功”的几个城市，然后对我的无知报以轻蔑的神情，用评论报纸的陈词滥调向我描述了她的才华。他闭着眼睛叙说，像在背诵报纸。

“她还活着吗？”

“死了。”

“死了很久了？”

“九年了。”

毫无疑问，这是一个怪人。怪人装点着世界。我决定进一步了解他，我的目的达到了。下面就是这个怪人向我讲述的故事。

“为了让您了解我的伤心史，我得从很久以前，从童年时代讲起。我父亲叫克利姆·托尔苏耶夫，是著名的肥皂厂老板。他脾气很坏，性情孤僻，既富有，在事业上又很走运，但生活却很不顺心。他身材高大，气力过人，头发又密又长，走路老是像公牛一样低着头，仿佛受了谁的欺侮，眼睛有点瞎了。也许是真的受了我母亲的欺侮。我母亲是土耳其战争中的英雄戈尔塔耶夫少校的女儿。我九岁，我弟弟科利亚六岁那年，她便离开我们跟一个著名的钢琴家出走了，不久在国外去世。我记得她穿着美人鱼的服装，身上装饰着绿色的绦带，戴着花儿，披散着的乌黑的头发一直垂到腰间，头上戴满闪闪发光的钻石。

她穿着这样一身装束，问我：‘我漂亮吗？’我说：‘是的，非常漂亮！’这时，她慈爱地敲了一下我的额头说：‘那你怎么还不听我的话，怎么还不爱我呢。’我答应听话，可是复活节她就走了。”

我们坐在昏暗的小房间角落里的桌旁，桌上摆着银烛台，燃着两支蜡烛。一个古老的棱状玻璃缸里盛着葡萄酒，闪着红宝石般的火焰。房里又挤又闷，墙上贴着一张张照片，像是灰色的霉点。角落里瓷砖砌面的壁炉烧得滚热，靠壁炉摆着一张宽大的安乐椅，这人坐在安乐椅里，伸开两腿，双手交叉在胸前，凝视着两朵黄色的烛花。通往另一个房间——可能是卧室的一扇小门上，挂着一把吉他，琴颈上系着彩带。窗户对面的马路上，燃着一盏路灯，玻璃珠似的雨箭不断向它袭来；那浑浊、油腻的灯光，透过湿漉漉的窗玻璃，暗淡地映照在女演员多勃雷宁娜的大幅彩色照片上，照片镶在志哀的黑白镜框里，放在一个木架上。框上饰有一个用月桂和棕榈树叶编成的银色花圈。

房间里的一切使人感到早已陈旧过时。所有的东西都好似业已腐朽不堪，散发出一种怪味，像轻轻一碰就会变成灰色粉末的陈年残花那种气味。从这种气味，甚至从这个人的若断若续的声音里，也能感觉得到他说起话来几乎听不出抑扬的韵律，倒像是在背书；他吐出的字都是记熟的，轻飘飘的，宛如一株迟迟未脱去夏装的树木遭到严寒的袭击，叶子忧伤地飘落下来。

“我父亲鳏居了十八年，我们家里除了两个老太婆——一个女仆和一个厨娘，再没有女人。他心情抑郁，从不关心我们的童年生活。十八年间，我和科利亚听得最多的一句愤愤不平的问话是：

"'这是为什么？'他的问题使我们非常害怕，似乎在他和我们之间竖起了一堵墙；我们是躲着他长大的。我们家有七间房子，一间比一间暗，各种各样的家具很多，躲藏起来很容易。他把我送到市里一家初等专科学校读书，但后来却不让我继续升学。他说：

"'得啦，学着做事吧！'

"比我差的科利亚，却让他念完了中学，还让他上大学去学数学和化学。

"正当年富力强的时候他突然死了。六月的一个炎热的日子，他参加宗教游行之后回到家里，喝了冰镇家酿啤酒，第五天就进了棺材，浑身肿胀，两只能干的毛茸茸的手放在鼓得像座小山似的肚子上。他的样子非常可怕，真难以形容：铁青的脸上满是怒气，火红色的毛发竖立着，我似乎觉得，他马上就要嘶哑着嗓子，对自己的命运大声叫喊起来：

"'这是为什么？'

"工厂停工了，家里变得像复活节或圣诞节时那样安静。接着就开始了异乎寻常的忙乱，仆人们走起路来脚步声咚咚直响，说话的嗓门也大了。我看得出，大家对父亲的死都感到高兴，同时我羞愧地觉得，我自己也为此高兴。父亲在世的时候，我们家里只有苍蝇能够自由自在地生活和高声地嗡叫。父亲总是慢吞吞地在各个房间里走来走去，倾听着什么，期待着什么，谁不小心碰响了门，就会惹得他大发雷霆。而现在，只有科利亚这个多愁善感的少年仍然恪守父亲在世时养成的习惯，小声说话，轻轻走路，生怕惊醒长眠的死者似的。

"'瞧这个乱劲儿，'他抱怨说，'好像都高兴了！'

"'科利亚，'我说，'你怎么啦，生气了？你知道，大家都不喜欢他。谁都不喜欢他。'

"'你也不喜欢他？'他问。

"'你也一样，'我说，'我可是个直爽人。'

"他坐在打开的窗前，沉默不语。一股浓烈的酸臭味，腐烂的脂肪味和肥皂味从窗口扑了进来，同时还传来了一阵不寻常的沙沙声。这是我们看守院子的斜眼鞑靼人穆斯塔法在用扫帚扫地，地上浸透了脂油，踩得像沥青一样坚硬。以前，因为工厂不断发出隆隆噪声，这种扫地声不大引人注意，要知道，这是一种非常讨厌、似乎搅人心肝的声音。

"科利亚把身子探出窗外说：'别扫了，穆斯塔法！'

"接着又对我说：'他在扫除对父亲的怀念。你难道忘了，家里有死人，不能扫地？'

"我安慰他说：'现在，我们俩的生活要轻松些了。我做事，你学习。你再也不用为了一个卢布的戏票钱而哀求了，再没有人对你叫喊"这是为什么"了。尽管这话不中听，但我并不怜惜父亲。我不是演员，不会假哭。你总记得吧，一个礼拜以前的一天夜里，我们俩因为受气差一点哭了？这种气我们受了多少啊！'

"他仰望着天空，说：'瞧，天空是无色的，坚硬的，像洋铁皮一般……我们的工厂和整个大地就像洋铁皮上的锈斑和污秽。'

“我弟弟的头脑里常常出现这类想法，我也很喜欢他这些别致的想法。谈起大地，他总是满怀忧伤和抱怨，就像病人在谈论自己的身体。但他的身体很健康，尽管他长得纤细，瘦小，娇嫩，脸上还泛着少女般的红晕。他的头发颜色很深，波纹起伏，一对黑眼睛看什么都流露出不信任的、似乎惊异的目光。他曾经背着父亲偷偷学过钢琴，总的说来，他有一种温文尔雅的音乐性格。

“我对他说：‘科利亚，父亲生前做的一件最好的事，就是使我们建立了兄弟情谊。应当感谢他的坏脾气使我们紧紧贴在一起，十分相亲相爱，我希望这种手足之情能长此下去。虽然我比你大几岁，但我知道，跟你相比，我不学无术。你过着跟我决然不同的另一种生活，你有自己的思想，你喜欢想象。你刚才说的关于天空的话，我就说不出来，我不会说。我常常不懂你说的话，也不明白你为什么说这些话？’

“他立即负疚似的问道：‘我说的话究竟有什么特别的地方？’

“‘别打断我的话！比如，’我说，‘你怜惜和热爱大地，就像怜惜和爱护自己的身体一样，而我在大地上行走觉得心安理得。我并不设想自己会成为另外一个人，我注定像现在这样生活。我想的只是工厂、业务和我的未婚妻。我担心，你跟我一起生活会感到苦闷无聊，而这种苦闷会使我们分道扬镳。你还是个孩子，你的性格还没有定型，眼下又时势艰难，大学生在闹风潮。你可能被卷进危险的政治里去，像许多人那样把自己毁了。我呢，我爱自己的未婚妻，但一想到她要到我们家来做我的妻子，我必须把自己生命的一部分交给她，我就感到害怕。你可能不喜欢我的妻子。常言道，娶进家的女人——木头里的楔子。接着就要生男育女。那你怎么办呢？这样吧，科利亚，我决定等一等再结婚，为了你不失去我……’

“他忧郁地说：‘我不愿意你为我做出牺牲。’

“他就是这么说的。但我还是不停地说呀说呀，十分恳切，结果他终于依了我。我们紧紧地互相拥抱，发誓不论生活中遇到什么情况都永不分离，任何事情都互不隐瞒。我承认，您知道这里边，除了对兄弟的真正的爱，也含有某种打算，因为我像动物园里的野兽一样在铁笼里生活了十二年，除了制造肥皂，什么也没见过，什么都不懂。我连城里也很少去，那里的事务由父亲掌管。科利亚呢，两三年之后就有希望成为化学家；此外，他还有一股不声不响的固执劲，我觉得，这个特点预示他会大有作为。他阅读内容十分严肃的书籍，甚至读外文书，谈论政治，总之，津津乐道地研究纷乱如麻的生活。可以说，生活吸引着他的思想，如同工厂吸引着我的思想一样。换句话说，科利亚对待生活就像对待自己的产业。我不想隐瞒，这有点可笑，尽管使用的词句是严肃的。我考虑，反正未婚妻是不会离开我的，因为她非常爱我，然而我却会轻易地失去比我聪明、对我们的事业大有用处的弟弟。但主要的是我爱科利亚……”

他一直闭着双眼，声音单调地讲着，像是在念圣诗。但讲到这里的时候，他睁开了眼睛——两只眼睛红红的，充满了泪水和痛苦。

“我爱他呀！”他重复说了一遍，然后喝了一杯酒，用手帕擦了擦眼睛，继续讲下去，讲得比先前生动多了。

“九月底，即戏剧演出季开始以前，我和科利亚亲密无间，坦诚交谈，生活得十分美好，令人难以忘怀，虽然科利亚的同学开始常来看他。其中有一个叫波戈莫洛夫，是师专的医科学生。这个小伙子很笨拙，有点粗鲁，大嗓门，您要知道，他聪明得简直令人讨厌。有的人，通俗图书代替了灵魂，他就是这种人。我头一次见到他就不喜欢，因为他一来就大谈自由，而自由，先生，只不过是虚假的幻想。自从父亲死后，工厂一开工，我的生活走上了无法躲避的道路，我立刻就感受到了这一点。父亲在世的时候，我虽然受他支配，却比较自由；父亲一死，我才明白，自由加在我身上的是为灵魂的每一声叹息担负无法忍受的责任。波戈莫洛夫先生却断言和宣称，人是完全自由的，只为自我而存在，人是一个圆圈，一切起点和终点都汇合在一起，整个世界、整个生活皆由人主宰，出于人的心田。这显然是一派胡言。对于上帝，波戈莫洛夫先生却与自己的姓氏相反，并不信仰。[①]他的全部空论较之雨燕的飞翔更无目的，雨燕在地面上空飞来飞去，忙着捕捉看不见的小虫，因而也有它的目的。我当然试图向波戈莫洛夫先生证明，他所说的自由是彻头彻尾的无目的性。但他是牧师的儿子，比我更善于说教，自然把我逼得无言对答。我觉得，他对科利亚是个危险人物。在这个留着长发、居心叵测的牧师的儿子身边，窄胸、纤细、面带少女红晕的科利亚变得更加年轻和无力自卫；科利亚信赖地恭听他关于自由的高谈阔论。我当时已经预感到，人即使在

---

① 波戈莫洛夫，在俄语中是祈祷上帝的意思。

梦里也是不自由的，连石头的静止不动也并不就是自由，因为石头也只能存在到被磨成沙粒的时候为止。每个人都是各种生活境遇的奴隶和俘虏，魔鬼是憎恨的奴隶，上帝——如果存在的话——则是人的理智所无法理解的行为的奴隶。这就是我对自由的看法！”

讲故事人的这一席话充满讥讽愤怒的语调，似乎使一股干燥刺鼻的尘土在房间里弥漫开来。我从他说的每一个字里，都感到他扬扬得意的自信，因为生活慷慨地向他提供了足够数量的事实，来证明和加强他的思想图式。在这方面，生活是无比厚道仁慈的。烛光映在他棕黄色的眼珠里，化为金色的火花，发青的眼白变得温和了。他微微扬起清秀的眉毛，干枯的脸上露出了自负的沮丧神情。

“我一辈子只干过一件事，所以记得很清楚，往事历历在目，一切如写在墙上似的。”他朝角落里点了点头，继续说。

角落里的小圆桌上，青铜花瓶里插着一束干枯的花，像是用污秽的泥巴捏成的，样子很难看，经过仔细观察，我才看清楚这是花。

“除了可笑的自称尼采主义者的波戈莫洛夫，常到我们家里来的还有大学生巴甫洛夫，他是邮政局长的儿子。这一位比较讨人喜欢：瘦瘦的小个子，一副山羊脸和山羊胡子，有一种小丑的滑稽劲；为了掩饰这一点，他戴起了金丝眼镜。他总是吵吵嚷嚷，他那两只贱手碰到的一切东西——器皿和家具——都发出特别大的响声。他只会谈论戏剧，虽然思想轻浮，却常在报上发表剧评。全俄国的演员他都知道，但市立剧院的新戏班一公布，他就急得让人感到可笑。

"'Л.多勃雷宁娜是谁？'他嚷道，'不知道，从来没听说过。Л是什么？是柳鲍芙？柳德米拉？莉季娅？您怎么想？'

"演出季开始之前，他未能结识拉丽萨·安东诺芙娜，因为喝醉酒从雪橇上摔下来，在一根柱子上撞破了头。这人早就死了，但至今我还讨厌他。世界上有那么一些与众不同的小人，这种人本身似乎并不坏，但他向您心灵提示的只是坏东西。跟这种人坐在一起，您会感到，不知为什么他总是激起您身上的坏东西。总而言之，俄国有一些怪人，似乎他们生来就是专为吵吵嚷嚷干些无谓的小事。戏院周围这种人尤其多。我和科利亚买了票去看头一场戏，坐在第二排，巴甫洛夫头上扎着绷带，也勉强来了。"

这人像准备举重似的大声喘了一口气，喝了点葡萄酒，又合上眼睛，久久地把双手放在胸前；手指奇怪地颤抖着。

"演的是《哈姆雷特》。奥菲利娅出场了……"

他睁开眼睛，严肃地说：

"我必须说明，我不喜欢这个戏。这是一点一滴零售人的灵魂的买卖；是一出编得并不高明的玩弄虚假感情的把戏，或者是对那些因为比别人忠厚老实才显得可笑的人的嘲讽。在这之前，我总共只看过不到十次戏，每次离开剧院的时候，我都有这样的感觉：好像有人想欺骗我，但未能得逞。我没有注意，拉丽萨·安东诺芙娜是什么时候出场的，但听到了一个新的声音，我一瞧：奥菲利娅站在那里，用惊奇的目光看着我，脸上流露出那样一副，您知道吗，一副犹豫不决的笑容。常常有这样的情况：清晨，一缕珍珠般的阳光透过百叶窗的缝隙或窗帘射进黑暗的房间，那样活灵活现，似乎用手就能抓住这可爱的光线。此刻，我觉得拉丽萨·安东诺芙娜眼里射出的光线就是这样。她的声音圆润，深沉，虽然她用符合单恋的奥菲利娅姑娘身份的调子，胆怯而如怨如诉地在说话，但却是一个女人的声音。她面前站着无赖哈姆雷特，穿一身黑衣裳，像个吹鼓手，扮演这个角色的是当时的名演员阿亚罗夫。”

这人第一次微微一笑，露出两排洁白、整齐的牙齿。

“关于这个阿亚罗夫，我记得一段辛辣的讽刺诗。”

接着他便带着咝音喃喃念道：

像一支白色的蜡烛
遇热就沮丧地融化，
阿亚罗夫登台演出，
观众就难受得要跳伏尔加！
要是扮个从故纸堆走出的国王，
那么，同被推翻的国王一起，
健全的思想也将被抛弃！

他读完诗，脸上浮起一片乌云，然后缓慢地继续小声说：

“我说不出那天晚上是什么心情，但我可以说，我似乎头一次领受了美的神圣奥秘——尽管这话是一种亵渎①。虽然这不是

① 俄文“причаститЬся”一词意为“领受圣餐”，此处用“领受美的神圣奥秘”，所以说对宗教是一种亵渎。

我说的，而是巴甫洛夫幕间休息时大声说的。总之，他说话大胆，从不考虑说话的含义。他每次到剧院看戏，就变得像个醉汉似的，那天晚上更是兴奋不已，一个劲儿用他的两只贱手抓别人的纽扣、翻领和袖子。他像是个被收买来捧场的，发狂地叫好：‘真迷人！天才！天仙一般的美人！’

“发疯那一场演完之后，他甚至流出了眼泪，然后拖着我和科利亚到拉丽萨·安东诺芙娜的化妆室去。在化妆室里，他口若悬河，滔滔不绝，还吻了她的手。总之，他的举止矫揉造作，就像他们这种人生活中习以为常的那样。我看见她同在舞台上一模一样，面带同样的笑容，两眼射出同样的光辉，她的眼睛呈淡蓝色，神情安详，深沉地微笑着，她的手干燥而灼热。

“她一边听巴甫洛夫说话，一边轻轻地笑，似乎不相信他的赞扬。

“‘您喜欢我吗？’她问道。

“我以为她在问我，正想给予恰当的回答，却听到了科利亚低微的声音：

“‘是的，很喜欢！’他说。

“这时我才意识到，一时竟把弟弟忘了，虽然我们就站在一起。这弄得我很尴尬，科利亚的赞叹则使我担心。我带他走开了。我的未婚妻——科利亚教父的女儿也在剧院里，我们便找她去了。她是位有教养的小姐，在莫斯科上过两年训练班，也是演员。她长得很可爱，健康，快活，两腮红润，特别爱吃甜食。她不喜欢拉丽萨·安东诺芙娜。她说：

“‘她是个具有独特美的女人，可她不会演戏，她在舞台上

走来走去只是为了自己，像在寻找丢失的别针。'

"这话有它对的地方，我也回想起，拉丽萨·安东诺芙娜的眼睛是常常朝下看，似乎台步走得不对，根本不看观众。这时，科利亚和我的未婚妻争论起来了。我听过许多关于女演员行为放荡的事，我想，科利亚大概快要迷上拉丽萨·安东诺芙娜了，而这需要花费很多钱买礼物送给她。"

那人像是指责我犯了什么过错似的，厉声说：

"但是，我所以这样想，不过是……为了掩盖另一个念头，是的！请注意，我们俩是在没有女人爱抚的情况下受的教育。况且，我虽然年龄已大，却是个能够约束自己的人，因为我怕染上可耻的传染病。以前街区有过一位姑娘，是个裁缝，很惹我喜欢，但不久被疯狗咬了一口，死去了。我们工厂周围时常有狗发疯。我就是这样一个人，而科利亚完全是个纯贞的童男。我应当做他的命运的向导。您明白吗？"

他闭上两眼，摇了摇头，又低声说：

"一切并非如此，并非如此……"

他沉默了片刻，然后似乎违反自己的意志，无可奈何地说：

"我和科利亚乘车回家的路上，他一直面带微笑，沉默不语。我明白，他避而不谈的，正是我想隐讳的事。回到家喝茶的时候，我们像往常一样亲切地交谈起来。我直截了当地对弟弟说，我想博取拉丽萨·安东诺芙娜的欢心，并且完全有希望获得成功。我故意使用最粗鲁的言辞，但是，我当然没有抱任何希望，也没有这样的想法。果然，不出我所料，他生起我的气来，一气之下就十分热烈地谈论起女人优美的心灵，他的话文绉绉的，有些地方还用了诗句。不用说，我嘲笑了他的用词，虽然我听了他的话很舒服，并且羡慕科利亚的口才。他气冲冲地睡觉去了。我也躺下就寝，但夜里我起来作了长时间的祷告，那时我相信，上帝是存在的，是不愿意人们不幸的。我祈祷，希望这一切——拉丽萨·安东诺芙娜，科利亚的迷恋和我心里的惶惶不安，都能像梦一样过去。我记得，那是一个月光皎洁的夜晚，狗吠得很凶……

"喏，过了一天，我们又乘车上剧院去了。拉丽萨·安东诺芙娜主演《茶花女》。这个戏使人感到不愉快。您当然知道，剧中的一切都是为了用怜悯激起人们心中的愤慨。但是，即使在这个戏里，拉丽萨·安东诺芙娜也用她无与伦比的美压倒了所有的人。在那些故意激发观众怜悯的地方，我不相信她说的话，而当她说日常普通话语的时候，我想起了我的未婚妻对她的评语：是的，拉丽萨·安东诺芙娜演戏是为了自己，而不是为了戏剧！这使我感到高兴。您知道，我喜欢她行动和言谈时的那种懒散劲。只有十分庄重、自主的人才能这样生活。我觉得，拉丽萨·安东诺芙娜不应该扮演茶花女这种女人，这有失她的尊严。科利亚惋惜地小声对我说：'这不是她的角色。她演得很乏味。'

"幕间休息时，我们和巴甫洛夫去看她，她正在换装，没让我们进化妆室去，但隔着门邀请我们到她的新居去。她在这里租了一套住房，就在对面……"

那人朝窗口把手一挥。窗外一片秋色，雨不停地下着，燃着的路灯在细密透明的雨丝中微微抖动，闪出黄色的光丝，活像一只肥大的蜘蛛。

“乔迁之日到了。我有生第一次来到从未见过的人们中间。我认识的只有警察局长马麦特库洛夫一个人，他是个骑兵，本人就像一匹老马。这里的一切都异乎寻常，比如，房间里从一个角落到另一个角落摆满了桌子，显得特别拥挤。花不是插在花瓶里，而是散乱地扔在桌布上。喏，还有许多别的事情，更不用提人们的谈话了。后来我一辈子感到惊奇的是，那些有教养的人每次聚会时都表现出狂放的思想，发表激烈的言辞，每个人都固执地力图尽快而又坚决地证明自己的见解与众不同。我不知道有什么比这些关于死亡、上帝和爱情的谈话更轻浮得令人讨厌了。十七年间，我不断听到这类淫荡的言论，但怎么也听不惯。这绝不是智慧，而是毁坏才智。叫嚷得最厉害的是巴甫洛夫，在这个拥挤的房间里，他的举止活像是主人，就像机械师在工厂里那样。那天展开了一场激烈的谈话，因为科利亚出乎我的意料也参加了进去，所以我记得很清楚。拉丽萨·安东诺芙娜坐在当中，是众人注目的中心。她坐在圣像下面的正席上，身穿深红色的连衣裙，戴着花儿，丰满诱人，像一团火。她旁边坐着滑稽演员勃拉金，一个十分虔信上帝的人，但后来发现，他原来是个恶棍。此人尊貌不扬：瘦骨嶙峋，脸色发黄，翘鼻子，两眼深陷，总之，像画上画的死人。这场谈话就是他引起的。他遗憾地说，没有一个以基督为主人公的剧本。他说：‘我非常想演基督。’拉丽萨·安东诺芙娜立即响应：‘那我来演玛利娅·玛格达丽娜！’这时，马麦特库洛夫也插了进来。他惋惜现在禁止剧院上演宗教剧，而且长时间地论证，目前正在失去对上帝信仰的人民，可以通过戏剧复活这种信仰。总而言之，他们说话毫无顾忌。

“突然，我听到了科利亚尖细而热烈的声音，他坐在离我很远的地方。他说：‘只有恶人和虚伪的人才信仰上帝。’

“这话烧灼得我那样难受，我好容易才忍耐住了。我真想嘘他一声，就这样：‘嘘——！’不言而喻，他这些不谨慎的、傲慢的话激起了极大愤慨，许多人甚至觉得受了侮辱。拉丽萨·安东诺芙娜欠起身来，问道：‘怎么？为什么？请说明！’”

“‘我说不明白，’他说，‘但我看到和感到的就是这样……’

“当然，他被嘲笑了一顿。勃拉金讲了一些关于犹太人滑稽可笑的趣闻。依我看，演员们用这类趣闻大大助长了对犹太人的迫害。而在生活中，犹太人是像盐和胡椒面一样必不可少的。我还注意到，所有喝酒的人中间，演员醉酒最令人作呕。看见专干骗人勾当的人不再装模作样，而暴露出自己真正渺小、空虚的灵魂，这事十分可笑和令人厌恶。趁他们喝足了酒，陌生人之间那种自然而然的互相监视松懈了的时候，我便向勃拉金打听：拉丽萨·安东诺芙娜是什么人？令我困惑不解的是，她相当有钱，是个女地主，她丈夫是南方的一个养羊专家，她因为酷爱戏剧同他离了婚。她演戏才一年多，她热爱自己的事业，暂时对男人很冷漠。听到这一切，我又高兴又不高兴。而勃拉金恶魔似的微笑着说：‘如果您对女人的温情有兴趣，请您注意轻松喜剧演员斯特列什涅娃，这个女人年轻、丰腴，而且承认行为自由的权利。’

“‘不，’我说，‘我对此不感兴趣，而我的弟弟……’”

"'没有关系,'他说,'她连自己的亲兄弟也不嫌弃,只要他慷慨大方……'"

一辆轿式马车冒雨从胡同里驶过,车灯的光线柔和地从淋湿的窗玻璃上掠过。然后,又传来了令人愁闷的淅沥的雨声和秋夜凄凉的噪声。黄蜘蛛似的路灯又开始编织透明的蛛网。他凝神望了望窗外,又继续用枯燥的语言轻声讲了起来,在这秋雨霏霏的天气里,给大地增添了凄凉和忧愁。

"我发现勃拉金是个恶棍,就中断了同他的谈话。但我注意到,他走到胖乎乎的斯特列什涅娃跟前,对她朝科利亚那边挤眉弄眼,而她用一朵小花打他的鼻子。科利亚呢,在那里热烈地同拉丽萨·安东诺芙娜交谈,马麦特库洛夫对他嚷道:'我真不理解那些研究政治、宗教,总之,那些研究各种问题的青年!在巴黎,青年人只是单纯地学习,单纯地相爱,总而言之,一切都非常单纯。'

"拉丽萨·安东诺芙娜坐在那里,皱着眉头,手里玩弄着扇子,脸上流露出不满的神情。巴甫洛夫摇晃着山羊脑袋,像教堂里读圣经的职员似的说:'我们俄罗斯是世界的琴神,我们对人类的每一声叹息都做出反应。'

"斯特列什涅娃挽住科利亚的手,带他到另一间房里去了。但是,乘车回家的路上,我问他:'喜欢这个快活的女人吗?'他却反感地回答说:'她是一个蠢货和不要脸的女人。而你用粗鲁的话谈论拉丽萨·安东诺芙娜,你却错了,她是个非常好的女人,她的心灵常为重大的事情担忧……'

"回到家里,他继续用异常优美的语言谈论她,我从来没听到过这样的话，我由于忌妒而感到悲伤，因为我不会用那样崇高的语言来谈女人。如果拉丽萨·安东诺芙娜听到科利亚的赞扬，她会怎样想呢？坦率地说，想到这一点，我就感到害怕。

“‘你总共才同她见了两次面。’我说。

“但是，不用说，这些话只不过是滴水洒进火堆里。总之，科利亚爱上了她。他成了剧院的常客，同时，跟尼采主义者波戈莫洛夫的关系也越来越密切了。波戈莫洛夫每天都在我们家的几间房里出出进进，抖动着他马鬃般的长发，乌鸦似的叫个不停。他常常向科利亚借钱。我每月给科利亚的花销是一百卢布。当然，我注意到，这对科利亚是不会有好结果的。”

他站起身来，走到门前停下，痴望着挂在门上的吉他足有一分多钟。

“这是拉丽萨·安东诺芙娜的乐器，不过她弹得并不好……”

然后，他把手一挥，回到桌旁，喝了一杯葡萄酒，便瘫软地坐进安乐椅里。

“我决定亲切地同他谈一次。

“‘你记得吧，’我说，‘父亲死后，我们曾起誓，在任何事情上都互不隐瞒？’

“突然我听见了一个陌生人的回答，对我充满了敌意：‘是的，我记得！我当时就猜到了，’他说，‘你想取代父亲的位置，叫我按你的规矩生活。我不愿意这样。但我当时没有足够的勇气直截了当地向你明说。现在我告诉你：我憎恶我们臭气熏天的工厂，我们的工人生活在肮脏不堪的环境里，受着毒害，我

感到羞耻。关于我们的情况，报上写的是严酷的事实。’

“他以青春的全部力量和对生活的无知，一连说了有半个钟头。他宣称，我们工厂的工人罢工的时候，他把中学毕业时父亲送给他的礼物——一块金表——卖了六百卢布，把钱交给了募捐支持罢工的波戈莫洛夫。

“这像给了我当头一棒，老板的儿子支持自己工厂工人的罢工，多么可笑。当然，这是孩子气，但毕竟……

“‘科利亚，’我说，‘你相信我对你的爱吗？’

“他说：‘我不需要爱，我要自由……’

“‘科利亚，我知道，你爱上了拉丽萨·安东诺芙娜，一切都是由此产生的……’

“‘这一点，’他说，‘除了我自己，与任何人无关。’

“这时，仅仅为了消除他为时过早的爱情，我对事实作了某种歪曲。

“‘亲爱的，’我说，‘你迟了，因为从元旦起拉丽萨·安东诺芙娜已经跟我同居了。’

“当然，这使他感到十分痛苦，他甚至猛然向后退了一步，像被拔掉了一颗牙似的。他面色苍白，惘然若失地望着我，嘴唇直哆嗦，他把一只银汤匙绕着手指弄弯了，低声说：‘不会的，撒谎。不可能！’

“但我编造了一些令人信服的细节，科利亚终于相信了我的话。他站起身，一边瞧着我，一边默默地侧着身子，歪歪斜斜地回自己房里去了。我可吓坏了：我这样做应该吗，对吗？

“发生此事已是演出季即将结束的时候了。那时，我跟拉丽萨·安东诺芙娜已相当熟识。我以尊敬的态度欣赏她不同寻常的美，但从不允许自己有放纵行为；而她把一大笔钱投入到戏班的发展事业，由我照管着不让人欺骗她，所以她很愿意听从我的建议，尊重我缜密的头脑和直爽的性格。关于科利亚的事，我决心征求一下她的意见。中午，我来到她家里，她正在喝早咖啡。我说，我年轻的弟弟爱上了她，问她对这种迷误有何想法？起初她开玩笑说：'那您，'她说，'扮演什么角色呢——是您弟弟的媒人，还是情敌？'

"但她立即把眉头一皱，一双美丽的眼睛气愤地闪闪发光。她苦恼地说，青年、老头、军人、文职人员、警察和革命者的爱情，她已经受够了。

"'您要明白，'她说，'我想认真从事自己的事业，任何人的爱情，不管什么样的爱情，都引诱不了我。'

"她盘腿坐在一张小沙发上，身穿宽大的紫红天鹅绒长衫（她特别喜欢天鹅绒），上面钉着古色古香的银质珐琅纽扣，头发披散着——她的头发又多又密，令人惊奇。她用憎恶的眼光看着我，说：'请别打扰我。我很快就要出国，夏天我将在利彼茨克演出，这段时间里您弟弟将会治好他的幼稚病。他很年轻，这种事很容易忘却。'

"于是，我感到十分宽慰。当然，我那时也已爱上拉丽萨·安东诺芙娜，但自己尚未知晓。现在我才明白，我对她是一见倾心，一下子就爱上了。这在不幸的机缘里是常有的事。总是—— 一见倾心。"

他停了下来，我利用停顿的机会问道：

“她真的很美吗？”

“难道您没看见？”他朝木架点了点头，严厉地说，然后以教训的口吻补充道：

“对于别人，可能并不怎么美，但是，情人眼里出美人……斋期的头一个星期她就走了，把自己的一切事务都托付给了我。她走了，在鲜花的簇拥下，在崇拜者们狂热的欢送下走了。

“其中有一个是检察官的同事，他满怀羡慕地对我说：

“‘您是个幸运儿。’

“我的全部幸运仅仅在于：有一次我不顾一切，斗胆吻了一下她的手。而当科利亚为她送行的时候，她却完全没有必要地吻了他的前额，并说：‘小伙子，祝您生活幸福。’

“于是，又只剩下了我和科利亚两个人了。他日夜在楼上的房里读书，他消瘦了，面带愁容。波戈莫洛夫常同他在一起。有一天晚上喝茶的时候，我问他：‘命运向我微笑了，你生气吧？’

“‘不，’他说，‘我不生气，但我感到苦恼，因为有的事我不明白……’

“我好像已对您说过了，他身上有一股固执劲，是吗？这几个月，他不知不觉地长大了，变得更坚强了。说起话来更加文质彬彬，我同他谈话越发困难了。这样，我们俩在一定程度上互相疏远起来，一直到夏天。六月间，拉丽萨·安东诺芙娜到达利彼茨克，科利亚立即动身前去找她。我在绝望中静静地度过了六个昼夜。夜间，我两鬓的头发由于恐惧而抖动。我知道我害怕什么。果然不出所料：第六天，拉丽萨·安东诺芙娜给我寄来一封信，信上字字带刺，连信纸上也散发出一股鄙视的气味。她写道：‘您弟弟告诉我，您在他面前夸口，说我是您的姘妇。请立即回答：您是否说过这话？请以诚实人的态度回答——我认为您是个诚实人。’我不能以诚实人的态度回答她。为了她，我已经抛弃了一个爱我的姑娘，我的未婚妻。由于她，我失去了对兄弟的爱，我感到我的整个生活都被破坏了，动摇了。我给她回了一封电报，只写了一个字：否。”

这人举起一只手，像证人在法庭上宣誓那样，坚定地、令人深信不疑地说：

“请您相信——我不能做出别的回答！您明白吗？我不能。”

他的发青的白眼珠湿润了，他像瞎子一样呆呆地望着我，用手指揉着嗓子，有两次像狗一样咬得牙齿咯咯作响，然后咳嗽了几声，用嘶哑的声音说：

“我想到了，预料到了，科利亚……会做出什么样的事……我想，拉丽萨·安东诺芙娜也会……比如——为他的青春所诱惑。但是，过了两天，他径直从火车站来到我的办公室，连外衣也不脱，制帽扣在后脑勺上，像个醉汉，但身子挺得笔直，像个士兵。他走到我紧跟前说：

“‘彼得，你——是个坏蛋。’

“当时，我朝他嚷道：‘你听我说，要知道我也——请你谅解我！——我也爱她。我没指望你会回来，我以为你会开枪自杀，而且——对此并不感到害怕，也不感到惋惜。但你要知道，我也爱你呀，弟弟，请你相信。如果这种魔力无法克服——我又有什么办法呢？’

“他摘掉制帽，坐了下来，两眼盯着我，脸色阴沉；我看得出，他是吓坏了，两眼绝望地眨动着。我说：

“‘你很漂亮，也比我聪明，你要爱很容易，你能够令人信服地谈论女人，你可以接近任何女人。你是用头脑的幻想在爱，而我是用整个肉体、整个心灵在爱……’

“他站起身，把办公室的门锁上，然后走到我跟前，神情严峻。我以为他要打我，可他只抓住我的一只肩膀，摇晃了一下。

“‘原来是这么回事啊？’他说，‘我明白了。但是——今后我们怎么一起生活呢？’

“我把头紧紧靠在他的手臂上，说：‘不知道……’

“但我心里已经高兴了；我感到，他比我坚强，比我好。这一点，我一直很了解，但此刻尤其清楚。我和他之间所发生的一切，有可能顺利地应付过去了。

“‘不知道，’我说，‘你比我聪明。’

“‘你为什么诽谤她，也诽谤我？’他问。

“喏，我无法说明这一点，连我自己也不明白——为什么？他在办公室里走来走去，说他需要离开一段时间，或者转到另一所大学去，但我请求他：‘不，你别这样做。有你在，我毕竟感到羞愧；你不在，我会陷入困境。她对于事务一无所知，而我又无论什么事情都不能拒绝她。’

“他微笑着问：‘但是，受了你的污辱，我现在该怎么办呢？’

“我当然求得了他的原谅。我们决定对拉丽萨·安东诺芙娜说，我是开玩笑，他误会了，于是毫无根据地发了一顿青年人的火性子脾气。

"'好吧，就这样吧。'科利亚表示同意，并且满怀兄弟之情可怜我。'唉，你呀……我没想到，你是一个这样狡猾的亚洲人。虽然——并不十分狡猾，不十分。'"

这人又像宣誓似的举起一只手，满怀深情地说：

"我弟弟是个极好的青年，是个具有伟大胸怀的正直青年！我是了解这一点的……"

窗外，雨丝仍在编织着细网，有一个溅满污泥的人影在路灯旁边停了下来，抬起一只肥胖的脚，脱下雨靴，在灯柱上磕打起来。火蜘蛛在透明的蛛网里颤抖。

讲故事人喝了点酒，分量不至于醉。然后微微挺起胸，双手交叉地紧紧抱在胸前，又用若断若续的声音继续说：

"从这以后，我和科利亚过起了像两个刚结识的人似的生活。夜间，我们常常谈论生活中的各种事情，科利亚谈的许多不寻常的忧郁想法越来越使我吃惊。他的脸消瘦了，眼窝里出现了青色的斑点，他的眼睛显得更亮了，脸上也显出一种病态的苍白。

"他谈的最多的是生活的结构形式问题，他说它像金字塔一样，基础虽然宽大，但已腐朽，不牢固了，可能会被压裂，那时一切就会轰然倒塌、崩溃。他说的时候，若有所思，不时揪弄着小胡子，面带微笑，'无论生活还是思想，都不可能有别的形式。思想也是按金字塔形状构造的：基础是大量无情斗争的事实，顶端是极小的、锐利的结论。'

"我很喜欢这些思想，认为它们是正确的，因而也就接受了。但我感到不快的是，科利亚不加争辩地赞同尼采主义者——波戈莫洛夫的观点。有一次莫尔顿同我们一道吃午饭，他是位化学家兼工厂经理，是个才智卓越的法国人！波戈莫洛夫宣扬自己那些关于自由的谬论，莫尔顿嘲笑了他，断言生活的本质在于理性。

“波戈莫洛夫非常粗暴地对他大声嚷道：‘您说的这种理性，连水獭和蚂蚁都有，这不是自由的理性，只是猴子式的适应。’

“这个牧师的儿子说话总是无礼。他那莽撞粗暴的性格，他那副生着大胡子的宽脸盘和肮脏蓬乱的头发真惹我生气，而只有他说话的声音听起来还聪明，因而科利亚总以为他说的话很明智。

“我和科利亚从不谈论拉丽萨·安东诺芙娜，只是有一次跟巴甫洛夫谈起她的时候，科利亚才说：‘她的全部禀赋就在于美，而对于舞台，她并没有真正的才华。我认为，她错了，她走的路不对。她活着感到无聊和冷漠，所以在寻找一种东西来温暖心灵。有一位教授的女儿双腿瘫痪了，这个小女孩就在一幅画着篝火的画前玩着取暖的动作。拉丽萨·安东诺芙娜也是这样，也是在想象的火堆旁取暖。’

“巴甫洛夫大嚷起来，进行争辩，焦急地走来走去。科利亚这一席聪明的话却使我感到十分高兴。我相信他。我自己没有能力判断拉丽萨·安东诺芙娜的才能，她的演出跟我毫不相干。她登台的时候，除了她本人，我什么也看不见，我只听见她那懒洋洋的声音，只注意她那婀娜的身影如在苍穹飘动。她轻盈而又那样尊严地走来走去，给大地和人们以恩赐。她的双腿骄矜、美丽而又匀称，令我赞叹。而她的两只乳房……不大，互相离得很远。”

他闭起眼睛，悲伤地摇了摇头。

“我刚才说什么来着？对了。科利亚说她走错了路，这使我感到高兴。我想，这条错误的道路可能会把她引到我的身边。她回来之后，我满怀信心地去找她，却碰到她正在生气：夏季演出不成功，她亏损了约三万卢布。我立即设法安慰她，我说，我拿她的钱做了一笔非常有利的油脂买卖，我可以给她两万七千几百卢布——我故意没说整数，以显得更真实可信。她高兴起来。钱有时也能使人高兴。

“‘不，当真吗？’她问，‘啊，您真是位好朋友。您那个发疯的弟弟过得怎样？’

“我使她相信，是科利亚弄错了，他没有理解我的玩笑。她皱起眉头，不信任地望着我的眼睛，拧住我的一只耳朵，问道：‘玩笑？是什么玩笑？’

“‘有一次，’我说，‘我告诉他，如果您同意……’

“她用手指甲掐我的耳朵，气愤地追着问：‘什么？’

“‘嫁给我。’我说。

“‘您撒谎，’她说，用力把我推开，‘不是那么回事。不是这么说的。不对，不对！我警告您，先生，跟我开玩笑不会有好结果的。我把您掐疼了吧？’

“‘没有，’我说，‘哪能……’

“‘很可惜。我可使足了劲。’她想了一会儿，又轻声说，‘你们俩都很可爱，但却都是一种古板固执的人，可惜降世迟了，真是怪人。让我们做朋友吧！但不要开玩笑，好吗？否则……’她伸出一个指头威胁说。

“她的穿着令人惊异，”这人继续说。他叹了一口气，凝视着窗外斜斜的雨丝；风把它们吹乱了，扯断了，晶莹的水珠撒到窗户和路灯上。

“不论是穿裹住脖子的紧身衣，还是身着肥大的衣服，她都好像赤着身子似的。您明白吗？是的，像裸体一般。那么骄人的体态。我甚至有点怕看她……我苦恼的是：莫非她在别人眼里也像我看到的那样？

“我回到家，科利亚问我：‘你的耳朵怎么啦？’我说：‘剪胡子的时候让剪刀碰了一下。’演出季开始了。您知道，我们的城市是座古老的商业城市，观众不喜欢演出那种剧情特别细腻的戏剧，他们喜欢俄国小戏，喜欢服装特别艳丽的戏；如果剧中人穿着短外套在舞台上晃来晃去，弄不明白谁爱什么和谁爱谁，并用枯燥乏味的台词平淡无奇地谈论这些问题，那又怎能使人消愁解闷呢？拉丽萨·安东诺芙娜刚好喜欢演这类最新的戏——霍普特曼和易卜生的戏。所以，当她的同事索斯尼娜，一个唠叨不休的人，上演《女巫》或者《玛丽·斯图亚特》的时候，观众都愿意看，但他们不喜欢拉丽萨·安东诺夫娜。虽然巴甫洛夫写文章捧她，来看她演出的只是那些想看看时髦服装的太太以及青年人。池座和包厢经常空着。她演出的时候，从来没有满过座，这使她十分气恼。

“‘在我们这个世界上，不爱是不可能的，要爱——又不会，戏剧能够培养对人、对妇女、对生活的爱。’她说。

“她生活很阔气；遇到她不演出，家里每天晚上必有来客，设晚宴，喝酒，坐三驾马车逛街。大家都像疯子似的围着她。巴甫洛夫脸色发青，咳得上气不接下气，嚷道：‘我们将像太阳一样！’抒情喜剧女演员别麦尔在唱下流歌曲，勃拉金当然又在胡说八道地谈论犹太人，马麦特库洛夫像马一样嘶叫，在那里嚷道：‘上帝，死亡，爱情！’这乱糟糟的场面真叫人不寒而栗。而拉丽萨·安东诺芙娜俨然坐在那里，不自然地勉强微笑着。我常常想起科利亚说的话：确实，一个人点燃了火堆，瞧着人们在火里燃成灰烬，自己却孤单而又寒冷。

“这样的夜晚，我对拉丽萨·安东诺芙娜的爱变得更加强烈，我真想把所有这些人都拿去熬肥皂油。我们，我和科利亚，互相监视着，就像两个想偷同一物件的贼，谁都想弄到手。我想，拉丽萨·安东诺芙娜是了解我们的。有一次，她因为苦闷喝了点酒，挑衅地问：‘怎么，可爱的两兄弟，你们不怕我把你们吃了？’

“是的，她就是这样问的。我没作声，科利亚用一个聪明的玩笑回答说：‘宁可叫母狮吃掉，不愿让家猫抓伤。’

“有时，我和科利亚同时陷入苦闷之中，互相开诚布公地问道：‘怎么样，兄弟？’接着，我们都笑了。居然——笑了。有一次，科利亚说：‘她是光影。’

“很快我们就停止了笑。有个英国人威廉·普罗克托尔来到我们的城市，他对大麻感兴趣，俄语说得不好，马麦特库洛夫把他介绍给拉丽萨·安东诺芙娜，她会英语，也会法语。于是，这个普罗克托尔像尊石像似的坐在她旁边，两只灰色的大眼睛圆溜溜地转动着。他高高的个儿，全身像铁铸的，脸晒得黝黑，鼻梁很高，把额头分成两半，身上有一股倔强劲儿。他的酒瘾很大，喝起伏特加就像小牛犊吃奶，从来不醉，只是眯起两眼。这时他的模样就像周围的人们都使他感到惊奇似的，但他不相信他们，因而不愿外露。只有一次，当很有才华的女演员索尼娅·兹万采娃给他唱了一首儿歌，他才打了个清脆的响舌，对她说：'谢谢。这胜过了我所了解的一切。'

"他吻了她的手，未向任何人告别，便匆忙走了。从这件事后，拉丽萨·安东诺芙娜变得更沉静了，她的动作里出现了一种猫儿般的温柔……喏，总而言之，您懂的……

"我弟弟科利亚的脸变得更阴郁，更消瘦了。

"'你瞧着吧，'他说，'这是猎取我们的野兽的真正猎手，他是不会落空的。'

"科利亚荒废了学业，每天睡到中午才起床，然后整天趿着鞋子在各个房间里踱来踱去，连外衣也不穿，还令人厌烦地吹着口哨。我打听到那个英国人是个牌迷，就在俱乐部里把他介绍给检察官的一个同事，大家都说他打牌玩鬼，十分狡猾。我希望他把英国人赢个精光。他真的做到了这一点。但英国人输的钱，有一部分却得由我来付。拉丽萨·安东诺芙娜把我叫去，对我说：'给我五万卢布，我给您开一张期票。'

"'好的。'她的事务，我比她本人更清楚，我当然明白她要钱干什么。不给——我办不到。假如她吩咐：'请收拾好床铺，普罗克托尔要在我这里过夜！'那我大概也会把一切准备好的。然后可能去自刎。但也可能不会。即使在这样的情况下，我也不会自杀的。我不是还活着吗？有的情况比普罗克托尔的事更糟。他很快就走了，而拉丽萨·安东诺芙娜沉浸在恼怒的忧伤之中，更起劲地纵酒作乐。科利亚也嗜酒成癖。想起这一切，我心情非常、非常痛苦，上帝啊！我劝他：‘你到国外，到彼得堡，到西伯利亚玩玩去吧。’他却说：‘让我们一道去。’

“‘亲爱的，你看得出，我没有可能去。’

“他阴郁地回答：‘天气是阴性词[①]。因此天气也变化无常。你很狡猾，你有耐性，你能够等到好天气，甚至创造好天气。’

“他激愤地、嘲讽地说开了，生气地看着我。他坐在那里，摇晃着一条腿，用口哨吹着曲子。他那样盯着我，使我感到同他在一个房间里实在憋闷。

“整个斋期，拉丽萨·安东诺芙娜都是在城里度过的，复活节又开始了演出。而复活节过后的第一个星期三夜里，科利亚在剧院公园里开枪自杀了。就在这里，在拐角那边。他跟拉丽萨·安东诺芙娜之间发生了什么事情，究竟是怎么回事，不清楚，但——毕竟发生了。自杀前夕，他到她家去过，他们一道去墓地看了巴甫洛夫的坟。是的。科利亚朝心脏开了一枪。人们把他送回家来，我像狼似的号啕痛哭起来。对于我，一切都陷入黑暗之中，我像被旋风卷进陷阱或水坑里，被旋卷着，转动着，翻腾着。我记得：科利亚嘲弄地龇着牙，他左胸部奶头下有个像蜘蛛一样的污点，没有血，什么都没有，只有一只黑蜘蛛。接着，我心头涌起一股对拉丽萨·安东诺芙娜的强烈的恨。如果她此刻出现在我面前，我真不知会做出什么事来，反

① 俄语中名词有阳性、阴性、中性之分。“天气是阴性词”，意思是指女性。

正对她不妙就是了。入夜时分，她和勃拉金一起来了。天已经很黑了，也像现在这样哗哗下着雨。我在客厅里见到了她，我对她又是叫嚷，又是跺脚，但她一声不吭，威严地用手把我推开，粗鲁地问：‘在哪里？’

“她那件像演戏用的无袖斗篷，全让雨淋湿了，从一个肩上滑下来，在地上拖着。拉丽萨·安东诺芙娜脸色白里泛青，毫无血色，眼睛闪着锐利的光芒，就像是从一个可怕的童话世界里走出来的。她在安放着我弟弟的一张沙发前双膝跪下，一只手抚摸着他的脸，另一只手画着十字，大声说：‘请原谅，我的孩子，请原谅！我不是对你说过……我的天！请原谅……’

“我也跪在她旁边，小声说：‘这是您干的。您干的事……’我说，但对她没有愤恨，只是感到非常可怕，您知道，我心里是那么空虚而又那么清楚，我看见了一切，她面部表情的每一个变化，她手指的每一个动作，我全注意到了。

“‘住口，’她说，‘您住口！’

“她同样用手抚摸了一下我的脸，好像我也是死尸。她的手在颤抖，烫得吓人，我也浑身发抖。她站起身来，走到窗前。

“‘给我拿点烈酒来！’她说。我邀请她到自己房里，可那卑鄙的骷髅似的勃拉金，也跟着我们，他擦着眼镜，似乎刚才什么事也没发生，我吩咐仆人拿酒和茶来。先生，就从这天夜里起，开始了完全不可思议的生活。她喝了一大杯波尔特温酒，接着又喝了掺白兰地的茶，立即满脸绯红，两眼闪出更加炽烈的光芒。她那双眼睛，从照片上也可以看得出来，带着冷漠的嘲讽神情。她令人压抑地、粗鲁地说开了。我怎么也没料到，一个有教养的、漂亮的女人竟能说出这样赤裸裸的、惊心动魄的话来。

"'瞧，'她说，'这个可爱的、聪明的孩子自杀了，因为我没有迁就他的愿望。但是，我有什么办法？难道我应当百依百顺地委身于每一个想得到我的人？委身于等待这种时刻已经两年多的勃拉金？委身于您？当然，您也希望看见我躺在您的床上。但是，请听我说，上帝赐给我美，难道我就得把它交给每一个想得到我的人，即使我讨厌他？'

"听了她这一席话，您知道，我羞愧和害怕得摇晃了一下身子。可怕的是，我知道她说的是实话。她的话向我披露了她的生活的另一方面，非常艰难的一面。而勃拉金，也喝了点酒，他那瘦削的脸孔抽搐着，说：'拉丽萨奇卡，我不喜欢悲剧，不相信悲剧。一切都非常简单。一个有钱的大学生开枪自杀了，这没有什么。他和圣徒们一道安息了，而对于您——则是一次广告。'

"我一把揪住他的领子，想揍他一顿，但拉丽萨·安东诺芙娜拉开了我的手，似乎我是个软弱无力的孩子。

"'别理他，'她说，'他是个坏蛋。很有才华，却是个坏蛋。也许，正因为如此，才有点才华。好人是很少有才的。'

"勃拉金这个下流胚竟同意她的看法：'这是真的。我只在舞台上才装成好人，这一直使我自己感到可笑，正因为如此观众才发笑。观众喜欢看到，美好的东西可笑而又可怜……'

"而拉丽萨·安东诺芙娜绝望地说：'我有一个目的，我要从舞台上驱逐庸俗，扫除陈腐的垃圾，表现当代妇女的心灵。

她们在许多方面超过了自身，她们不知道究竟该怎样对待自己。爱情、母性对于她们是不够的，她们身上还有某种别的东西。究竟是什么？我不知道。但是——的确存在着某种东西。'

"这些话，我后来听说过上千遍，上千遍！

"'我很困难，'她说，'我非常困难！在舞台上，我仍然是个外人。人们挡着我的路，妨碍我生活、工作，拖我的腿，还有——把尸体横在我的面前……您的科利亚很聪明、可爱，可是我不需要任何人，不需要！'

"她一边说，一边不停地喝酒，像要浇灭心头的烈火。勃拉金也喝，我也喝。我喝得流出了眼泪，我可怜拉丽萨·安东诺芙娜，可怜自己，可怜科利亚。但特别可怜她，我跪在她的面前说，我可以一辈子像狗一样为她服务，一辈子。而她抚摸着我的头发，表示同意。'是的，'她说，'彼得鲁沙，我知道您有一颗狗一样忠实、正直的心。'

"啊！ 我的天，我的天啊……"

摆炉子的角落里什么东西在沙沙作响。他叹了口气，摇晃了一下，端起融化的蜡烛，朝角落照了照。

"那里有一只老鼠，天天这个时候开始闹腾……弄得乱响。"

然后，他久久凝望着窗外，雨仍在不停地编织斜线的网，把路灯的火花笼罩了起来。一个个半球形的东西在暗淡的光线下浮动着——这是人们打着雨伞从剧院里出来。

有人在窗下嚷道："不，我不。"

"那个夜晚，我以真正的、一厢情愿的爱情爱上了拉丽萨·安东诺芙娜。夏天，她在梁赞城近郊奥卡河畔租了一所别

墅，我常到她那里去。我看到：她一如平常，生活在喧嚷忙乱之中，形形色色不熟识的人在追求她。我问她：‘他们妨碍您吗？’

“‘是的，’她说，‘所有的人都妨碍我，帮助我生活的只有一个人，这就是您，彼得鲁沙。’

“当然，她这些话使我像过节一般高兴。而她是不吝惜词句的，这就更紧紧地把我绑在她的身边。总的说来，她是慷慨大度的。令人不解的是：她并不善良，但不吝惜亲热的话语，花钱也挥金如土，因此很需要有人关照，以防被各类靠诉说自己的不幸而获取资助的狡诈之徒把她掠夺一空。她给人施舍的时候，脸上带着那样一副笑容，即使我是个叫花子，也不会伸手向她乞讨十个戈比。她鄙视人们，尤其厌恶那些倒霉失意的人。有时，她听到别人抱怨生活，突然会两眼露出微笑，眯缝起来，说道：‘唉，我们多么不幸啊！’

“这些话像雪堆似的压到我的身上，由于害怕受到她的鄙视，我在她面前只字不提自己的不幸，只是在为她操劳和担心之中汲取生活的欢乐。她总是像接待亲人那样和蔼可亲地接待我，向熟人介绍我的时候，总是庄重地说：‘请爱他，这是我无私的朋友。’

“人们呢，当然以为她跟我同居了。是的，‘请爱他’。喜剧女演员索尼娅·兹万采娃真的爱上了我。她是个模样漂亮、富有才华、善良而又十分快活的女人；她同拉丽萨·安东诺芙娜住在一起。我跟她坐在奥卡河畔的花园里，欣赏晚霞。那是个炎热的傍晚，空中飘着浓郁的芳香，椴树开花了。索尼娅拿起

一支烟，问我：‘怎么样，彼得鲁沙，您很不好受吧，可怜的骑士？’

“‘不，’我说，‘没有什么。’我害怕说实话，因为我知道，一说起来——我就要抱怨拉丽萨·安东诺芙娜。

“‘得啦，亲爱的，’她说，‘难道我看不见吗？我已经观察两年多了。请恕我直说：

你白白地转来转去，孩子，
徒劳地东奔西走，
你什么也不会得到，
只会活活地把自己毁掉！’

“‘而我，’她说，‘在爱着您，虽然女人先说这话有失体面。我爱您。非常爱您。因为我看到，您多么善于爱，我以女人和母亲的美好的怜悯之心怜悯您。’

“我感到难为情，站起身来——真想跳河！而河水，您知道，流呀，流呀，像我的生活一样混浊。索尼娅眼里含着泪水，但却笑着说：‘我爱您爱得心痛，像个小姑娘。就这样爱……’

“我非常愚蠢地说：‘谢谢您，只是……’

“‘嗤！’她小声地说，伸出一只手，像要推开我，‘您走吧。但是，万一有什么事，请记住，世界上有一个人朴朴实实、全心全意地在爱着您，丝毫没有别的打算。而拉丽萨·安东诺芙娜的心已被她的聪明吃掉了……’

“她要是不说最后那句关于拉丽萨·安东诺芙娜的话，这一切本来是会极好的，虽然也叫人伤心。我感到受了委屈。拉丽萨·安东诺芙娜的心，我可能不了解，但我酷爱并感觉到它。而现在，有一个人出于竞争和忌妒，竟想要毁灭这颗亲爱的心。我冷淡地向她鞠了个躬，便到树林里去了，留下兹万采娃一人在那里抽烟。一阵强烈的苦恼揪住了我的心，不管您是否相信，我一辈子第一次哭了。我全身颤抖，我哭着，我明白自己也许放弃了唯一可能的幸福。我也为拉丽萨·安东诺芙娜抱屈。在这种状态下，我不小心坐到一个蚂蚁窝上，被蚂蚁咬了。挨了咬，我还不明白是怎么回事，仍旧坐在那里。后来，我不得不到河里去洗澡，把外衣和内衣抖了又抖。我在河边溜达了整整一夜，我的心灵深处，您知道，就像一片烧得焦黑的火场，我的全部精力都耗尽了。早晨，吃过早饭，拉丽萨·安东诺芙娜把我叫到跟前，毫不客气地说：'为了您，索菲娅在我面前演了一场悲剧，演得非常糟，这不是她的角色。您拒绝她的求婚是相当愚蠢的，但这是您的事。如果您，先生，在她的面前抱怨我，那就是三倍的愚蠢，但这是我的事。您抱怨了吗？'

"'我连想都没想。'我说。

"她望了望我，露出一种刺痛人心的微笑。

"'看来，'她说，'是实话。告诉您，先生，您不要从我这里期待什么，您我之间永远不会发生任何罗曼司，这一点您要牢牢记住。最后，您拒绝了索菲娅，我总的说来感到高兴，既为我自己，也为她高兴。她跟您在一起很快就会感到烦闷无聊的。而我没有您会感到不方便。您瞧，我是一头怎样的野兽？'

"那天，她穿着白色挑花连衣裙，白皙的皮肤透过花纹露了出来——让人看着都刺眼。她全身素洁，袜子和鞋都是白的，栗色的头发如冠冕戴在头上，眼睛气愤而又讥讽地微笑着。她躺在卧榻上，一只脚上的鞋子掉了，脚后跟圆圆的，像个苹果。房间里阳光灿烂，鲜花艳丽，在鲜花的衬托和阳光映照之下，她美得无法形容。先生，女人的美是一种可怕的力量……

“我记起了科利亚的话：‘光影……’

“她沉默了片刻，然后沉思地说：‘彼得鲁沙，您不了解，索菲娅多么富有才华。她的才能无处施展，没有适合她演的剧本。我要是有她的一半才华就好了！而她却想做肥皂厂老板的妻子。您听我的话，扔了您的肥皂吧，您要它有什么用？’

“‘好的。’我说。

“工厂对于我确实没有必要，我已经知道，我将孤独地过一辈子。回到家里，我建议经理莫尔顿找个买主。他惊讶，发怒，任谁也不卖，他自己要买下来。他当真这么办了，我以对他十分有利的价钱将肥皂厂卖给了他，他是个可尊敬的人。随后，我到梁赞去了，拉丽萨·安东诺芙娜正在那里演出。我找了一家旅馆住下。从此开始了我的新生活十二年来，我就过着这种颠沛流离的生活，十二年呀，先生！要习惯这种漂泊不定、游手好闲，这种茨冈人式的生活方式，习惯各种肮脏的旅馆和带家具出租的房间，习惯永远生活在陌生人和外人中间，真困难啊！我像一粒谷子，被命运投进磨盘里跟沙子一起碾磨。俄罗斯有多少人不知为了什么要活着——我好像对您说过，在戏剧这骗人的行当周围，这类人最多。因为戏剧——是彻头彻尾的欺骗。拉丽萨·安东诺芙娜演得真实，演得赤裸裸，毫无渲染夸张，连说最富于戏剧性的台词也是如此；观众不相信她，而别的女演员用那些漂亮虚假的言辞，却能博得观众由衷的喝彩和同情的眼泪。我自己也要说，拉丽萨·安东诺芙娜演得不能引人入胜，虽然，除了音乐之外，我不喜欢也不懂任何表演。拉丽萨·安东诺芙娜扮演的是好人，还是坏人？——是很难理解的。而观众要求一看就明白，他们更喜欢说话，而不喜欢思考。这也是合乎情理的：人人都想把生活简单化，对于我们每一个人，母鸡比燕子更容易了解得多。而拉丽萨·安东诺芙娜的质朴是难以猜度的，尽管人们赞叹她的美，她却未能获得成功。她当然也看出了这一点，这使她痛苦；我注意到，她越来越鄙视人们了。有时，她喝了点酒，用拳头敲着桌子，两眼闪闪发光，自我安慰地说：'你们撒谎，畜生，我要叫你们理解我，一定要叫你们理解。戏剧——不是游戏……'

"我无限地怜悯她；她生气了，我就在心里默默劝说：'扔掉这一切吧，别在蠢猪面前抛撒您心灵的珠宝了。'

"我祈祷：上帝啊，把她从这条路上推开吧！ 她却固执己见：'我一定要叫他们喜欢我。'

"在这个词的通常的龌龊意义上，每一个演出季，在每一座城市里，她当然都为人们所爱。看见那些中学生、大学生和成年老练的色鬼假装出来的激动，我感到可笑而又痛苦；看见那些耷拉着嘴唇的老狗，镶着一排假牙，气喘吁吁地转来转去，吠叫着，流着情欲的馋涎，实在叫人厌恶。还有那狂饮！她越发习惯于纵酒作乐，越喝越多了，但酒对她几乎毫无影响。她十分健壮，只是脸色绯红，瞳孔扩大，更讥讽地眯起两眼，目光像刀一样刺人。她的语言也冷酷无情，有时说话那样粗鲁无礼，简直如同扇人耳光。赫尔松有一个检察官，厚颜无耻地追求她，纠缠不已。此人谄媚阿谀，衣冠楚楚，长着一副狐狸相，两手冰凉像死人；他喜欢说法语，总是重复下面几行诗：

我是一把刀子，
又是一处伤口，
是挨过耳光的面颊，
又是打人的手。
我这个温顺的受害者——
却有一颗暴君般狠毒的心……

“有一次吃晚饭的时候，他吻了她的手，拉丽萨·安东诺芙娜嫌恶地用手帕擦了擦他吻过的地方，冷酷地大声问：‘您伤风了吧？’

“他脸色发青，像受了强烈光线的刺激，直眨眼睛。

“有时，她说的话比这还要糟糕，刺耳的、甚至不成体统的言辞她也毫不在乎，这些话从她嘴里说出来显得特别尖刻。她对那些崇拜者的态度是挑衅的，变化无常的，她非常喜欢从中挑逗他们争吵。在明斯克，一个副省长和一个工厂老板同时追求她，她把他们挑逗得发生了一件轰动全城的丑闻，连首都的各家报纸都报道了这件事。在那里，她迷上了乐队的大提琴手，一个犹太小伙子，但不久就吩咐我给他助学金，打发他到维也纳学习去了。是的，我忘了说，那个滑稽演员勃拉金在吊灯的挂钩上吊死了，自杀前给拉丽萨·安东诺芙娜和我都寄来了卑鄙下流的信。他活着是个坏蛋，死也不会体面地死……还想演基督呢，哼——哼！ 您知道，我常常发现：一个人越卑鄙，就越想扮演高尚的角色。有些人竟然能做到这一点……您想再喝点葡萄酒吗？”

他站起来，在炉旁的角落里弯下身去取酒。他说：

“我这酒很好，是她喜欢喝的，圣埃斯特普的特产。当年，我直接从法国订购这种酒。”

他小心地打开两瓶，一瓶摆在我面前，自己从另一瓶里斟了满满一杯，闭起眼睛，他的喉头不停地颤动着，慢慢地咽了下去。然后，他用手帕擦了擦嘴，继续从容不迫地、温和地小声说着，像念一首对神的赞美词：

“她常常迷恋于爱情，但是，您知道，这种迷恋总有点突如其来而又匆匆忙忙，似乎是在履行对天性的义务。在坦波夫，典狱官和一个军官为她争风吃醋而打起来，决斗了一场，典狱官受了伤，而这两个人她都拒绝接待，以至没等演出季结束，就跟一个地主住进了他的庄园。这个地主专干发掘古墓的勾当，为人古怪、笨拙、平庸，总是满脸堆笑。一般来说，她对古怪人容易产生兴趣。她在地主家里住了二十六天。我总是准确计算她罗曼司的日期，连我自己也不知道为什么，也许我想，有一天我要提醒她这一切的。要知道，我也是个人呀，在这些日子里，我盼望将来能报复她，我用这个念头安慰着自己。

“有时我发现：拉丽萨·安东诺芙娜在用特殊的、审视的眼光观察一个人，我就知道，她又要开始另有新欢了。我从来没错过。于是，我不再到她那里去了。夜间，我把牙齿咬得咯咯响，心想：要不要把她毒死？在所有的城市里，我都被人们嘲笑。但是，她一摆脱了别人，我又跟随在她的身旁，事事俯首听命。我当然愁眉苦脸，而她用一个手指指着我，威胁说：'彼得鲁沙，别胡闹。'

"有一次，我喝了点酒，按捺不住地问她：'您把人变成了狗，难道不感到害臊吗？'

"她目不转睛地看了看我，长叹了一声，回答说：'您未必是人。'

"这一声叹息使我大为吃惊，简直像是给了我一种安慰，我变得更有耐性了。有一次，她迷上了一个作家，这人写剧本，是个傲慢无礼的家伙。吃晚饭的时候，他大概在桌子底下掐了她一下，她跳起来说：

"'彼得鲁沙，这位先生该回家找老婆了，把他送走。'

"于是，您知道，我就不很礼貌地把他送走了。他是个好吹牛的人。我见过几个作家，他们全都像演员一样，身上有一种女人气质，虚假而又矫揉造作。他们全都像走绳索的，小心翼翼地迈着步子，极力保持平衡，想逢迎讨好每一个人。

"就这样，我在拉丽萨·安东诺芙娜身边过了五年茨冈人的生活，在胡闹的喧嚷、琐碎的事务和想入非非中度过了五年。第六年，在托木斯克，我开始了另一种生活，究竟更好还是更坏，我说不上来。西伯利亚人粗鲁、凶恶，但拉丽萨·安东诺芙娜在那里演娜拉演得很成功，博得了青年的喜爱。西伯利亚人把她围了起来，像狗熊似的坐在她四周，吧嗒着嘴，贪婪地盯着她。他们送给她毛皮，带她骑马游玩，总之，闹得乌烟瘴气，连我这个沉着审慎的人也弄得精疲力竭，头昏目眩。拉丽萨·安东诺芙娜却心情舒畅，神采焕发，甚至变得更美了。

“我突然得知，有两个富人打赌：看谁在新年前能制服她？我邀请他们到饭店的一个单间来吃午饭，我带了一支勃朗宁手枪，因为，您知道，那是西伯利亚，而我几乎每天夜里都很晚才回家。于是，我对两个色鬼说：‘请放弃你们打的赌，不许你们再打扰拉丽萨·安东诺芙娜。我没有理由怜惜自己，我要是发现你们不听我的劝告，我就打碎你们的脑袋。’开头，他们想向我猛扑过来，但我亮出了枪，把他们吓退了，那时他们才明白我是当真的。

“‘喏，’他们说，‘好吧。’他们想灌醉我，但没有办到，自己倒喝醉了。其中的一个长得瘦削，留着大胡子，活像苦行圣徒的圣像，生着两只强盗眼；另一个胖乎乎的，满脸通红，脏话不绝口。大胡子喝得醉醺醺的，硬把宝石戒指塞给我，劝我收下这礼物。这一切本来会顺利过去，但不幸的是，拉丽萨·安东诺芙娜知道了打赌的事。我见过她发怒，但气成这种样子，却是头一次！她背朝我站着，望着窗外的暴风雪，然后缓慢地、沉重地向我转过身来——我看见一副完全陌生的面孔，凶得怕人。她命令我：‘叫这两个畜生来吃晚饭！’

“晚饭开始了。我们围着桌子坐着，一共四个人。拉丽萨·安东诺芙娜穿得很漂亮，态度殷勤，开着玩笑，但玩笑中间突然说道：‘顺便说一句，我今天请二位来是要对你们说：你们两个都是坏蛋。’他们哈哈大笑，显然以为还是在开玩笑，而拉丽萨·安东诺芙娜却训斥起他们来了，训得他们面红耳赤，简直想要揍她一顿。于是我立刻把他们赶走了。她站在房间正中，使劲用两手揉搓着脸，像看陌生人似的看着我。

“‘您也走吧，’她说，‘走开。’

“我真怕把她一个人留下，但又不敢违命，只好走了。大约过了一个星期，她再次演出的时候，剧院楼座有人打起了呼哨。楼上吹口哨，楼下嘘他们，一片吵嚷声、谩骂声和女人发出的刺耳尖叫声。她勉强演完一幕，我跑到她的化妆室里，见她镇静地坐在那里对着镜子搽粉。她问我：‘这一定是他们搞的鬼吧？’

“‘不知道，但八成是。’我说。这时，一群观众涌进了化妆室，向她表示遗憾，表示抱歉，吻她的手。她宽厚地微笑着，但两眼惊惶失措地、疯狂地闪着光芒。下一场戏，又是呼哨声、吵嚷声，演出休息时有人打起来了，警察进行了干预。第二天，警察局长——一个酒鬼和粗暴的家伙来找她。我不知道，他究竟对她说了些什么话。但当晚她就向我宣布，她要到彼尔姆去，她的班主在那里经营一个剧院。于是我们就乘车出发了。当我坐在她包厢里的时候，她对我说：‘怎么，彼得鲁沙，您可怜我了？事情弄到让您可怜我的地步，真太糟糕了。’她又怀着那样一种恐惧心情小声问我：‘难道我真的没有才能，真的是个失败者？难道我真不能战胜人们？请告诉我实情。’

“实情我知道，但是——我不敢说，如果说了，她会把我……我千方百计安慰她，可她总在说，总在问：‘我不幸的原因在哪里？’

“车轮滚滚，窗外一切都在移动，在颠簸。她望着窗外，小声说：‘我在堕落，我在堕落……’

“她从未用这么悲戚的调子说过话。当然，她抱怨自己不是没有原因的：她演戏已十多年了，但声誉不大，没有人邀请她去大都会演出，我跟着她在偏僻的小镇奔波，而且她的钱也用光了。只有美丽、清新的容颜像永远长在她身上似的，一如既往……”

讲故事人停住了，似乎窒息了。他松开握着的手，莫名其妙地晃了一下，然后用手指紧紧抓住安乐椅的扶手，身子微微向前倾斜，望着窗外浑浊、潮湿的光点——为雨的丝网所笼罩的蛋白石色的灯泡。约两分钟之久，他睁大眼睛，谛听着滴答、淅沥的雨声和那下水槽里哗哗的流水声。他再接下去讲的时候，瘦削的、灰色的脸盘儿显得更尖削了。

“我们来到彼尔姆。城市上空一片漆黑，风雪迷漫，怒吼声、咆哮声、哀号声交织在一起，热闹极了。你好像不是在地上行走，而是被风卷离了人间，乘风驾云，不知被携向何方。这令人苦闷的吼声一连持续了三天三夜。有一天晚上，拉丽萨·安东诺芙娜邀我去喝茶；我去了，见她孤苦伶仃地独自坐在桌旁，身着肥大的深红镶金长裙，披散着头发，像位少女，而她已经快四十岁了。她坐在那里，温柔而安详。这几天她消瘦了。

“‘您，我亲爱的朋友，’她说，‘我可怜的朋友，没有您——我的保姆，我会糟糕的。因为您这样无私地爱我，我把您的整个一生都毁掉了，是吧？都毁了吗？’

“我——忍耐不住了，她从没有这样跟我说过话，我跪下来，吻着她的脚，喃喃地说：‘您毁掉了，是的……’

“她抚摸着我的头，小声说：‘无法挽回了吗？’她的热泪滴在我的脖子上。就这样，您知道，我第一次占有了她，这更加深了我的不幸。我清醒过来，看见她半裸着身子坐在床上，正在戴胸罩，脸色平静，我听见了她沉思的声音：‘喏，我们也算结婚了。跟我在一起好吗？现在我们来喝茶吧。香槟酒也要一点……’

“一股死一般的寒冷，您知道，流遍我的全身，我扑倒在她的脚旁，吼叫，狂喊：‘您不爱我，您不喜欢我……’

“她跳了起来，在房里跑来跑去，用拳头捶着胸膛，气喘吁吁地小声说：‘亲爱的，我亲爱的，但是——如果没有爱……如果我没有爱——我有什么办法。您要知道——没有。’

“我的天啊，这一点我倒是明白了，但这一点也把我击倒在地。我坐在地板上，东摇西晃，她流着泪，在房间里踱来踱去，围着我转，她的裸露的肉体对我闪着冰冷的光……

“她嚷道：‘我把自己心灵深处的爱一点一点撒掉，让那些白痴开心！’

“我央求她：‘扔掉舞台吧，让我们一起到国外去，我有的是钱，看在上帝的份上，可怜可怜您自己吧。’

“‘不，我不能，’她说，‘我不能！我不相信我没有才华。但您必须离开，您已经够伤心、够痛苦了。您走吧，现在还不迟。出自怜悯——是不可能爱的，出自怜悯的爱是凌辱人的。您是位善良的、极好的朋友，但跟我在一起您会毁灭的，我会

把您折磨死的……'

"她说了很久，说得非常高尚，非常恳切，但当然都是些蠢话，都是办不到的。我扶她在沙发上坐下，自己坐在她脚旁的地板上，对她说：'我绝不离开您到任何地方去，我不能。您可以随意生活下去，我将在您的身边。'

"她又要吻我，但我说：'不必了，请别勉强您自己。'她哭得多么厉害，我的天啊……"

讲故事的人自己也哭了起来；几颗小小的泪珠顺着黄色的脸颊慢慢地流到胡子里。他摇了摇头，也不擦拭泪痕斑斑的面颊，费力地说：

"这以后我又整整跟随了她七年。好像有个魔鬼无形地站在我俩之间。抓着我们的手，但又不放她到我身边，故意嘲弄我似的。要述说我忍受了多少痛苦是不可能的，也是叫人羞耻的！她也同样痛苦，而且不亚于我。她在剧院里的处境越来越不顺利。拉丽萨·安东诺芙娜跟剧院的同事们不和，他们经常策划各种阴谋排斥她。现在这一切更变本加厉了，大概因为她对他们的态度变得温和了，失去了自己的威严和昔日对他们的藐视。生活中有这样一条规律：跟您越疏远的人越好，跟您越接近的人越坏。勃拉金说过：'别让女人坐在你腿上，否则，她就要骑到你的脖子上。'这句话普遍适用于一切人。男演员当然都爱上了拉丽萨·安东诺芙娜；女演员们则忌妒她，恨她。人所共知，没有比造谣诽谤更容易的事了。从前，拉丽萨·安东诺芙娜善于不让人们接近自己，她生活着，既不忌妒任何人，也不炫耀自己的任何东西，无论是自己的智慧，还是自己良好的教养。现在我发现，她由于失去了自信，渐渐开始炫耀和自夸起来。例如，她讲述自己在某个城市获得怎样的成功，但我知道，在那里她并非如此。演员们当然也了解这一点，虽然他们自己都是吹牛大王，但却对她进行嘲笑。她把我给她的礼物让他们看，说是观众送的。她编造说，斯坦尼斯拉夫斯基[①]本人曾恳切地邀请她到莫斯科并在他的剧院演出。而实际上根本没有这么回事。没有……

“她开始向人们显示她的智慧，夸耀所受的教育。再加上有个医生在一旁怂恿她。这医生是个怪人，看来也是入了邪路的。他个子矮小，体态匀称，穿着整洁，甚至有点不大像俄罗斯人。他穿着件式样新奇的外套，虽然两鬓斑白，却像个青年。科利亚到他这样的年纪大概也会是这个样子。这个医生蓄着平头，戴一副眼镜，一双安详的黑眼睛负疚似的微笑着。有一次拉丽萨·安东诺芙娜感到不舒服，请他前来看病，就在她身边抛了锚，天天待在她那里。我弄不明白他凶恶还是善良，但他表情忧伤，因此他说话才那样尖酸吧？他的话总使人感到不舒服，但似乎是迫不得已才说的，并非出自本意，所以并不使人感到受了侮辱。拉丽萨·安东诺芙娜向他讲述了自己的病情，他说：‘这是我们难为情地称之为“老年美”的可悲的、讨厌事情快降临到您身上了……’

“‘我们大家都是英雄，’他说，‘因为我们都善于忘记我们都是注定要死去的。我们的生活是一幕凄凉的悲剧，尽管它充

① 斯坦尼斯拉夫斯基（1863—1938），俄罗斯和苏联著名导演、教育家、戏剧理论家。

满了令人惬意的欢乐。’

“关于爱情，他说的话使拉丽萨·安东诺芙娜感到十分难堪。他说：‘对女人的爱，就像上帝的可悲行为一样：上帝曾经想从空虚缥缈中创造美好的世界，但终究归于徒然。’

“看起来，拉丽萨·安东诺芙娜一定会生气的，——她哪能算得上什么空虚，什么缥缈？但是她一点也没有生气，这使我感到十分惊奇。他们整夜整夜地交谈，我很快就发现，拉丽萨·安东诺芙娜跟医生同居了。不言而喻，这对我是痛苦的，要知道，我仍然没失去以顽强的毅力赢得她的爱情的希望，但医生并没有使我感到讨厌，我甚至同他更要好了。他非常直爽，有一次他对我说：‘我知道，我喝的是您的酒，吻的是您的女人。’

“‘不对，’我回答，‘女人不属于我，而属于她自己的不幸。’

“他凝神看了看我，用像朗诵诗一样的语言说（他喜欢用诗句说话）：‘你是否知道：

命运感到我们会屈服于它，
以致变本加厉地压迫我们？’

“‘我看得出，拉丽萨·安东诺芙娜跟您在一起很愉快，这就谢天谢地了。’

“‘您是个与众不同的人。’他说。

“‘您也一样。’我回答说。

“我们互相对视了一会儿，接着都笑了。我们一起去喝酒，他的酒量颇大。拉丽萨·安东诺芙娜跟他一起确实很愉快，酒喝得少了，待在家里的时候多了，心绪变得更平静了。

“她同医生的谈话的确是意义重大的、严肃的，虽然他们两人探讨的仍然是那些平凡的思想：关于上帝，关于死亡和爱情。而且，您知道，有时谈得那样深奥，连我都感到害怕——好像已经不是两个人在说话，而是……我不知道拿什么比喻。似乎没有人，只有两个超然物外的声音在夜的空虚寂静中辩论。他们的看法并不一致，但谈得很和谐，都注意倾听对方的见解。医生断言，人生就像一颗射向未知目标的子弹的飞行——即弹道。他说，生活中并不包含任何崇高的意义。这些早已被人们摒弃的话，多少使我想起了科利亚。拉丽萨·安东诺芙娜则坚定不移地论证，生活中隐藏着极其崇高的意义，但只有女人才能感觉得到，因为女人是一切愿望和强烈情感，包括恶劣情感的激发者。由于我对拉丽萨·安东诺芙娜的不可驯服的骄傲心灵的爱，我把她的一些思想当作了尽善尽美的真理。例如，我记得她说过：‘女人能够理解男人永远不可能理解的东西：女人能感到新的生命在自己的肌体内产生，她是世界上各种力量更新的永恒源泉。她还看到，最美好的思想由她点燃，人们为了她去建树功勋，一切美和诗都来源于她，如果没有女人，你们就会只关心食欲，过着野兽般的生活。世界上没有比女人更坚强和更容易理解的东西，除了女人，你们就没有东西可以依靠。’

“有一次，她说：‘母性升天的时候总比父亲们更平静，因

为母性能够意识到生命的连续性。'

"医生冷冷一笑，说：'畜生死的时候比女人更平静。'

"说到这里，他们争吵起来。有时，拉丽萨·安东诺芙娜心里有一种东西像旋风似的爆发出来，我和医生就如两粒灰尘赶紧躲开她。这种情况总是突如其来，无缘无故的，有时只不过为了几句话。我记得，有一次，我们三人坐在那里，拉丽萨·安东诺芙娜沉默着，我在讲述我的莫斯科之行。突然间，医生小声地说：'罪犯和女人能够听见人们对他们的想法……'

"她气得多厉害啊！似乎这些话灼伤了她。接着就狂饮了三天，然后卧床不起，她犯了心脏病。

"医生有肺病，不久就到瑞士去了。喏，这一下可真是发疯了——拉丽萨·安东诺芙娜像是从山上往下奔跑，追赶自己的青春。我发现，许多女人都有这种情形：她们一到四十岁，一到更年期，便鬼迷了心窍，忘掉了羞耻，恨不得要一年吃掉一辈子没有吃完的东西，真可怜。拉丽萨·安东诺芙娜也是这样：一些毛孩子、她过去看不起的演员、斜眼的大学生都围着她转，他们都激动不已，汗流满面，互相尖声对骂。大约一个月期间，她竟然有了两个情夫：一个是演唱滑稽歌曲的演员，另一个是写诗的大学生。大学生自诩是天才的诗人，狂称普希金为'纨绔子弟'。演唱滑稽歌曲的演员当然也夸耀自己的胜利。我照着他刮得溜光的脸上打了一记耳光，又给了他五千卢布，对他说：'离开这里，蠢货，到卡卢加去！'我故意选了一个比较差的无聊的小城。他就走了……

"这是我一生中最痛苦的年代。有时我从她那里出来，像守卫宝物似的，彻夜在大街上徘徊，直到黎明，而我的宝物已被人偷走，落入了他人之手。我怀着一颗充满痛苦的屈辱和烦恼的心，在寂静中漫步，心想：没有幸福，爱情得不到报答，活着有什么意义？眺望每座房子的窗户，那里边都有人在相爱，而自己却孤独无依，又饥饿又可怜。我度过了多少这样的夜晚啊！月夜里，一个人孤身只影地游荡，真痛苦啊。

“拉丽萨·安东诺芙娜呢，您知道，她已演起滑稽剧的角色来了，半裸着身子在舞台上跳来跳去，大腿和胸脯全都袒露着。我简直要发疯了，我哀求她：‘我们到国外去吧！’

“不，她不去。我给在瑞士的那个医生写了一封信，问他能否帮忙对她施加一点影响？他回了我一封含义模糊、甚至近乎讥笑的信。我没读懂他这封信，只记得信的末尾毫无意义的附言。附言写道：‘列夫·托尔斯泰说：永恒的概念是智慧的疾病。而我说：爱情是幻想的疾病。对爱情的态度最为正常的是家兔和豚鼠。’他这些话有点愚蠢。

“我还发现，受过教育的人有一种令人可鄙的习惯：他们积累了形形色色的思想，不知是因为他们爱像商人夸耀金钱那样炫耀这些思想，还是因为这些思想过于沉重地压抑着他们，这些人总是随心所欲地到处散布这些思想，就像——请原谅——庄稼汉传播身上的虱子一样。其实，对待思想应该十分谨慎，因为谁都不知道那些思想正确与否。有时，思想对人就像裹在面包里的针：狗吞下这块面包，就要遭受折磨，往往还会死去。连我这个不轻信的人有时也感到自己头脑里装满了别人的思想，说的不是由衷之言。人不是靠思想活着，而是靠无法理解的愿

望活着。理智这个令人讨厌的教师说：'一个人在附近走着。'学生却写道：'一个人在怨恨中走着……'①

"这是我在学校里做过的一次听写。老师这样对我说：'傻瓜，我教你识字，你却谈起哲理来了！'

"是的。拉丽萨·安东诺芙娜在不成体统地寻欢纵欲。看着她，我心里想：她的高尚、她的骄傲到哪里去了？看到她像个女乞丐为乞求施舍让人看自己的烂疮那样，在舞台上展示自己的肉体，我感到心疼之极，流下了眼泪。她竟然落到了这种地步，对我也献起殷勤来——这使我最难过和痛苦了。

"她拥抱着我，小声说：'我把您吃了，彼得鲁沙，是吗？好吧，请原谅，喏，亲亲我！'

"我亲了她。我很勉强，几乎要哭出来，然而我吻她，甚至竭力给她尽可能多的愉快，只要能够带她离开这肮脏的旋涡。我看得出，她很痛苦，她不愿意把自己的灵魂交给饥饿的肉体支配。她的容颜有些衰老了，她不像从前那样爱照相了，但她的肉体仍然如少女一般，永不满足。我已经四十开外了，我的男性的力量已经生锈，熬干了。回想起拉丽萨·安东诺芙娜情欲发作时的样子，真感到可怕和害羞。上帝啊，上帝，人究竟应当经受些什么苦难！

"有时，她睡着了，我坐在她身旁；望着她，发疯似的小声说：'这是你吗？是你吗？'

"窗外，有时暴风雪在狂吼，突然严寒又发出噼啪声，月

---

① 俄语中возле一词是"在附近"的意思；во зле是由两个词组成的词组，含义是"在怨恨中"。因读音相近，所以学生听写时弄错了。

夜闪烁着光辉——我难以忍受这不论冬天还是夏天的照澈一切的月夜。它们驱走睡意，总是勾起人们清醒、冰冷的念头，真该死。

“我不明白，我是怎样倾出并喝下我的痛苦之酒而没有发疯的。我不知道，拉丽萨·安东诺芙娜如何同她的灵魂和解而顺从地把自己交由迟发的感情去折磨的。我跪在她脚下哀求说：‘我们走吧！’不，就像无法把一个醉汉从酒馆里带走一样，你也不可能把她从这个旋涡，即剧院里带走。人们公然而又冷酷地嘲笑她，她当然也看到了这一点。因此，她喝酒喝得更凶了，她对人们产生了一种恐惧和谄媚心理，开始曲意逢迎、低三下四起来。关于自己的成功，只对我一个人述说。整晚整晚，我听到的是同样的话：‘您记得吧，在普斯科夫……您记得吧，彼得鲁沙，在赫尔松……’

“我听着，为了使她愉快，自己也添枝加叶，编造不曾有过的事。她明白我在说谎，突然沉默起来，仔细瞧着我，然后扑过来搂住我的脖子：‘亲爱的，您多么爱我啊！’

“‘是的，’我说，‘我爱您。您用不着担心……’

“她却说：‘在命运对人的一切嘲弄之中，没有比得不到报答的爱情更致命的了。’

“她这话指的当然是医生。但是，我并不相信她爱医生，但这毕竟是她心灵上的最后一个戈比。这是幻想，是虚构。

“她四十四岁那年，心脏病开始危险地发作，医生们对我说，她可能会在走路时突然死去。那时，我才终于说服了她到国外去，按照她的要求，到海滨去了。我们迁到圣塞瓦斯提安小城附近的海边，租了一幢小房子，我把它布置得很漂亮——拉丽萨·安东诺芙娜，你可以安息了！在那里，在大地的边缘，真是好极了，连说陌生语言的人们似乎也比本国人好，因为反正你不明白他们在说些什么。只是每当夜静时分，我就感到异常恐惧，那里的夜似乎是突然降临的，太阳一坠入大海，夜色立即从山后飘然而至，吞食着大地和水面。在那寂静的夜里，您知道，繁星照耀下的这种空虚和漫无边际的苦闷，无端地压抑着我，大海的呼啸，涨潮时浪涛的吼声，更是胁迫着我，使我窒息。眺望窗外：黑魆魆的什么东西翻滚着向岸边涌来，像被驱赶着的一群白鬃烈马，马群疯狂奔驰，迅猛地跳上陆地撞击着堤岸，大地发出呻吟，连我们的寓所也整个地摇晃起来，震得窗玻璃哗哗直响。但是，大海起伏和喧嚣的时候毕竟还算好些，那些寂静的黑夜最难以忍受了。这种时候，我会想起科利亚说的那些关于我们的大地沉浸于忧伤之中的话，想起医生负疚似的说的那些恶毒的言语。我们的大地被上帝的良知遗忘了，遗忘在群星中间。大地上的人们是孤独的，互为异己的！想到这一切，内心异常明澈地感到，一个人多么需要有一个可爱的女人。拉丽萨·安东诺芙娜是对的：同谁一起才能更好地使你忘却自己的孤独？在这些夜晚，我对她的爱无限地、千百倍地加深了。

“有时，我躺着或赤着脚轻轻地在自己房间里踱来踱去，期待着海洋马上就要发出呻吟，我就要听到拉丽萨·安东诺芙娜临死前的叫喊声了。也许，她已经叫喊过了，我没听见？我打开她的房门，站在门口谛听——她是否在呼吸？我经常看见：

她倚着床头坐着，淹没在浪花般的白色衣被里，闭着双眼，一动不动地在倾听大海的喧嚣，她显得那样安详、那样忧郁。她是个聪明人，知道自己快要死了，但出于骄傲，从未提起过死。我却苦闷得要窒息了，在门口的地板上坐下，半死不活，一坐就是一个、两个、三个小时……有时，拉丽萨·安东诺芙娜听见我没睡，就召唤我：‘彼得鲁沙，到这里来，跟我待一会儿！’然后小声说：‘您记得吗，在库尔斯克，人们是怎样接待我的？’

“我当然记得她幻觉到的一切。

“‘接待得非常好，’我说，‘您的一生也非常好！’

“她累了，不再作声，我把头靠在她的脚边趴着，默默无声地哀求她：‘我的幸福，我的生命——你不能死呀！’

“她不止一次伤心地说：‘我的天啊，您的头发白得多么快！’

“看到白发使她难过，我就稍微染了染。活着只为了一件事——看着心爱的女人怎样死去，先生，这真叫人无法忍受！就这样，我在心灵的麻木之中度过了二百零八天，第二百零九天，拉丽萨·安东诺芙娜就长辞人世了。她是在阳台上死的。那是一个平静、闷热的日子，连海洋也没有喧嚣。那天早上，拉丽萨·安东诺芙娜就说：‘今天我感觉特别轻松。’说着，她就走到阳台上，在安乐椅上坐下，像平常一样观看旷阔起伏的大海。护士阿加塔给她拿来了一束鲜花，她用温柔的手抚摸着它，把脸埋到花丛里，突然——她站了起来，抓住栏杆，摇晃了一下……我刚扶住她……”

讲故事人站起身来，发狂似的回头看了一下，把两手插进衣兜里，倚在炉旁的瓷砖上。

“这就是一切！我把她安葬在那儿山脚下一个小小的墓地上。我不愿意把她运回俄国，因为她在这里没有找到幸福。我自己也有一年半的光景没有回来，因为在这里痛苦曾经是我心灵唯一的食粮。”

他看了我一眼，皱起眉头，严厉地说：

“您可不要以为我在抱怨拉丽萨·安东诺芙娜。不是的，我只是为了满足您的愿望才讲述了这一切。抱怨总是无益的，因为人与人之间像聋哑人一样维系着，就像石头一般。”

他的脸在白瓷砖的衬托下显得黑多了，尤其是眼睛下边。他闭着眼睛立在那里，直挺挺的，这一夜他好像变得更消瘦了。

窗外的雨脚更亮了，疲倦的路灯暗淡了。远处隐约传来了钟声，犹如几只铜鸽在鸣叫，这是教堂里早祷前的钟声。

他有点勉强地小声说：

“后来，我到底还是回俄国来了，在此地租下了这套房子，因为拉丽萨·安东诺芙娜在对面住过，一切都是从这里开始的。我印制了她的肖像，出售印着她肖像的明信片，当然不是为了赚钱，而只是……”

他把又长又干瘦的手伸向角落，指着花瓶里干枯的花束说：

“这就是她最后拿在手里的花束，但是——花儿早已枯萎了！有人劝我用石灰水泡浸一下，但这是徒劳的。我涂过漆——也没有用，花束已失去了本来的面目。”

他走到墙角的桌旁，小心翼翼地用纤细的手指碰了碰那些难看的沾满尘土的灰色花团，喑哑地说：

“花儿要化为灰烬，什么办法也阻止不了……”

（译自《高尔基三十卷集》第十六卷）

月光小巷

茨威格

由于暴风雨的阻挠，轮船很晚才在法国的一个小港湾里靠岸。开往德国的夜班火车早已离站。这样，我就只好在陌生的地方多耽搁一天了。看来，除了某个娱乐机构的女子乐队演奏的悲感的音乐，以及同一些纯属萍水相逢的旅伴乏味的聊天之外，晚上不会有任何有趣的消遣。由于我的嘴唇上还有海上的新鲜空气留下的咸涩的凉意，旅馆小餐厅里烟雾腾腾的空气更使我觉得难受。因此，我便沿着宽阔、明亮的街道，朝着国民近卫军管弦乐队正在那里演奏的广场信步走去。接着，又从那里，夹在悠然散步的人群之中继续往前。这些人都是外省打扮。最初，我觉得这样下意识地随着漠不关心的人流的波浪摇晃，倒很愉快。但不久，陌生人的那种亲热，他们断断续续的笑声，那些怀着惊奇、冷漠或嘲笑的神情投向我的目光，那无形中推着我朝前走的碰撞，成千上万个光源射出的光线，以及不停地沙沙响着的脚步声——这一切都使我感到不是滋味。我在不断的颠簸中度过了整个航程，此刻我的血液里还残留着犹如微醉的快感，脚下的一切在颤抖、摇晃，大地似乎在呼吸、起伏，而街道好像渐渐向云端伸延。我突然感到一阵头晕。为了躲开嘈杂的声音，我拐进了一条胡同，但没有注意胡同的名称。接着，又拐进了另一条更为狭窄的小巷。乱糟糟的喧嚣声在这里已渐渐消失。然后，我继续毫无目的地沿着像血管一样四散的迷宫小路漫步。离开中心广场越远，这些小路也越幽暗。这里没有主要街道上的那些小月亮——又大又亮的弧光灯。但多亏暗淡的光线，我才得以重新看见星星和多云的漆黑天空。

显然，我所在的地方离港湾并不远。这里是水手区。刺鼻的鱼腥味、被潮水冲上岸来的海藻散发出的甜丝丝的霉烂味，以及破旧的住屋特有的烟熏火燎味都告诉了我这一点。偏僻小巷里的这种种气味，只有暴风骤雨才能将其涤荡无余。我喜欢这昏暗的光线和突如其来的孤独。我放慢了脚步，仔细察看着一条又一条小巷，其中没有一条小巷是相同的。有的静谧，有的嘈杂，但都湮没在黑暗之中，都充满了低沉的说话声和音乐声。这些声音从幽暗的穹窿里神秘地涌出来，但猜度不出到底是从什么地方发出来的，因为所有的房屋都已紧闭，只剩下红色、浅黄色的灯光在闪烁。

我喜欢异乡城市里的这些小巷，喜欢这个肮脏的充满着各色欲望的市场。这儿潜藏着对水手们的各种诱惑。在危险的异域大海上度过了多少孤独的夜晚之后，水手们来到这儿过上一夜，在短时间内实现他们长期苦苦渴望的梦想。他们只配躲在这个大城市的下等人居住的区域，躲在这些狭窄的小巷里。因为这些小巷在厚颜无耻而又死乞白赖地告诉人们：在数百把门锁后面，在镶有华丽的玻璃窗住着“规矩人”的明亮房间里，究竟隐藏着什么。这儿，许多小馆子里响着招引顾客的音乐，电影院醒目的广告画向人预告前所未闻的精彩故事，大门口挂着的方形灯笼殷勤地闪着招徕客人的亮光，穿着饰有金银丝织物的半裸的躯体在半掩的门缝里不时闪过。小酒馆里不断传出醉汉的喧闹声和赌棍们的叫骂声。水手们彼此相遇时，高兴地微笑着，他们的眼睛由于行将享受的欢乐而燃烧起来：这里有美酒和女人，声色和赌场，从最低级的娱乐到最高级的冒险，无不应有尽有。但所有这一切，都羞怯而又十分明显地躲藏在虚伪地放落下来的百叶窗背后，一切都在遮人耳目地进行。而这种表面上的遮饰，却以其神秘和狎昵的双重诱惑，刺激着人们的欲望。这些街巷同汉堡、科伦坡和哈瓦那的完全一样，它们彼此相似，就像许多大城市的繁华大街也都大同小异一样，因为上层和底层的人们的生活到处都具有相同的外表，这是肉欲混乱的世界最后的、离奇的残余。这里人的本能还在粗野和无度地发生作用。这里是情欲的渊薮，挤满了淫欲的野兽——这些被遗弃的小巷就是这样。其中闪烁不定的幻影让人动心，而隐藏着的神秘则使人迷惑。这是令人梦魂颠倒的街巷。

我突然置身其中的这条小巷也是这样。我信步跟在两个身着胸甲的骑兵后面，他们的马刀在高低不平的马路上碰得叮当作响，几个女人从酒馆里叫唤他们。他们哈哈大笑，并用粗鲁的玩笑回敬她们。一个骑兵敲了敲窗子，接着，传来了咒骂声。他们继续向前走，笑声越来越小。终于，一点儿也听不到了。

小巷又重新变得寂静无声。几扇窗子在朦胧的月色中闪出幽暗的微光。我停下来深深地吸了一口幽静的空气，但这空气使我吃惊，因为我觉得，在这幽静的背后，隐藏着某种见不得人的肮脏和危险的勾当。我清楚地感觉到，这种幽静意味着欺骗：在夜色沉沉的小巷里，我们这个世界有什么东西在腐烂、燃烧。我一动不动地站在那里，谛听着这个空虚沉寂的世界，我已经忘掉了城市，忘掉了这条小巷，忘掉了它的名称，也忘掉了我自己的姓名；我只意识到自己在这儿是个陌生人，我意识到自己已融化在神秘莫测之中，既没有目的，又没有事业，没有同这一黑暗生活的联系，但我仍然能够像感到血液在我血脉里流动一样，清晰地感到这种生活。只有一种感情控制着我：这里没有一样东西是为我而存在的，然而这里的一切又都是属于我的——这是最深沉和最真实的体会产生的怡然自得的快感。这种感情是通过内心的冷漠获得的，而每当我一接触到神秘莫解的东西，它又像活命的水一样滋养着我的肌体。正当我呆立在空荡荡的小巷中间谛听着，等待着可能发生的某种事情，能够使我摆脱处于空虚中的月夜狂的警觉性的时候，突然间一首德国歌曲传进了我的耳朵，不知是由于隔着墙壁，还是由于离得太远，歌声低沉隐约。一个女人的声音在唱《自由射手》歌剧中《奇异的少女花冠》这支十分朴素的歌曲。她唱得很蹩脚，但毕竟是德国的情调——尤其在这儿，在异乡的一条小巷里，听来就更加亲切。歌声不知是从哪里传来的。然而对我来说，它仿佛是在向我致意，这是经过长久的离别之后，祖国对我的第一次致意。我不禁自问，谁在这里，在这个荒僻的小巷里，说着我的语言，从谁的胸膛里射出了勾起我的回忆的纯朴歌声？我沿着黑暗的、似乎正在瞌睡的百叶窗紧闭的房子，朝着传来歌声的方向走去。而百叶窗里闪烁着戏弄人的灯光，有时还突然闪过诱人的手臂。有的地方挂着自吹自擂的招牌、鲜艳的海报，而路边不起眼的小酒馆则贴着供应威士忌、啤酒和英国麦酒的广告。所有的房子都关着门，无门可入而同时又招徕着过往行人。有时远处有脚步声传来，但歌声始终不断，而且唱得越来越响，离我也越来越近。终于我来到了要找的地方。我略作踌躇，就放步走到拉着白色帷幔的内门。刹那间，黑暗处有什么东西动了一下，一个躲藏在玻璃窗那里的身躯，惊恐地跳到了一边，我看见了一张被红色的灯光照亮的但却害怕得没有一点血色的脸庞。一个男人惊慌失措地望着我，嘟嘟哝哝地说了句似乎请求原谅的话，就消失在昏暗的街道上了。我觉得这个人很怪。我在后面看着他，他那悄悄溜逃的身影还依稀可辨。屋子里面仍旧有歌声传出来，而且越来越响，越来越带有召唤的性质。我推开门，立即走了进去。

歌声戛然中止，像是被刀子割掉了似的。我吃惊地感到面前一片空虚，一片敌视的沉默，好像我打碎了什么东西似的。过了一会儿，我的目光才逐渐看清了几乎空荡荡的屋子里的陈设：只有一个卖东西的柜台和一张桌子。毫无疑问，这里只是通向别的房间的过道。至于那些房间作何营生，从半明不灭的灯光和半掩的门缝中透出来的铺好的床铺，就可以猜想出来。柜台前面站着一个浓妆艳抹的女人，她用两臂支在柜台上，脸色疲惫；柜台后面坐着老板娘——一个烟灰色的胖女人和另一个模样相当可爱的姑娘。我向她们问候，但像石子掉到空地上一样没有反应，过了一会儿，才听到懒洋洋的回答。由于这种不自然的、令人苦恼的沉默，我觉得有点尴尬，真想当即转身离去，但苦于没有恰当的借口，只得恭顺地在桌旁坐了下来。柜台旁的女人想起了自己的责任，便问我要吃些什么。根据她的口音，我立即猜到她是德国人。我要了啤酒，她去取了过来。她的步履，比她那晦暗的眼睛更明显地表现出冷漠的神态。她眼皮下面微微闪光的眼睛，就像行将熄灭的烛光。按照这类店坊的习惯，她机械地把为自己斟的另一杯酒同我的放在了一起。碰杯的时候，她的目光懒洋洋地从我的一旁掠过，因此，我可以毫无妨碍地打量她。她的脸实际还很美，轮廓端正，但似乎由于内心的疲惫，竟变得像假面具一样粗糙和呆板，脸上的皮肉很松弛，眼皮微微有点浮肿，头发披散下来，虚肿的双颊上涂着廉价的胭脂，一条宽宽的皱纹一直延伸到嘴角，衣服也是随便地披着，由于吸烟和饮酒，她的嗓子变哑了。这一切都说明，我眼前的这个女人已经心力交瘁，疲惫不堪，她不再有什么感觉，只是按照本能的习惯苟且活着。我顿时觉得可怕。为了打破沉默，我向她提了个问题。她没有看我，只有嘴唇勉强动了一下，冷漠而呆板地作了回答。我觉得自己是个多余的人。老板娘打着呵欠，另一个姑娘坐在角落里不时看着我，似乎在等我招呼她。我很乐于离开此地，但无力从座位上站起来，就像醉醺醺的水手，呆呆地坐在潮湿而闷人的房间里，被好奇心束缚在桌子上似的——这一片冷漠中，似乎隐藏着某种令人害怕而又难于理解的东西。

坐在我身旁的女人突然刺耳地大笑起来。我听了不由一震。刹那间，灯光摇曳起来，刮来一阵过堂风，我猜想背后的门打开了。“又来了？”她怀着恶意的嘲笑用德语喊道，“你这个守财奴，又在房子周围游荡了？你进来吧，我又不会把你怎么样。”

我先是猛地转身看了看她——她尖声喊出的这些话，犹如从她胸中射出来的火苗；然后又回头看了看房门。门还没有完全打开，我就看见一个摇摇晃晃的身躯，我认出了他那温顺的目光。这就是刚才在大门口碰上的，仿佛站在门边的那个男人。他像乞丐一样羞怯，把帽子拿在手里；他的身子由于女人的尖叫和使女人自己笨重的身体都晃动起来的笑声而在颤抖。站在柜台后面的老板娘连忙对笑声做出了轻声的反应。

“那里坐，靠弗朗苏阿莎坐。”当流浪汉悄悄地、提心吊胆地向前跨了一步的时候，女人对他说：“没看见我有客人吗？”

她是用德语大声说这些话的。老板娘和姑娘都大声笑了起来。她们虽然什么也没听懂，但显然，她们全都认识这个来客。

“弗朗苏阿莎，给他拿香槟酒！拿一瓶贵一点的！”她笑着喊道，然后又转身向他说，“如果你嫌贵，那你，倒霉的吝啬鬼，就待在街上好了。你大概是想白相一下，我知道，你想得到一切，而又一毛不拔。”

来客听了这些恶毒的嘲笑，细长的身子不由瑟缩起来，背也弯了。他转过脸去，像是要躲藏起来似的，握着酒瓶的一只手，颤抖得很厉害，把酒泼到了桌子上。他竭力想抬起眼睛看看这个女人，但他的目光怎么也离不开地板，老是无目的地在琉璃方砖上看来看去。只有现在，在灯光下，我才看清楚了他那干瘪、苍白、满是皱纹的脸庞，大脑袋上潮湿、稀少的头发，以及像折断了似的皮肉松弛的手腕。这是个丧失了力量，但仍然怀着某种怨恨的残废人。他浑身似乎都已扭弯、压扁、缩作一团了。他突然把目光扫了一下，又立即惊恐地移开了，眼睛里冒出凶狠的光。

“别理他，”女人用德语对我说，一边抓住我的胳膊肘，像是要把我转过来与她对坐似的，“我同他有一笔老账，绝不是从昨天才开始。”说罢，又对他大声嚷叫起来；她龇牙咧嘴，像是要咬他一口似的。“你偷听吧，偷听吧，狠毒的恶鬼！你想知道我在说什么吗？我是在说，我宁愿跳海，也不到你那里去。”

老板娘和另一个姑娘又笨拙地咧嘴大笑起来。显然，这人是她们习以为常的笑料，是日常的消遣。弗朗苏阿莎靠他坐下，并用做作的媚态和殷勤缠着他，由于这种殷勤，他害怕得直发抖，却又不敢拒绝。看到这一切，我感到可怕。每当他那彷徨无主的目光低垂下来，卑躬屈膝地望着我的时候，我不由浑身战栗，而坐在我身旁的女人，也让我感到害怕。她突然从昏睡中清醒过来，竟变得这样凶狠，连她两手都在痉挛发抖。我把钱丢在桌子上，想马上离开，但她没有拿钱。

“如果他妨碍你，我马上把他，把这条狗赶出去。请同我再喝一杯。到这里来。”

她突然热情迸发，紧紧偎着我。当然，这热情是假装的，目的只是为了折磨那个男人。她依然斜睨着他。他不停地哆嗦，像是碰到了烧红的烙铁似的。我看了很厌恶。我不管那女人，只是紧紧地注视着他。我不安地看到，只要她的头转向他，他的身上就产生疯狂、愤怒、希望和嫉妒一般的感情，因而全身瑟缩起来。她更紧地偎着我，我感到她由于这种残忍的恶作剧而高兴得发抖。她涂着胭脂和散发着廉价香粉味的脸蛋，她的松软的身体上的气味，都使我感到害怕。为了摆脱她，我拿出了雪茄烟。我的目光刚想寻找火柴，她已经发号施令地对他喝道："拿火来！"

我比他对这种卑鄙的要求更感惊恐，便急忙在衣兜里掏火柴，但他，像是被她的话抽了一鞭子似的，已经迈着摇摇晃晃的步子走到我的跟前，迅速地把自己的打火机放在桌子上。他的动作这样敏捷，深恐一碰到桌子就要被烫伤似的。刹那之间，我们的目光相交了：我在他的眼睛里看出了无限的羞愧和愤懑。而这奴隶般的目光却刺伤了我身上的男子气——他的兄弟；看到这个女人竟把他折磨到如此卑躬屈膝的地步，我不免同他一起感到羞愧。

"非常感谢您"，我用德语说（她猝然一震），"无缘无故地打扰了您。"我说着，向他伸出了手。他犹豫良久，后来，我感到汗津津的、枯瘦的手指放到了我的手上，突然，就是痉挛和满怀感激之情的握手。一接触我的目光，他的眼睛一时闪出了光辉，但随即又深藏在下垂的眼帘里了。为了有意让那个女人难堪，我想请他同我们坐在一起。也许，我已经抬手要做邀请的姿势，她急忙向他呵斥："滚到一边去，别妨碍我们！"

这时，我对她嘶哑和刻薄的嗓音，对这种卑鄙的折磨，感到十分厌恶。这个肮脏的卖淫窟，这个令人作呕的妓女，这个笨头笨脑的男子，这个由啤酒、烟雾和廉价香水味混合成的乌烟瘴气的环境，与我有什么相干？我非常向往外面的新鲜空气。我把钱塞给她，站了起来。她企图留住我，但我坚决地挣脱了她的拥抱。我厌恶参与侮辱人的行径。我的坚决抵制，向她清楚地表明，她的柔情对我并没有多少诱惑力。这时，她恼羞成怒，本想破口大骂，但到底没敢这么做。突然，她怀着毫不掩饰的憎恨转身向他。而他已经感到事情不妙，像是慑于她的愤怒，急忙用战战兢兢的手指从衣兜里掏出一个钱包。此刻，他显然害怕单独同她在一起；由于慌忙，一时竟解不开钱包上的结子。这是一个手织的小包，上面缀着玻璃珠子，是农民和下等人常喜欢用的那种钱包。不难看出，他不习惯乱花钱，不像那些从口袋里掏出大把的钱扔在桌子上的水手，显然，他用钱有数，在和钱币分手之前总爱把它握在手里一会儿。“瞧，为了宝贵的金钱，他的手在发抖！解不开结子吗？等着！”她一边揶揄他，一边向他逼近一步。他急忙闪开，而她面对他的恐惧，只是耸了耸肩膀，眼睛里流露出无法形容的、极端厌恶的神情。她说：“我一个子儿也不要你的，我唾弃你的金钱。你的钱，你的那些宝贝钱币是数了又数，一个钱币也舍不得多花。不过——”，她突然拍了拍他的前胸，“当心别让人把缝在这里面的钱偷走。”

真的，就像心脏病人突然痉挛地掩住胸口一样，他把苍白、颤抖的一只手紧紧地贴在胸前，下意识地用手指摸摸秘密的藏钱处，然后放心地垂下了手。“吝啬鬼！”她吐了口唾沫。这时，被折磨的男人脸色涨得通红，狠狠地把钱包扔给了弗朗苏阿莎。她起初吓得尖叫了一声，接着又哈哈大笑起来。他从她身边猛地冲向门口，好像着了火似的。

女人直着腰站了一会儿，浑身充满了恶毒的疯狂劲。接着，又重新萎靡地垂下眼皮，疲乏地拱起了肩，顿时变得又衰老，又疲惫。她的目光注视着我，闪过一种惶惶不知所措的神情。她活像一个从麻醉中苏醒过来的酒鬼，怀着朦胧的羞愧感站在我的面前："他将为他的钱站在街上伤心哭泣，也许还会跑到警察局去，说是我们抢了他的钱呢。而明天，他又会来到这里，但我反正不会委身于他。我可以委身于任何人，就是不愿委身于他。"

她走到柜台旁，把几枚硬币扔到上面，然后一口气喝下一杯白酒，眼睛里燃起凶狠的光芒。这光芒很暗淡，仿佛是透过愤怒和羞愧的眼泪射出来的。我心头对她的憎恶胜过对她的怜悯。"再见！"我说。只有老板娘回答我，那女人连回头看一眼都没有，只是嘶哑而又嘲讽地笑了起来。

我走了出来。小巷洒满了朦胧和无限幽远的月光，雾霭沉沉，只有一片夜色和天空。我贪婪地吸了一口虽然暖和，但仍然使人神智一清的空气。恐惧和憎恶顿时都消失在惊愕之中。唉！人们的命运是如此千差万别！于是我重新感到——这一感觉使我高兴得流出眼泪来——每一个窗子后面都无可避免地隐匿着某种命运，每一扇门扉都会把人引进某种悲剧；到处都有生活，而生活又总是形形色色，不一而足，即使在它最肮脏的角落里，可怜的芸芸众生也像闪闪发光的屎壳郎一样度日。

刚才见到的一切丑恶已置诸脑后，神经质的紧张渐渐转化为甜蜜的慵倦，我渴望着在愉快的睡梦中再把感受的一切加以改造。我下意识地向周围张望，竭力想从一团乱麻似的街巷里寻找回家的道路。这时，有个人影出现在我的面前，显然是不声不响地悄悄走到我身边来的。

“请原谅！”我一下听出了这个温顺的口音。“您好像迷路了，能否……能否让我给您带路？贵居哪里？……”

我说出了旅馆的名字。

“我送您……如果您允许的话。”他马上用卑躬屈膝的语气补充了一句。

我又重新忐忑不安起来了。这幽灵一样的脚步，几乎没有一点声息而又紧跟着我的脚步，在海港区的夜幕里，渐渐赶走了我对于方才的感受的回忆，而代之以模糊的不安。我虽然看不见他的眼睛，但感到了他温顺的眼神，觉察到了他哆嗦的嘴唇；我知道他想同我交谈。此刻，我心理上的好奇和行动上的拘谨交织在一起，一种朦胧的意识支配着我；我没有鼓励他，也没有制止他。他几次咳嗽，我猜到他很想开口说话，但又竭力抑制着自己。我的残忍——这是那个女人通过神秘的途径传染给我的——在他身上引起了羞愧和内心感情之间的斗争。我没有帮助他，任凭难堪的沉默不语像乌云一样压在我们的头顶上。我俩的脚步声也参差不一。他的脚步像老年人似的拖沓无力，而我的脚步故意踩得噔噔作响，为的是竭力逃离这个肮脏的世界。我感到我们之间的气氛越来越紧张，接连不断无言的咳嗽，就是这根绷紧的沉默之弦快要折断的征兆。终于，他打破了沉默，非常羞怯地说道：

“您到过那里……老爷……您是一个非常奇怪的场面的见证人……请原谅……请原谅我又提起她。她一定会让您觉得是个奇怪的女人……而我，是个非常可笑的人物……这个女人，她，您要知道……”

他又噎住了，喉咙里似乎梗着什么东西。然后，他的声音低得简直像是耳语……他急忙嘟嘟哝哝地说下去：“这个女人……她是我的妻子。”

我，可能由于惊异而颤抖了一下，因为他像是为了辩白，连忙补充说：“就是说……她曾经是我的妻子……五年以前，在黑森，在赫拉茨赫姆……我出生在那里……老爷，我不愿您对她有不好的看法……这也许是我的罪过，使她变成了这个样子……她过去不是这样……我……我折磨了她。我娶了她，虽然她当时非常穷，甚至连衣服都没有，一无所有，一点东西都没有……而我有钱……就是说，有点财产……但不算富有……不管怎么说，那时我身边有钱……您知道吗，老爷，也许她说得对，我太节俭……但这都是早先的事了，是发生不幸之前的事，我为此诅咒自己……而且我的父亲也很节俭，我母亲，所有的家人……我的每个钱币都来之不易……而她，轻浮任性，喜欢漂亮值钱的东西……同时又很穷，因此我经常责备她……我本不该这样待她，现在我知道了这一点，老爷，因为她自尊骄傲……您不要以为她真是假装出来的那个样子……这不是真的。她用这种办法折磨自己……只是……只是为了折磨我……还……因为……因为她自己觉得羞愧……也许，她真的成了糟糕的女人，但我……我不相信这一点……因为，老爷，她曾经是个好人，是个很好的人。”

他擦了擦眼睛，停下来，极力克制内心的激动。我不由看了他一眼。突然，他不再使我感到可笑了，甚至“老爷”这个奇怪、谄媚的称呼——在德国只有下人才使用的称呼，也不再使我感到厌烦了。他的脸色表明，他的每句话都是费了好大的劲说出来的。而当他踩着沉重的脚步，摇摇晃晃地继续向前迈步时，他的眼睛一直盯着马路上的石块，好像要在飘忽的月光中，在这些石块上面读出从他压抑的喉咙里那样痛苦地吐出来的话语似的。

“是的，老爷，”他深深地吸了口气，换了一种低沉的仿佛发自他心灵深处的声音，继续说了下去，“她曾经是个很好的人，一个善良的人。她对我很好，非常感激我使她摆脱了贫困……我也知道她感激我……但……我希望……一次又一次地听她说这些话……我高兴听这些感激的话，老爷，我无比高兴地想象自己比她优越……然而我知道，知道我不如她好……只要经常听到这些话，我倒乐意把所有的钱都花掉……而她很自尊，她注意到我要求她感激，便不愿重复这些话了……因此……仅仅为了这一点，老爷，我经常迫使她请求我……从不痛痛快快地给她钱……为了每一件衣服，每一条绦带，她不得不向我乞求，我感到很高兴……我折磨了她三年，而且变本加厉……但是，老爷，我这样做只是因为爱她……我喜欢她骄傲自尊，但又发狂地总想使她屈服于我……当她要这要那的时候，我就生气……但是，老爷，这是假装的，对我来说，每一个使她委屈的机会都是快事，因为……因为我自己也不知道多么爱她……”

他又不吭声了。他一边走，一边摇晃得很厉害。显然，他把我完全忘记了。他完全是下意识地在说话，像是在梦呓，声音越来越响。

“这……这一点到后来我才明白……在倒霉的那一天……当我拒绝给她为母亲要的钱的时候。那是一笔微不足道的钱……也就是说，我已经准备好了，但我希望她再来一次，再向我请求一次……我说什么来着？……是的，我回家的时候才明白了这一点，她没有在家，桌子上有一张便条……‘你同你那些该死的金钱去过日子吧，我再也不向你要求什么了。’……这就是她写的，没有别的话……老爷，我疯疯癫癫地度过了三天三夜。我差人到森林和河流里去寻找，给警察局塞了一大笔钱……跑遍了所有的邻居家。但他们只是嘲笑和揶揄我……一点行踪也没有，一点也没有……后来，邻村有人告诉我曾看见过她……和一个当兵的一起在火车里……她到柏林去了……那天，我也乘车去了……丢下了自己的事……花掉了好几千块钱……家里的仆人，我的管家，所有的人，把我的东西偷了个精光……但我可以向您发誓，老爷，这一切都对我无所谓……我在柏林住了一星期，好不容易才在人群的旋涡里找到了她。我到她那里去……”他停止了说话，沉重地喘了口气。

“老爷，我向您发誓……我一句责备她的话也没说……我痛哭流涕……跪倒在她脚下……给她钱……把全部财产交给她，由她支配，因为我当时已经知道，没有她就活不下去……我爱她的每一根青丝……爱她的小嘴，她的身躯，爱她的一切，一切……要知道，这是我，是我自己把她推到这般地步……我突然走了进去，她的脸色变得像死人一样苍白……我贿赂了她的女房东——一个拉皮条的女人，龌龊下流的女人……她的脸像粉笔一样苍白……她听完了我的话。老爷，我觉得，她……是的，她几乎高兴见到我……但当我开始谈起钱……要知道，我这样谈起钱，只是为了向她表明，今后我再也不吝惜钱了……她却表示唾弃……后来……因为我仍然赖着不愿离开……她叫来了自己的情夫，他们俩一起嘲笑我……但是，老爷，我反正还是天天去她那里。那幢房子里的住户告诉了我发生的一切。我得知，那个无赖抛弃了她，她处于贫困之中。于是，我再一次上她那儿去……老爷，再一次。但她猛然扑向我，撕碎了我悄悄放在桌子上的钱。当我再去看她的时候，她已经不在了……老爷，为了重新找到她，我什么办法都想到了。我向您起誓，整整一年，我过的不是生活，我只是追踪她，我雇用了好几个侦探。终于，我知道她已经漂洋过海，去阿根廷了……在一家……一家不体面的馆子里……”他由于喘不过气来停顿了下来。最后几个字是嘶哑着嗓子，勉强吐出来的。接着，他又困难地低声说了下去。

“最初……我非常害怕……但过后又想，由于我，仅仅是由于我的过错，她落到了这般田地……我也知道，她，这个不幸的女人，该遭受多少痛苦……因为她是个骄傲自尊的人，她首先是个骄傲的人……我去找我的信托人。他写了封信给领事馆，寄了钱去，没有说明是谁寄去的……只要她回来就行。我接到电报：一切都很顺利……我获悉她乘的是哪一条船……就在阿姆斯特丹等候……我提前三天到达那里，我急不可耐……轮船终于来了……当青烟从地平线上升起的时候，我是多么幸福！我觉得，我再也没有力量等待了……船靠岸是那样缓慢，那样缓慢。后来，旅客开始从跳板上走下船来。终于，她，她……我没有立即认出她……她变了……浓妆艳抹……已经是那种模样……就是您见到的那种模样……而她看见了我之后，顿时面无人色，多亏两个水手扶住了她，否则，准掉进水里去了……她一登岸，我就跑到她跟前……我什么也没说……喉咙一阵痉挛……她也默不作声……也不看我一眼……脚夫拿着行李走在前面，我们走着，走着……突然，她停了下来，她说……老爷，您知道她是怎么说的……她的话使我这样痛苦、难受，听起来真悲惨……'你仍然还同意我做你的妻子？甚至现在？'……我抓住她的手……她颤抖了一下，但什么也没说。但我觉得，现在一切又都好起来了……老爷，我是多么幸福！我在她身旁，就像孩子一样欢欣鼓舞。我们一走进房间，我就跪倒在她脚下……大概，我说了许多蠢话……因此她透过泪水对我微笑着，轻轻地抚摸我……当然，怯生生地……但是，老爷……对我来说，这是无与伦比的幸福……我心花怒放……我沿着楼梯跑上跑下，我在旅馆食堂里订了午餐……我们的婚宴……我帮她穿好衣服……我俩一起下楼，一起喝酒、吃饭，无比快活……她像孩子一样兴奋，这样热情、善良，还谈起了我们的房子……谈起我们怎样开始生活……但这时……”他突然说不下去了，用手使劲挥了一下，像是要打什么人似的。“那是一个侍应生……一个下流卑鄙的家伙……他以为我醉了，因为我高兴得活像个疯子，手舞足蹈……笑得从椅子上滚了下来……要知道，我是多么幸福……多么幸福！……而……当我付钱的时候，他少找给我二十法郎……我呵斥他，要他把找头给我……他不好意思了，把一枚金币放在桌子上……而这时……她突然哈哈大笑起来……我看了看她，但这已经是另一副脸了……一下变得充满了嘲笑和恶意……‘你仍然那样小气……甚至在我们结婚的日子！’她说得这样冷酷、尖刻……怀着怜悯。我害怕起来，诅咒自己的吝啬……竭力想使她重新快活起来……但她愉快的情绪已经消失……死去了……她要求单独住一个房间……为了她，我有什么事情不愿做呢……夜间我独自躺在床上，一直在琢磨……第二天早上给她买些什么……怎样送她许多礼物……向她表明我并不吝啬……为了她，我什么也不可惜……一清早，我就出去给她买了项链，但我回来的时候……却是人去房空……完全同上一次一个样。我想桌子上准有她的字条……我跑了出去，我祈求上帝保佑不发生这样的事……但……但……字条果真在桌子上……我读了一遍……”

他踌躇起来。我不由停住脚步看了看他。他低下了头。然后，他轻轻地说：“我读了一遍……‘别再打搅我。你使我厌恶……’”

我们已经走到了港湾。忽然，惊涛拍岸，巨大的声响打破了夜晚的寂静。一艘艘轮船，像黑色的巨兽，睁着明亮的眼睛停在港湾里，有的远些，有的近些。不知从哪里传来了歌声。夜色茫茫，一切都在朦胧中，但仍然可以感觉到很多——滨海城市令人苦恼的梦境和使人惊恐的幻象。我看到了站在身旁的同伴的影子在我的脚下蠕动，在摇曳不定的晦暗的路灯光下，一会儿拉长，一会儿缩短。我既找不到可以安慰他的语言，也没有可以询问的话说。然而他的沉默似乎粘住了我，用它的全部重量压抑着我。突然，他抓住了我的手。

“没有她，我不会离开这里……我找了她好几个月……她折磨我，但我不会退让……我求求您，老爷，请您同她谈谈……她当然是属于我的，请告诉她这一点……她不会听我的话……我再也不能这样生活下去……我再也不能见到男人们到她那里去……我再也不能站在房子前面，看着他们醉醺醺地……从里面走出来……整个小巷已经都认识我……讥笑我，因为我站在那里痴等……这使我快要发疯了，但我还是每天晚上去……老爷，求求您……同她谈谈……我不认识您，但请您看在上帝的份上，行行好……同她谈一谈……”

我下意识地做了个动作，企图把手抽回来。我很害怕。但他感到了我要躲开他的痛苦，便突然在街道当中跪了下来，拉住了我的腿。

“老爷，求求您……您应当同她谈谈……应当……否则……否则会发生不幸的事件……我为了寻找她，花光了全部家财，我不会让她留在这里……不会让她活着留在这里……我给自己买了把刀子……老爷，我身边有刀子……我不会让她活着……留在这里……我无法忍受……请您同她谈谈，老爷……”

他如痴似狂，在我面前蜷缩着身子。这时，街道路口出现了两个警察。我用力扶他站了起来。他慌慌张张地看了我一眼，接着，用完全不是他的声音，呆板和认真地说道：

“沿这条街向左拐，那里就是您下榻的旅馆。”他再一次用两眼注视着我。眼珠似乎完全熔化在可怕的白色荒芜里了。

我紧紧地裹起风衣。我浑身发抖。我只感到疲惫、麻木、迷惘，好像是边走边睡着了。我想集中自己的思想，把一切都好好深思熟虑一番，但每一次，头脑里总掀起迷迷糊糊的疲惫的巨浪，把我卷走了。我踉踉跄跄地走进下榻的旅馆，倒在床上就睡着了，睡得很死，活像一头牲口。

第二天早晨，我已经弄不清楚，在这件事情里究竟什么是现实，什么是梦幻，并且本能地不愿去弄明白这一切。我醒得很晚，我是这个陌生城市里的陌生人。我走出去看看教堂，因为有人告诉我，那个教堂以古代镶嵌艺术著称。但我的眼睛却看不进眼前的一切，昨夜偶然遇到的情景越来越清晰地浮现在我的记忆里。一种无名的力量不可抗拒地推动我去看看那条小巷和那座房子。但这些特殊的小巷只在夜间才有生活，而白天，它们全都带上灰色的冷冰冰的面纱，唯有了解底细的人才认得出来。我没有找到这条小巷。我又疲倦又懊丧地回到旅馆。不知是梦中的影子还是现实的幻影，总是不断纠缠着我。

我乘的是晚上九点的火车。我遗憾地离开这座城市。脚夫把我的行李扛在肩上，走在前面，送往车站。突然，在一个十字路口，似乎有个东西刺了我一下，我猝然止步。我认出了通向那座房子的横行马路，便吩咐脚夫稍等片刻。他最初没有懂得我的意思，但马上带着厚颜无耻的亲昵微笑起来。我走去看看昨晚的那个地方。

街上很暗很暗，就像昨晚一样，在幽暗的月光中，那座房子的玻璃门在闪耀。我想走近一些。但突然，有个物体在黑暗里动了一下。我惊恐地认出是昨夜那个人；他坐在门槛上，做出招呼我的手势。我深感害怕，随即转身走开了。这是出于胆怯，也担心卷入某种不幸的事件而误了火车。

我走到十字路口的拐角处，正要转弯的时候，又回头瞥了一眼。我看到，坐在门槛上的那个男人跳了起来，冲到门边，使劲把门推开。他的手上握着一件发亮的东西。我在远处无法辨认，这是金子还是刀刃，竟在月光下这样引人注目地闪烁着寒光……

（译自《斯蒂芬·茨威格选集》）

一个陌生女人的来信

茨威格

大名鼎鼎的小说家R到山区休息了三天之后，一清早便返回了维也纳。他在火车站买了一份报纸，瞥了一眼报头上的日期，方才觉察到今天是他的生日。他立即意识到自己是四十周岁了，但他并没有感到高兴，却也没有觉得不快。他把报纸的每一版都草草地浏览了一眼，便叫了一辆出租汽车驶向自己的住宅。仆人向他叙述了他外出时的两位来访者，讲了来过几次电话的经过，并且用托盘端上这几天积压下的一些邮件。作家懒洋洋地把每份邮件看了一下，并拆开了寄件人没有署名的那个信封；信是陌生人的笔迹，他觉得写得太长，于是就丢到一边。仆人送上了茶。他在软座椅里挪动了一下身子，使自己坐得舒适些，又浏览了一下报纸，再看了看寄来的邮件。当他点燃了一支雪茄的时候，又拿起搁置一边的那封信。

信差不多有三十页，并且从笔迹来判断是位陌生女人写的，写得匆忙而潦草——与其说是信件，毋宁说是手稿。R不由得再一次摸了摸信封，看看是否有什么附件遗漏在里面。但是信封里什么也没有，而且，不论是在信封上还是在信的末尾，都没有寄件人的姓名和地址。他把信拿在手里，感到奇怪。“寄给把我看作陌生人的你”，他惊讶地读了这一句既不像是称呼又不像是导语的话……这是对谁说的呢？是对他还是对臆想的主人公呢？他突然产生了一种好奇心。于是就开始阅读下去。

我的孩子昨天夭折了——三天三夜，我为这娇小虚弱的生命进行了整整四十个小时的搏斗。当这个可怜的、浑身滚热的孩子忍受着高烧的折磨时，我没有离开过他的床铺；我把冰块敷在他那小小的脑门上，日夜把他的一双翻腾不安的小手放在我的手心里。第三天的傍晚我实在支持不住了，不知不觉地闭上了一会儿眼睛。我坐在硬椅子上一下子就睡了三四个小时。在这段时间里，死神却把他带走了。现在他正躺着；亲爱的，可怜的儿子，躺在自己那张狭小的儿童床上，就像平时我醒来时看到他躺在那儿的时候一模一样；只是他永久地闭上了双眼，闭上了那对聪明伶俐的黑眼睛，一双小手露在白色的衬衣外面，四支蜡烛在小床的四个角上高高地闪烁着昏暗的光。我害怕朝那儿望上一眼，不敢轻微地移动一下，因为蜡烛的火焰摇曳不定，火焰的影子在他的脸蛋上和紧闭的嘴唇上晃来晃去；此刻，仿佛又复苏了他的音容，而我就会相信他不是死了，相信他一定会醒过来，用他那悦耳的声音对我说点稚气温存的话语。然而我知道他已不在人世了，我也不想再看他，以免重温希望的甜蜜与失望的痛苦。我知道，我的孩子是昨天死去的——眼前在这人世间我只有你一个人了，一个逍遥自在、从未想到人世间还有我的存在的人，只有你，一个一向把我当作陌生人而我却永远对其钟情的人。

我点燃了第五支蜡烛，放在桌子上，在昏暗的烛光下给你写信。我无法孤单一人守护着我死去的孩子，也不能不大声疾呼自己的痛苦；可是在这可怕的时刻，如果不是对你，我能对谁去诉说呢？须知，眼下的你，像往常一样，就是我的一切啊！ 我，对你怎么也说不清楚。也许，你无论怎样也无法理解我——我的脑海里千头万绪都交织在一起了，太阳穴突突直跳，整个身子犹如被肢解了一样，似乎我正在发烧，可能也是患上了流感。眼下这种病症正从一家传染到另一家，如果当真如此，那倒也好，我可以同自己的孩子一道上西天，一切也就会圆满结束了。有时我眼前发黑，也许连这封信也写不完了，但我将集中自己的全部精力写下去，为了同你，我亲爱的，从未认出过我的人，进行这次哪怕是唯一的一次谈话。

我只是想同你一个人谈，第一次对你倾诉一切。你将得知我的整个一生，它永远是属于你的，尽管你从来一无所知。但是，只有当我长眠地下的时候，只有当现在我烧得忽冷忽热，生命濒临结束之际，你才能获悉我的秘密——这是为了使你不必给我复信。如果命运要我继续活下去，那我就会把这封信毁掉，并永远保持沉默，就像昔日那样守口如瓶。一旦此信落在你的手里，那你就会从中知道一个死去了的女人对你所诉说的自己的一生；而这一生是属于你的，从她懂得人情世故的第一小时起，直到生命结束的最后瞬间。我的话你不必恐惧——死者是无所求的，不论是爱情、怜悯，还是慰藉，都一无所求。我只是希望你相信，由于我内心爆发的痛苦而对你所倾吐的一切。请你相信，我的要求仅此而已。谁也不会在自己唯一的爱子死去的时刻去说谎的。

我对你叙述的自己这一生，只是从我认识你的那一天才开始的。在此之前的一切，都是朦朦胧胧、模模糊糊的。我从来也没有再去回顾那个布满灰尘、挂满蜘蛛网的地下室，住在那儿的人们早就被我忘却了。你出现在我面前的时候，我年方十三。当初，我住的地方恰好与你现在的寓所是同一座楼房。此刻，你正在那儿读这封信吧！这封信乃是我的生命的最后呼吸啊！当时我住的那个楼梯间刚巧面对着你的房间。大概，你已忘却我们了，一个默默无闻的小官吏的寡妇（她总是穿着孝服）和一个纤瘦的少女——须知，我们总是安静地蜷缩在自己那可怜的小市民的圈子里。你也许从来没有听到过我们的姓氏，因为在我们的房门上既没有名牌，也无人登门光顾，更没有谁提起过我们。是啊，岁月流逝，年复一年，这是十五六年前的往事了。不，你当然不会留在记忆之中的。亲爱的，然而，我——噢，我简直是在贪婪地回忆着每一件琐屑的小事啊。现在想起头一次听到人们谈起你，第一次看到你的那一天，不，那一瞬间，仿佛犹如眼前。是啊，我怎能忘却呢，因为那时对我来说是开始了一个崭新的世界！耐心些，亲爱的，我将从头对你说起，赐给我一刻钟吧，耐心地倾听那个长期忍受着痛苦、一生钟情于你的女人的倾诉吧！

在你乔迁此地之前，你那套房间里住的是一户令人厌恶、粗暴凶狠、吵嘴打架的人家。尽管一贫如洗，但他们仍仇视自己贫穷的邻居们，也仇视我们，因为我们不愿与其同流合污。那一家之主是个酒鬼，经常打老婆。深更半夜，邻居们常被椅子、盘子的摔打声所惊醒。有一次他家女人从屋里逃到楼梯上来，披头散发，浑身是血，醉汉又喊又叫地在后面追赶。这时，从另外几家匆忙跑出来一些人拦住了他，威胁说要把他扭送警察局。妈妈从一开始就回避同这对夫妻有任何接触，并且不准我同他们的孩子搭腔。为此，他们的孩子一遇机会就对我进行报复。在街上相遇时，总是尾随在我后面，骂一些不堪入耳的下流话。有一次他们朝我扔雪团，打得我满脸流血。邻居们全都憎恨他们。后来，由于突然发生的一件事情——似乎是由于盗窃，酒鬼进了监狱，全家只好迁居——我们才松了一口气。有两三天在大门上挂了出租的牌子，后来牌子被拿掉了，并且很快就从管房员那里传出了消息，说房子租给了一位作家，一个单身的、好静的先生。那时是我第一次听到你的名字。

过了两三天之后，来了一些油漆、粉刷、清洁和裱糊工匠，着手修缮房屋，清除前一家留下的垃圾。他们不停地用锤子敲打修理，又洗又刷，打扫得干干净净。而我母亲高兴得什么似的，并且说，可憎的这一家终得报应，对邻居的骚扰总算是到了尽头。你迁来的那天，我没有机会见到你，一切都由你的仆人办理。刚来时，这个个儿不高、白发苍苍的严肃管家，对邻居似有点傲慢，他不声不响、慢条斯理地料理着一切。日子久了，大家对他都很敬佩，首先因为管家这差事在我们城郊是很新奇的；其次是因为他对大家还算是彬彬有礼，但对佣人们却不能一视同仁，他从不同他们像是伙伴一样地聊天。打从第一天开始，他遇到我妈妈的时候总是礼貌地致意，就像对待贵夫人似的，甚至对我这个黄毛丫头，他也报以信赖和尊重。他在提到你的名字的时候，总是显出一种庄重的神情，甚至说得上是特别的尊重，令人感到这并非完全是出于仆人对主人的那种通常的忠诚。由于这一点，后来我是多么喜欢这位善良的老约翰啊！尽管我对他常在你身边为你效劳而有所嫉妒。

我之所以对你叙述这一切，亲爱的，叙述这些琐碎可笑的区区小事，无非是为了让你了解，从一开始你就有一种魅力，使一个腼腆的、羞怯的孩子着了迷，而我正是这个孩子。在你进入我的心灵之前，围绕着你，已经形成了一道灵光，一道有关富贵、非凡与深奥的光轮。我们，同住在城郊寓所的邻居们，都迫切地期待着你的来临。生活在狭窄天地里的人们对发生在自己眼前的一切是多么好奇！那一天，放学回家的时候，我看到了楼前停放着运家具的货车，它激起了我怎样的好奇心啊！搬运工已经把大部分沉重的大件搬到楼上去了，正在一趟一趟地搬运零星小件。我站在大门旁边，为的是能看个一清二楚，因为你所有的物件都是那么新奇——我从来也没有看到过那些东西。印度的佛像，意大利的雕刻，色彩鲜艳的巨幅油画，还有那么多封面精美的书籍，真使我眼花缭乱，简直不敢相信自己的眼睛。它们被堆放在门口，仆人在那儿用笤帚仔细地扫落每一本书上的灰尘。出于好奇，我就在不断增高的书堆周围转来转去。你的仆人没有把我赶开，但也没有表示赞许。因此，我始终没敢碰一下任何一本书，尽管我特别想抚摸一下那些书的柔软的封面。我只是羞怯地从一旁看了看书名——有法文的，有英文的，还有我根本不认识是什么文的。要不是妈妈唤我回家，我会连续几小时在那儿欣赏浏览的。

当时虽然不认识你，可我整个晚上所想的都是关于你。我那时只有那么几十本不值几文的平装书，我爱不释手，一读再读。一个使我极感兴趣的想法是：一个收藏和博览群书、通晓多种外语而且学识渊博的人，该是一副什么模样啊！我觉得，只有某个神仙才有可能成为这样的学者。我曾经在头脑里描绘过你的肖像。我想象中的你——是一个老头儿，戴副老花眼镜，留有长长的白胡须，跟我们学校的地理老师不相上下，只是比他更善良、更英俊、更温和而已。不知为什么，还在我想象你是一个白发老翁的时候，就确信你一定是个很漂亮的老头儿。就在那一天夜里，当我还不认识你的时候，我便第一次在梦境中与你相逢了。

第二天，你就住进来了，然而，不论我怎样左顾右盼地看了多久，却始终没能见到你，而这就加倍地激起了我的好奇心。终于在你搬来的第三天我见到了你。使我万分惊讶的是，你完全是另一副模样，丝毫也不同于我那幼稚的想象中的“神仙”样子。我梦中的你，是一个戴眼镜的慈祥和蔼的老翁。你来了——你，跟今天的容貌没有丝毫的变化，岁月在这样的人身上是从不留下什么痕迹的！你穿的是令人赞叹的浅咖啡色运动服，手执帽子，你用那青年人极其敏捷的步伐，一步跨两级台阶沿楼梯而上。我怀着无法形容的惊异心情，看到你那明朗的、充满青春活力的面容和金黄色的头发。真的，当时使我大为震惊的是，你是那么年轻英俊，那么潇洒大方。难道不奇怪吗？第一眼我就觉察到，并使其他人都同样感到惊奇莫名的是：你是一个热情的、活泼的、醉心于逢场作戏的冒险青年，同时又是一个对自己的艺术要求非常严格，忠于职责和学识渊博的人。我下意识地感到，也如同大家意识到的那样，你过的是双重生活：外表冠冕堂皇，绚丽多彩；而内心世界的阴暗面，只有你自己才知道。你日常生活中的这种双重性，你生活的秘密，我，一个被你迷得神魂颠倒的十三岁的少女，从第一眼就察觉到了。

如今你能否体会到，亲爱的，你在我的心目中，在一个孩子气十足的人的心目中，是怎样的奇迹，怎样隐秘得令人神往！一个由于写书而扬名天下，并受到人们崇拜的人，原来却是个二十五岁的年轻潇洒的、活泼热情的青年！还需要我对你说吗？从第一天起，在我们家里，在我那完全狭小的孩子的天地里，除你之外，任何事物都再也引不起我的兴趣了。一个十三岁的少女一心一意地、极其固执地思念着你，关心着你的生活。我注视你，观察你的习惯，了解与你交往的人。而这一切非但没有减少我的好奇心，反使我对你更加向往；因为各种人物都与你往来，这就明显地表现出你的双重性。年轻人，你的朋友们，拜访你，你同他们谈笑风生。也有身无分文的大学生登门拜访，而乘小汽车来访的，则是一些女人。有一次来了一位歌剧院经理，著名的乐队指挥，我只是从远处看到他指挥过乐队。也有正在商业学校就读的妙龄女郎，她们忸忸怩怩，尽快地溜到屋子里去。总之，来访者人数众多，其中不少是女人。关于这类事情我并没有特别的想法，甚至一天早晨上学去的时候，我看见一位用面纱把脸遮掩起来的女士从你那儿走了出来之后，我也无所注视。那时我才十三岁，我并不明了自己暗地监视与观察你的那种强烈的好奇心竟意味着是爱情！但我记得，亲爱的，确切铭记在心的，是我整个心灵都永远献给了你的那个时日。我和我的女友散步后站在楼前聊天，此刻，开来了一辆小卧车，它还没有完全停下，你就以那种素有的敏捷飞快地跳出了车门，迈步朝大门走去。这种迅速与灵敏至今还使我赞叹不已。我情不自禁地奔到门口，想给你把大门打开，就这样，我们差不多撞了个满怀。你以温暖、柔和、充满着关怀的目光瞥了我一眼，并且对我甜蜜地微笑了一下——是的，正是对我甜蜜地微笑了一下，并且以礼貌的语气低声地对我说："谢谢你，小姐。"

这就是一切。亲爱的，正是从这一刻开始，从我感觉到你那柔和的爱抚目光时开始，我便属于你了。不久，我很快就知道了，你把这样一种温存的、诱人的、掩饰的、但同时又是赤裸裸的目光——一个天生的诱惑者的目光，赐给每一个经过你身边的女人，每个女售货员，每个给你开门的女佣人。我知道了，这样一种目光并不是有意识地表达任何意志和愿望的。只要你一看见女人，你对女人温柔的态度使你的目光自然而然地就成为多情的、温和的了。但是我，一个十三岁的孩子，并没有预料到，我处在烈火之中。我相信，这种温存只是对我一个人的，正是这一瞬间，在我身上，在一个少女身上，一个女人才觉醒了。从此，她也就永远属于你了。

“那是谁？”女友问我。这时，我一下子无法回答她，因为我无法说出你的名字。就在这一瞬间，它对于我是神圣的，它成了我的秘密。“噢，是住在我们楼里的一位先生。”我窘迫地低声说。“那，当他看你的时候，你为什么脸红呢？”女友以好奇的孩子式的恶意讥讽地问。正因为她对我的嘲笑触及了我的秘密，热血也就愈加涌向我的面颊。由于尴尬，我非常粗暴地说了声“蠢丫头！”我简直想把她掐死。但她笑得声音更大了，且带有嘲弄的意味；直到我感到由于无可奈何的恼怒，我的眼泪夺眶而出的时候，她才停止讥笑。我不搭理她，转身跑到楼上去了。

从这时开始我就爱上了你。我知道，女人们是经常跟你，跟她们的情人说这种话的。但是，请你相信我，任何人对你的爱都无法同我对你的爱相比；我对你一如昔日的奴隶般的坚贞的爱是无与伦比的。因为，世上没有任何东西可以同一个孩子暗中的、天真的单相思相提并论。这种爱是没有希望的，它是一种隐蔽的钟情，富有自我牺牲的精神；它与那种成年女人的热情的、充满了欲望的爱根本不同；只有孤独的孩子才能把自己的爱全部隐藏在心灵深处。有的人则一味向女友倾吐自己的感情，致使内心的自我剖白愈发冲淡了感情，使其淡而乏味。这种关于爱情的叙述，她们是经常听到与读到的，因此她们懂得，爱是共同的命运。女孩子们像对待玩具那样玩弄着爱情。她们吹嘘爱情，如同顽皮的男孩子对待他们的第一支香烟似的。然而我呢，我没有任何一个可以信赖的人；谁也没有开导过我，谁也没有警告过我，我对爱情没有经验，一切都陌生无知。我闯入了自己的命运，如同跌进万丈深渊。一切，我身上的一切成长的和发育成熟的东西，我都仅仅信赖你，仅仅信赖梦中见到的你。我的父亲很早就去世了，我跟母亲，一个整天忙忙碌碌、靠抚恤金过活的可怜的寡妇，是格格不入的。学校里那些轻浮的女同学与我总是不能合群，因为她们一贯是无止境地玩弄着在我看来乃是崇高的那种东西——爱情。一切平时我内心里所滋生与酝酿成长起来的东西，一直被我抑制，但怎么也抑制不住的感情，它全都集中到你的身上了。你是我生活中必不可少的人，这如何向你解释呢？任何比喻，不论是哪一种，都是蹩脚的。你是我的一切，是我的全部的人生。在我眼中，只有那些与你有关的事物，才称其为存在；在我的生活中，只有那些与你相关的一切，才具有存在的意义。你改变了我的全部生活。在那以前，作为一个无所用心的、成绩一般的学生，我突然变成了全班的第一名。我读了很多书，常常读到夜静更深，因为我知道你喜欢读书。使妈妈感到惊奇的是，我突然孜孜不倦地练习起弹钢琴来了，这是因为我相信你喜欢音乐的缘故。我开始讲究衣着的整洁了，为的是不让你看到我在穿着方面的疏忽。由于用妈妈的旧连衣裙改做的学生服上有个四方补丁，我简直懊恼到了极点，我担心你看到这块补丁会厌恶我，因此当我上楼梯的时候，总是紧紧地把书包夹在左侧，提心吊胆，唯恐你会瞧见这块破绽。然而，我的这种担心多么可笑啊，因为你几乎从来也没有认真地看过我一眼。

我整天所做的事情就是等你，悄悄地偷看你——这就是一切。我家的门上，有个小小的圆孔，通过它可以看到你的房门。

这个小孔——请你别见笑啊，亲爱的，甚至在今天我也不会由于在它的周围所消磨的时间而感到羞愧！它曾经是我通向人世间的窗口。由于担心妈妈疑心，在那些日子的午后，在那冰冷的门厅里，我手捧着书本悄悄地坐着。每当你渐渐走近的时候，我就仿佛是根绷紧的弦似的开始颤抖起来。我一直紧张地怀着忐忑不安的心情注视着你。而对你来说，这些并没有引起什么注意，就像你随身所带的上好发条的怀表一样，暗地里耐心地为你计算着时间，并且以它那听不见的心脏的跳动伴随着你；而你只是在它叩击了千百万的一刹那间，才瞥上它那么一眼。我知道你的一切，知道你所有的习惯，你的各种颜色的领带，你的不同式样的服装；我认识并且很快地学会了辨认你所有的熟人，我把他们分为我所喜欢的和讨厌的两种。从十三岁到十六岁，我心里只有你一个人。噢，我做了多少蠢事啊！我吻过你的手所接触过的门把手，我拣过你在进门前扔掉的雪茄烟头；这烟头对我是一件圣物，因为你的嘴唇接触过它。每逢晚上我就以种种借口跑到街上去，为的是看一眼你的房间里有无灯光，也为了进一步感觉到屋子里有你的存在。当遇到你要出远门的时候——我看到可爱的约翰提着你的黄色皮箱下楼时，我的心便由于恐惧而蜷缩一团，因为我的生活在这几个星期里将失去意义，仿佛僵死了似的。这时，我在家里变得忧愁、烦闷、急躁，同时又时刻提心吊胆，深恐妈妈从我那痛哭过的眼睛上看出我的绝望神情。

我知道，我对你所叙述的这一切都是怪诞的、幼稚的蠢事。我本应为此而感到羞愧，但我一点儿也没有这种感觉，因为我对你的爱比起我那儿时的欢乐要纯洁与炽烈得多。我可以一连几小时，一连几天对你讲述为什么当时占据我整个心灵的恰恰是你，是一个连我的容貌都一无所知的人。因为每当我在楼梯上遇到你而无法避让时，总是由于惧怕你那燃烧般的眼神而低下了头，并且从你身边飞也似的跑了过去，如同一个为了避开火灾而跳到水中去的人一样。我可以连续几小时，连续几天对你叙述早已被你遗忘了的岁月，我可以重新给你打开你生活中的每一页日历。然而，我不想使你感到无聊，不想折磨你。我只想再对你叙述一桩我儿时最愉快的事情，并且请求你不要嘲笑我，因为不管事情本身是多么不值一提，但对我，对一个女孩子，却曾经是无限的幸福。这件事大概发生在某一个星期天，你到外地旅行去了，你的仆人正从门外往屋子里拖那块被他清除了灰尘的沉重的地毯。老头儿很吃力，而我，突然壮起胆子，走到他跟前说，我是否可以帮他一下？他感到很惊奇，但是没有拒绝我的帮助。就这样，我便有机会看到了你的住室。我想告诉你，我是怀着怎样的崇拜、虔诚和敬慕的心情啊！我终于看到了你的住室的陈设，你的天地。你经常坐在那儿写作的写字台上，置放着插在蔚蓝色水晶花瓶里的鲜花。我还看到了你的衣柜、油画、书籍。我只能对你的生活偷偷地瞥上一眼，因为你那忠实的约翰，当然啦，是不会允许我仔细地观察的。但仅仅这么短短的一瞥，我就摄取了你的室内的整个气氛，从而便有了我在清醒时或梦中想象的丰富素材。

这件事，这短暂的片刻，是我童年最幸福的一瞬。我对你叙述这件事，是为了让你，一个不认识我的人，终于能够开始感觉到，咫尺间有一个人的生命是怎样地和你牵连在一起，直到死神的来临。我想对你诉说的，就是这件事和另外一件事。这是在前不久相继发生的，那是多么可怕的一个小时啊！如前所述，为了你，我忘却了一切，更没有去注意妈妈。总之，对周围的人和事都漠不关心。我没有注意到一位上了年纪的先生——来自英斯勃鲁克的一个商人。他是妈妈的一个远房亲戚，经常到我家做客，有时待的时间很长。我甚至为此而感到高兴，因为他常常带妈妈去看戏；我可以一个人待在家里，可以毫无顾忌地思念你，暗地里守候着你，这正是我的至高无上的唯一幸福。有一天，妈妈郑重其事地把我叫到她跟前，说要严肃地跟我谈谈。我立刻觉得脸色发白，心怦怦直跳，莫非她察觉到什么了吗？猜到了什么吗？我首先想到了你，想到了把我与周围相连的那个秘密。然而，妈妈倒显得很窘的样子，她温存地一次又一次地吻我（这是从来没有过的事情），然后把我领到沙发跟前，让我坐在她的身旁，于是她吞吞吐吐、羞愧地对我说，她的一个亲戚，一个鳏夫，向她求婚，而她主要是为了我，决定答应下来。我的心跳得更厉害了，妈妈的话在我脑子里所引起的反响只有一点，那就是使我想到了你。“我们还能住在这儿吗？”我吃力地说了一句。“不，我们将搬到英斯勃鲁克去，那儿裴迪南特有一所漂亮的别墅。”别的话我一点都没有听见。我的眼前发黑。后来我意识到，自己是晕过去了。我听到妈妈小声地与候在门后的继父说话，我突然伸开两只手往后摇晃着身体，像一块铅似的倒在了地上。我无法对你诉说，在后来几天都发生了些什么，我这个软弱无能的孩子，是怎样反抗他们不可抗拒的意志的。直至今天，每当我想起这件事的时候，我在写字的手还在发抖，我无法说出自己的秘密。因此，我的反抗就仅仅成了一种执拗，一种倔强的任性。没有人再理我了，一切事情都在背着我进行着。搬家的准备工作都是利用我在学校里的那段时间做的。每天，我回到家里就会发现，又有一件什么东西被卖掉了，或者是被运走了。我眼看着自己的家和我的生活被摧毁了。终于有一次我从学校回家用午餐时，得知来过一些包装和搬运家具的工人，把一切东西都运走了。在空荡的屋子里还堆着几个包好待运的箱子，还有两张折叠床，这是为妈妈和我准备的。我们还要再待上一夜，这是最后的一夜，第二天清早就要动身去英斯勃鲁克了。

在这最后的一天，我突然清楚地意识到，远离开你的身边我是无法生活下去的，我觉得只有你才能解救我。在那绝望的时刻，我当时是怎样想的，以及我是否能够清醒地考虑后果，这一点现在我是永远也无法说清楚了。趁妈妈外出，我突然跑去找你，像平时一样，我穿的是学生服。不，我不是自己走去的，而是某种磁铁般的吸引力把我吸向你的房门前；我的整个身子都在发抖，并且十分吃力地移动着两条僵硬的腿。我已经跟你说过——我自己也不知道，我到底要做什么——打算跪倒在你的脚下，求你把我作为一个佣人？作为一个奴仆留在你的身边？我担心你会嘲笑一个十五岁的小姑娘天真的狂热；然而，亲爱的，你是不会嘲笑我的，假如你知道当时我是怎样站在冬日严寒的门槛之外，恐惧得不知所措，而最终在某种无形的力量的支配下，我迫使自己将那只仿佛与躯体肢解了的发抖的手举起来，并且经过短暂而激烈的、后来一直是持续不断的思想斗争，用手指去按了一下电铃。直到今天我的耳边仿佛还响着铃声，然后是静悄悄的。我的心停止了跳动，我周身的血都凝固了，我全神贯注地倾听着：你是否回来了。

但是你没有出来，谁也没有出来。显然，你不在家，而约翰也出去买什么东西了。于是我不得不拖着两条沉重的腿往回走，耳边萦绕着早已消逝了的电铃的回声，回到我们那破落的、空荡荡的屋子里去。由于全身软弱无力，我倒在一个木桶上。走了这么四步远的路要比我在很深的雪地里走上几个小时还要疲劳。然而，我不顾一切，越来越下定决心，决心在把我带走之前一定设法见你一面，同你谈谈。我可以对你发誓，那时我天真无邪，没有任何情欲念头，对一切我都一无所知。这恰恰说明，因为我除了想你之外，别无他念；我只是想见到你，再见到你，偎依着你。整整一夜，这漫长而可怕的黑夜，亲爱的，我都在等待着你。当妈妈躺在被窝里刚刚睡着的时候，我就溜到过道里，侧耳倾听是否有你回来的脚步声。我等了整整一夜。那是一月份的一个严寒的冬夜，我疲倦极了，腰酸腿疼。然而连一把椅子都没有，于是我便躺在冰凉的地板上，寒风从门底下一个劲儿地吹进来，我只穿一件单薄的连衣裙躺在什么也没铺垫的冰凉的地板上，我甚至没有拿一条毯子，我不想盖暖和了，因为我担心暖和过来以后就会睡着，那就听不到你的脚步声了。我全身疼痛，两条腿紧紧地缩在一起，手颤抖着。在这个万分恐惧的黑暗中是如此的冷啊，使得我不断地爬起来活动一下。但是，我一直在等着你，等啊，等啊，如同期待着自己的命运一般。

终于，大约在凌晨两点或三点钟的时候，我听到楼下大门响了一下，楼梯上传来了脚步声。在那一瞬间，我一点都不冷了，甚至感到全身发热，我轻轻地打开了门，打算去迎接你，扑倒在你的脚下……哦，我简直不知道，我，一个傻气十足的孩子，在当时能做出什么样的事情来。脚步声愈来愈近，蜡烛的亮光也随着映上楼来。我颤抖着扶着门的把手。这上来的人，是你吗？

是的，是你，亲爱的，但不是你一个人。我听到了轻盈的、娇滴滴的笑声、绸料衣服的窸窣声和你的低声细语，你同一个女人一起回来了……

我不知道这一夜我是怎么熬过的。第二天早晨，八点钟的时候，他们把我带到英斯勃鲁克去了，我再也没有力量进行反抗了。

我的儿子是昨天夜里猝然死去的。如果命运注定我还要活下去的话，那么如今又剩下我一个人了。明天就要来一些身着黑服的陌生人——几个粗鲁的男人，他们将带来一口棺材，把我那可怜的、唯一的孩子装进棺材里去。也许会来一些朋友，他们会送来花圈，然而，棺材上的鲜花能顶什么用呢？人们会安慰我，对我说些这样那样的宽慰话，可这又能帮我什么忙呢？我知道，最终还是只剩下我孤独的一人。在人们的生活里，没有比孤独更为可怕的了。这一点，我是在英斯勃鲁克度过的那两年漫长的岁月（从十六岁到十八岁）所感受到的；那时我像一个囚徒，像一个被家庭抛弃的人一样。我的继父为人十分恬静，沉默寡言，待我很好；母亲，仿佛是在努力弥补在我面前所犯的无意的过错似的，满足我所有的愿望。年轻人向我求爱，但我以执拗和固执全都拒绝了。我不想远离你的身边去过幸福安逸的生活。我把自己关在自我折磨与孤苦伶仃的晦暗的天地里。双亲给我买的漂亮时装也引不起我的兴趣，我拒绝穿它。我不去音乐厅与剧院，也不去参加喧闹的郊游。我几乎没有出过家门，你相信吗，亲爱的，我在这个整整住过两年的小城里还认不到十条街道。我终日忧伤，也愿意那样忧伤。凡是能够加重我的无可慰藉的痛苦——由于见不到你——的每一点悲哀，我都心甘情愿，它们还曾经使我为之陶醉。除此之外，我不想让任何人转移我的爱，我的心中只有你啊。我孤身一人，无所事事地整天待在家里，只是思念着你，一遍一遍地回想起有关你的上千件琐碎的往事，每一次的奇遇和等待。这些，我都能通过自己的想象，如同在舞台上一样，把所有这些琐碎的插曲一一重演出来。正由于我自幼就反复重温往事，我的整个童年是如此强烈地刻印在我的回忆之中；而在那遥远年代的每一分钟里，我都觉得是那么热烈，那么令人鼓舞，犹如昨天才使我热血沸腾一般。

那些岁月我确实是为你而活着的。我把你的著作全部购齐了。每当你的名字在报刊上出现时，这对于我就像是过节一样。你相信吗？我能把你的书全部背诵出来，我一遍又一遍地把它们熟读。假如有人夜间把我从睡梦中唤醒并给我读上其中的一段，那么即使是今天，十三年之后的今天，我也能毫不迟疑，像在梦中一样地接着背诵下去。你的一字一句对我来说都是福音，都是祷词。整个世界之所以存在，只是由于你的存在。我注意了维也纳几家报纸关于音乐会和戏剧的广告，无非是想知道你对其中的哪些节目可能会感兴趣。当夜幕降临时，我就在远处陪伴着你，想象着你走进大厅后，就坐在你自己的座位上。我千百次地这样想象过，因为我仅仅在音乐会上见到过你一次。

然而何必去谈这一切呢？何必去谈一个孤独的孩子的狂乱的、漫无目的的悲剧式的绝望狂热呢？何必把这些告诉那个对此不明底细的人呢？难道那时我真的还是个孩子吗？我已经是妙龄少女了。到街上去的时候，年轻的男人已开始向我暗送秋波，而这只能引起我的愤怒。除你之外，对任何人的爱，或者哪怕只是在思想上逢场作戏式地爱上别人，而不是你，对我来说都是不可思议和不可想象的。不，这种想法对我来说简直是一种犯罪。我对你的激情是始终不变的，但随着童年的结束，随着爱情的觉醒，它更加炽烈，更加富于女性和现实了。当时由于感情的冲动而去按你门铃的那个小女孩所不懂的东西，如今却成为我唯一的念头：委身于你，把一切献给你。

周围的人认为我很羞怯，说我胆小。我咬紧牙关，坚守自己的秘密。但是，在我的内心里却愈来愈有了坚强的信念。我的整个思想与向往全都集中于一点：回维也纳城去，回到你的身边去。我强制自己的意志，不论我的行为在众人看来是多么缺乏理智，多么不可思议。继父是个颇有财产的人，并且把我当作亲生女儿看待，但我固执己见，一味坚持要自己挣钱养活自己。最后我终于回到了维也纳，在一个亲戚家开的成衣店里当上了职员。是否需要对你诉说呢，在秋天的一个薄雾朦胧的夜晚，我终于又出现在维也纳的街头！ 我首先应该到哪儿去呢？我把箱子存放在车站上，然后就跳上了电车——我觉得它简直开得太慢了，每一站都使我心急如焚。下车了，我直奔向那座熟悉的房子。你的窗帘上闪现着灯光，此刻，我的心儿在歌唱。如此冷酷而又庞大懒散的城市，对我说来，只是在此时此刻才又有了生气。此时此刻，当我感觉到了你，我永恒的理想，方才苏醒！我根本没有意识到，实际上我和你的感觉是相去如此遥远，犹如隔着山谷、峻岭和河流一样，虽然只有一窗之隔，却把你我之间的灼热的目光挡住了。我一直站在那儿凝视着楼房，那儿有灯光，有熟悉的房子，还有你——这就是我的整个世界啊！两年来我一直梦寐以求的这一时刻，终于来临了。直到灯熄之前，整个漫长、温暖、昏暗的夜晚我都伫立在你的窗下。你的灯光熄灭之后，我才动身去寻找自己的归宿。

每天晚上，我都是这样地站在你的窗下。下午六点以前我在店里上班，做着沉重而累人的活计；然而这种令人不安的繁忙倒也使我快慰，因为它可以减轻我内心的焦虑。只要铁百叶窗在我身后哗啦啦地放了下来，我便向那可爱的目的地跑去。看到你，与你相遇，乃是我唯一的愿望。哪怕是远远地再看上你一眼！大约过了一个星期，我终于碰上了你，当时完全出乎我的意料。正当我站在楼前眺望你的窗户的时候，你已横穿过街道。我突然又变成了十三岁的孩子，感觉到自己的血液是怎样突然涌上了面颊，不由自主地违背了自己渴望瞥你一眼的强烈愿望，我低下了头，像有人追赶似的一溜烟从你身边跑了过去。后来我为这种懦弱的学生式的逃跑而感到耻辱，因为我完全明白我现在需要的是什么：我想和你相遇，我寻找你。我所希望的是，在经过对你思慕的漫长的、忧愁的岁月之后，你能认出我来，希望你被我吸引，爱上我。

然而，你一直没有注意到我，尽管我每天晚上，不论是大雪纷飞还是寒风凛冽的夜晚，我都站在你的那条街上。有时我白白地等了几个小时，有时你终于由朋友们陪着走了出来。有两次我看到你同女人们在一起。只要我看到一个陌生的女人如此怡然自得地与你挽手缓步而行，我立刻感到自己已经不再是一个小孩子了，我感到自己对你的感情里有一种新的东西突然使我的心脏震动和碎裂。这对我来说并不是什么意外的事情：小时候我就知道经常有女人们到你那儿去，如今这却给我带来了切肤之痛。一种敌视和嫉妒的感情油然而生。这种公开的、与另外一个女人肉体上的亲昵，使我隐痛不止。有一天，出于孩子一般的骄傲与自尊，像过去那样，也许如今仍然如此，我离开了你的寓所。可这一晚上对我是多么可怕和空虚啊！第二天我又默默地站在你的房前，等待着，就像要我一辈子在你那对我关闭的生活之门外，永无止境地等待似的。

终于，有一天晚上你见到了我。从远处我就看你来了，我集中自己的全部毅力，以免再回避同你的相遇。十分凑巧，街上正好有辆货车在卸货，使道路变得狭窄了，而你不得不从我的身旁经过。你心不在焉地瞥了我一眼，但就在那一瞬间，当你感觉到我那凝视的目光时，你的眸子里便出现了我所熟悉的表情——回忆这点，我感到多么恐惧啊！——你的那种专向女人投射的、温柔的而迷人的、同时也是带有揶揄的眼神，那种诱惑乃至征服人的眼神，它把我，一个孩子，第一次变成了女人，一个钟情的女人。你那眼神把我吸引住了。一秒钟，两秒钟……我既无法也不想移开自己的视线。可是你已经从我的身旁走过去了。我的心激烈地跳着；我不由得放慢了脚步，当我出于不可抑制的好奇心转过身来时，我看见你站在那儿瞧着我。从你对我的注意力与兴趣来看，我立刻明白了，你并没有把我认出来。

不论是当时，还是后来，你都没有认出我来。你从来也没有认出我是谁。亲爱的，我怎么对你说呢？那是多么失望的几秒钟啊！那时，我初次感到我命该如此，一生，直至临死之前难道都不能被你认出来吗？叫我如何对你诉说我的失望呢！你知道吗，当我在英斯勃鲁克苦度两春的日子里，我是怎样地每时每刻把你挂在心头。那两年我什么都不想干，只是遐想着我俩在维也纳的第一次重逢，梦想着这种放荡不羁的欢快的来临；当然，这也是根据我当时的情绪而决定的。如果允许我说的话，这一切都处在我的梦幻和想象之中。在情绪低落的时刻，我想象到你会把我推开，会厌恶我，因为我极为渺小，丑陋又纠缠不已。我在热烈的幻想中经历了各式各样的失望、冷淡与漠不关心所带来的全部痛苦。甚至在绝望的时刻，我的脑海里也从没有闪过那最可怕的事情，就是你从来没有觉察到我的存在。如今嘛，我懂得了——噢，是你教我懂得的呀！一个姑娘、一个女人的面颊对男人来说必须是善变的，因为它不过是一面镜子而已，忽儿是钟情的，忽儿又是孩子气的，忽儿是疲惫的。而这一切犹如镜子中的图像一样，会轻易地消失掉。因为一个男人是很难再认出一个这样的女人：由于易逝的韶华，她已改变了自己昔日的容貌；当然，服饰也能把女人打扮成另一副模样。实际上，屈服于自己命运的人是最聪明的人。但是我，当时作为一个少女，还不能领略你的健忘程度，因为我无时无刻不在思念着你。我头脑里有时也会产生一种错觉，仿佛你会经常想到我，你也在等着我。一旦我理解到自己对你的思念变得分文不值，甚至连转瞬即逝的回忆你都从来也没有过时，怎能不叫我气愤呢？正是你的目光使我清醒过来，它告诉我，任何东西都没能使你把我记在心上，没有任何一丝回忆使你同我的生活联系起来，这是我第一次遇到的，使我回到现实中来的打击，是我命薄的第一个征兆。

那一次你没有认出我来。而两天以后再次遇到你时，你像瞧一个老相识似的看了我一眼，但这一次你还是没有认出我是那个热恋于你的人，只不过是认出了两天前在同一地点遇到过的一位十八岁的、标致的姑娘而已。你惊奇地、友好地望了我一眼，一丝微笑掠过你的唇边，你又从我的身边匆匆走过，并且像上次一样。此刻，你放慢了脚步，我战栗着，我感到无比的幸福，我默默地祈祷着，希望你能够同我交谈几句。我感觉到了，我第一次使你感到我是个有生命的东西。我没有逃避你，也放慢了脚步。突然，我感觉到你尾随在我的身后，用不着回眸，我也了然于胸。此刻，我将第一次听到你那召唤我的可爱的声音。期待使我周身几乎瘫痪，心突突直跳，差一点使我不得不停下来，然而正在这时候你赶上了我。你以自己素有的轻松而愉快的谈吐开始同我交谈，仿佛我们是老相识似的，唉，须知你是什么也不明白啊，关于我的生活你向来是一无所知的！你的谈话是如此迷人和自然，致使我想迫不及待地去回答你。我们沿着这条小巷走着。随后你问我，是否我们一起去用晚餐。我回答说："可以。"我怎么敢拒绝你呢？

我们在一个小餐厅里用了晚餐。它在哪儿你还记得吗？哦，不，你大概是不会把这一晚上同其他类似的夜晚区分开来的。况且，对你来说，我是何许人也？只是几百次艳遇之一，是无限长的爱情之链上的一环罢了。是的，又有什么东西能提醒你把我记起呢？我几乎没有开腔。在你的身边，听你对我讲话——这是最大的幸福。我不想由于提问或说句什么多余的话而浪费这一珍贵的瞬间。我从未忘记自己如此感激的这一刻千金的良宵。你是如何全部地满足了我那恳切的愿望；你是多么温柔，多么轻捷与机警，没有丝毫的矫揉造作，完全没有那种虚伪的殷勤。一开始你就跟我谈得那么融洽，那么友善，假如远在这以前我的整个身心尚未属于你的话，仅此一点你就能够把我征服了。哦，你可曾知道，你没有辜负我五年来的期待，为我实现了多么伟大的理想啊！

我们离开餐桌的时候已经很晚了。在餐厅的出口处，你问我是否有急事，是否还有时间。我能对你隐瞒吗，我准备跟你随便到哪儿去！我说，我还有时间。于是，一种轻微的踌躇闪过你的脸上，你便问我是否愿意到你那儿去聊会儿天。"非常愿意！"由于自然而然的感情的激动，我脱口而出。但马上觉察到，我匆忙的回答既没有使你不快，也没有使你高兴，但显然使你感到意外。如今我明白了你为什么惊讶。我知道，女人通常是把委身于人的打算加以掩饰的，甚至渴望到心急如焚的时候也是如此；她们总是装出惊恐或者愤怒的样子，直到通过对方的恳求、发誓与虚假的许诺之后，方才肯让步。我知道，也许只有那些把玩弄爱情当作职业的妓女们或者那些年轻幼稚、不懂世故的姑娘们，才会对这样的邀请马上答应下来。但是在我的回答里——你怎能觉察到这一点呢？——只是体现了坚强的意志和千百个难熬的日日夜夜所按捺不住的期待。不管怎样，你又惊又喜，我引起了你的兴趣。我发觉当我们一起走的时候，你不时偷偷地从旁边惊奇地打量着我。你那惊人的、洞察人心的敏锐感觉暗示你所碰到的是一件多么不平常的事，一件隐藏在这个容貌俊秀、落落大方、轻易相信别人的姑娘身上的秘密。你的好奇心驱使着你，而且从你那小心翼翼的、试探性的问话中，我了解到你是多么想解开这个谜啊！然而，我回避了你的问话。我宁肯做一个傻瓜，也不愿说出自己的秘密。我们登上楼梯，进了你的住宅。请原谅，亲爱的，如果我说，你不了解我，那么这个过道、这座楼梯对我来说又意味着什么！这是一种多么令人眩晕的、让人迷惘的、痛苦的、几乎置人于死的幸福啊！至今，每当我回忆起那一时刻，总是忍不住珠泪双流。可是现在，我的泪水干涸了，再也没有了。只乞望你回顾往事啊！须知，那儿的一切仿佛都渗透着我炽烈的爱，一切都是我童年的象征，我相思的象征。我千百次的守候过你楼门，我倾听你的脚步声并第一次见到你的那个楼梯，我整个心灵飞向你时用来窥望你的那个门上的瞭望孔，我双膝跪过的地毯和那一再使我从隐藏的角落里跳了出来的开门锁时的咔嚓声，我整个童年的全部的激情，都在这个容量不大的空间里留下了深深的烙印。我的整个人生就在这儿。而如今生活像暴风雨一样向我猛袭过来。啊，一切，一切都如愿以偿。我跟着你——我永远跟着你啊！走进的这间房，是你的也是我俩的住宅。请想一想，这听起来似乎有点庸俗，但我不知道用另外的美丽的辞藻来表达，对我来说，整个生活，直到你门外的整个世界，都是现实，只不过是千篇一律的日常生活，而在你那里却开始了童话般的魔术世界——阿拉丁王国。请想一想，我千百次热切地瞧过的这个大门，如今却信步而入，你体会一下——啊，亲爱的，你只能体会，永远也无法彻底了解！——这一去不复返的时刻在我的一生中起过何等作用啊！

那天，我通宵留在你那儿。你不可能预料到，在你之前没有任何一个男人抚摸过我、接触过或看到过我的身子。但是，你又怎能会想到这些呢？亲爱的，在你面前我没有任何反抗，我抑制了内心羞耻的踌躇，一心为了不使你猜到我钟情于你的秘密，不然它大概会把你吓坏了，因为你只爱那些轻浮的、玩弄生活的、无足轻重的女人。你害怕卷到别人的命运里去；你慷慨大度地把自己给予所有的人，给予整个世界而不要求任何牺牲。如果我现在对你说，亲爱的，我把自己的处女的贞操献给了你，那么我恳求你：不要曲解了我的意思！我并不是在控诉你，你没有勾引我，没有欺骗也没有诱奸我——我，是我自己找上了你，投进你的怀抱，把自己投进自己的命运赌注的。

我永远，永远也不会埋怨你，不，我将永远感谢你，因为这一夜对我来说是多么宝贵，闪耀着多少欢乐之光，仿佛飘荡在极乐世界之中。当我在黑暗中睁开眼睛，感觉到你就在自己的身边时，我无限惊讶，为什么头上不是繁星闪烁的夜空。不，我从来也没有后悔过，亲爱的，这一时刻我获得了一切。至今我还记得，当我听到你酣睡的呼吸声，感到你就在我的身边时，我幸福地在黑暗中默默地哭泣了。

早晨，我匆匆忙忙地急着离去，因为我需要准时到成衣店工作。除此之外，我想在你的仆人到来之前离开，我不愿意让他看到我。当我穿好了衣裳，站在你的面前时，你拥抱了我，并且久久地凝视着我；难道这是在你的脑际闪过关于我的一线遥远与朦胧的回忆，还是你只不过认为我由于充满了幸福而显得更美丽呢？之后，你吻了吻我的嘴唇，我轻轻地推开你，想离开这里。你问我："想不想带走几枝鲜花？"我说："想。"你从写字台上蓝色透明的玻璃花瓶里抽出了四朵白玫瑰（啊，还是我作为一个孩子窥视你的房间时，我便认识了这只花瓶）。你把这些玫瑰送给了我。而我一连好多天还不断地吻着这些花朵呢。

我们又约好在另一个夜晚相会。我来了，一切仍然是那么美好。又一个夜晚，第三个夜晚，你又赐给了我。后来你告诉我，说你需要到外地去一趟——唉！我从小时起就多么憎恨这些旅行啊！——并且答应说，你一回来马上就通知我。我给了你一个留局待领的地址，我不想把我的名字告诉你，我默守自己的秘密。在分别的时候，你又送给我几枝玫瑰作为临别留念。

一连两个月，每天我都到邮局去询问……不，何必呢，何必去描述这些期待与失望的痛苦呢？我不怪罪你，我爱你，一个火热而健忘的、寻欢作乐而又不忠实的你；我爱你，一个从前是这样，现在仍是这样的人。你老早就回来了，我是从你那亮着的窗户看出的，然而你并没有给我写信。在我生命的最后时刻，我没有从你那里，从我把自己的整个一切都献给他的人那里收到只字片语。我等待啊，等待，像一个绝望的人在久久地等待着一线微弱的希望之光。但是，你没有再召唤过我，杳无音讯……只字不见……

我的爱子昨天死去了，他也是你的宝贝儿子。他的确是你的呀，亲爱的，是那三个夜晚之中的一个夜晚所孕育的孩子。这一点我可以对你发誓，你要知道，人们在死者面前是不会撒谎的。他的确是我俩的宝贝儿，我面对苍天向你发誓，在我委身于你之前，直到孩子降临人间为止，没有任何一个男人接触过我。我觉得我的身子在你接触之后便变成了神圣的躯体。我怎能把自己平分给对我来说就是一切的你和在我的生活中只是昙花一现的人呢？他是我俩的孩子，亲爱的，是我那深沉的爱与你那无所顾忌的、慷慨施舍的、几乎是无意识的温存而诞生的孩子——我俩的宝贝，我俩的唯一爱子。然而你会问我——也许带着恐惧的心情，也许只是惊讶——你会问我，亲爱的，为什么这么多年来我从来都不告诉你我们有孩子的事，而只是到了今天，当他躺在黑暗里长眠的时候，当他就要被抬走，一去永不返回的时候，才提起他呢？可我又怎么对你说呢？你无论如何也不会相信我的，你不会相信一个陌生的女人，一个甘心情愿与你共度三个良宵而没有任何反抗急不可待地委身于你的女人，一个萍水相逢连名字也没有留下的女人会永远忠实于你，忠实于一个不忠诚的人，而却会毫不怀疑地承认这个孩子是自己的！？即使我的话在你看来全都合情合理，那你也永远摆脱不了一种隐秘的想法，即我企图迫使你，一个富贵的人，照顾别人的孩子。你便会对我表示怀疑，而我俩之间就会产生隐约的阴影，猜疑和不可捉摸的阴影。我不希望这样，何况我是了解你的；我了解你，跟你对自己的了解几乎是一样的，而且我懂得，对你，对一个只喜欢无忧无虑、轻松愉快的人，对一个只是把爱情视为儿戏的人来说，突然变成了爸爸，突然对某人的命运负有责任，是多么苦恼！你，一个习惯于完全自由的人，就会感到自己仿佛是被我缠住了似的。而你——我知道，这虽然违背你的意愿——会由于我对你的束缚而憎恨我。也许是几小时，也许总共才几分钟，我会成为你的负担，使你恨我。而我出于自己的骄傲，却希望你一生之中任何时候想到我时，没有丝毫的烦恼与不安。我宁愿自己把一切承担下来，也不愿使其成为你的包袱。我想成为你曾经爱过的那些女人之中唯一使你永生难以忘却的人，并常以爱与感激之情将我铭刻心田。当然啊，你从来也没有想到过我，你把我忘了。

我不指责你，亲爱的，不，我不指责你！如果在字里行间有时流露出点滴的哀怨，那就请你原谅我吧，须知在摇曳的烛光下就停放着我的孩子、我俩的孩子的尸体。我举起了拳头威吓上帝并把他叫作杀人犯，我的思想完全错乱了。请原谅我的哭诉，原谅我这一点吧！我知道，你善良并且富有同情心，你乐于帮助任何人，帮助那些素不相识的人们。只要有人求你，你都会给予帮助。然而，你具有一种特殊素质的善良，它对任何人都是敞开的，而且任何人都可以随心所欲、力所能及地加以汲取；它浩瀚无边，广阔无垠。不过，请原谅，它有点儿惰性，有赖于别人的提醒和请求。当人们呼唤你、请求你的时候，你就会去帮助他们，是碍于情面、出于虚荣，而不是出于内心的情感。你——请允许对你坦率地说——对穷困潦倒的人的同情，不外乎是为了显示一下自己的优越与幸福，显示一下你是怎样的一个人。而要从与你地位相同的人，甚至从他们之中那些最富有慈善心的人手里索取点什么却是十分困难的。一次，那时我还是个孩子，我从门洞里看到了你是怎样把一个按你家门铃行乞的人打发走的。他还没有张口你就给了他钱，而且给了不少，但你施舍的时候是恐惧而匆忙的，带着让他尽快离去的明显愿望，并且使人觉得你怕正眼瞧上一瞧。我永远不会忘记你是怎样匆忙而不耐烦地救济了这个穷人，对他的感激却丝毫也无动于衷。这就是为什么我从来也不去求你的原因。当然，我知道，即使你不完全相信这个孩子是你的，你也会帮助我，会安慰我，给我钱，给许多的钱；但所有这一切无非是为了一个秘而不宣的目的，即尽快同这件令人不快的事情一刀两断；我甚至想到你会劝我打胎，而这比什么都使我害怕。当然，假如你希望这样，那我又有什么理由不去做呢，我怎能拒绝你的劝说呢。然而这孩子对我来说却是一切；他是你的，是你的再现，但又不是你本人，不是我无法掌握的那个幸福的逍遥自在的你啊！你所赐予我的却永远属于我——我是这样想的。你的形象被禁锢在我的躯体里，永远也无法同我的生活分割开来啊。现在我终于占有了你，我能够感觉到你和你的生命在我的血管里成长。当我内心燃烧着温存的欲念时，我便可以喂你吃，喂你喝，逗你玩，吻吻你了。这就是为什么，亲爱的，当我确知怀了你的孩子的时候，我是那样的幸福，这就是为什么我不向你公开这件事的秘密。如今你再也不能从我的身边溜走了。

亲爱的，我不仅仅在想象中度过了几个月的幸福生活，而同时这又是充满了恐惧和痛苦的，经受了人们鄙弃、厌恶的几个月。我的处境相当困难。最后几个月我不能再到店里去了，因为那会使亲戚们发现我怀孕并通知我家里。我不愿意跟妈妈要钱，直到我生下孩子之前的这段时间里，我只是靠卖掉身边仅有的一些首饰过活。在产前的一周，洗衣妇从我柜子里偷走了仅存的一点钱，于是我不得不住进产院里去了。到产院去的都是一些在贫困中挣扎的最困窘、最悲惨与被遗弃的人。就在那儿，在困苦的深渊里，孩子，你的孩子，就降临人世了。产院里死一样的可怕，一切都是那么冷酷、陌生。我们在那儿等待分娩的人是那么孤独，相互之间如同冤家对头，只是那共同的不幸、共同的痛苦才把我们一齐驱赶到这个令人窒息的充满了三氯甲烷与血腥味儿、呼喊声和呻吟声的病房里。贫穷的人们所不得不忍受的全部侮辱与损害，精神上与肉体上的羞辱，我在那里都经受了。我和妓女们以及那些由于同样命运而成为下贱的病人是一样的，忍受着那些年轻的医生们的嘲弄（他们带着讽刺的笑容掀开盖在毫无反抗能力的女人身上的毯子，以虚假的科学手法触摸着这些女人），忍受着女看护们的冷落。噢，在那儿，人的羞耻被冷眼和话语鞭挞，被判处了磔刑。产床的人名卡上写着你的名字，这就是你留下的一切；而那放在床上的东西，不过是一块会动的肉团，一个被人们的好奇心驱使而公开议论的对象而已。是的，那些把孩子送给在家里等待着心爱的、体贴入微的丈夫的女人们，是无法体会一个孤苦伶仃、任人摆布、差点儿躺在手术台上生孩子的女人是什么滋味！直到如今，当我在书本里碰到"地狱"一词时，便情不自禁地想起了那个我住过的挤得水泄不通、臭气熏天、充满了令人厌恶的呻吟声叫喊声与粗野的笑声的病房，想起了这个耻辱的屠宰场。

请原谅，原谅我谈及这一切情景。然而我就谈这一次，这是第一次也是最后的一次啊；以后，以后我再也不会谈到它了。我沉默了十一个年头，并且很快就会永世沉默了；但是我必须呐喊，呐喊一次，倾吐我是以怎样重大的代价才得到了一个孩子的。这孩子是我生活中的幸福，而如今却躺在小床上停止了呼吸。上面这些事情我早就忘却了，忘却在孩子的微笑中，忘却在孩子的话语声中，忘却在自己的喜悦之中。可是现在，当他已经死去，痛苦又复活了，于是我不能不从灵魂深处发出呼喊，呼喊这最后的一次。不过，我责备的不是你，而是上帝，上帝使我受的折磨变得毫无意义。我对你发誓，我不责怪你，我从未由于愤怒而抱怨过你。甚至当我的身体由于分娩的阵痛而蜷缩一团的时候，甚至当疼痛撕裂了我的灵魂的那一瞬间，我也没有在上帝面前谴责过你。我从来也没有为那几个夜晚而感到后悔，从来也没有谴责过我对你的爱。我向来是爱你的，一直为我们的相遇而感到庆幸。假如我必须再去那个地狱里生活，并且我事先就知道等待着我的将是什么，那我也会欣然接受，我亲爱的，再去一次，一千次！

我俩的孩子昨天死了，你压根儿不认识他。甚至在短暂的偶然相遇的时候，你的目光也从未掠过我俩所生的这个花儿似的小东西身上。很久以来，自从我有了孩子以后，我总是回避着你；我对你的爱变得深沉、平静和不那么痛苦了。是的，我相信我爱你不再那么狂热，至少我对你的爱不再给我带来难以忍受的痛苦了。自从你赐给了我这个孩子以后，我不想把自己平分给你和儿子，我不是把自己献给了你——一个幸福的人，一个只是匆促地爱过我的人，而是献给了孩子。他需要我，我必须抚养他，我能够亲吻他并且把他搂在怀里。我似乎从思念你的不安的命运中解脱了出来，这是通过这另外一个“你”，确实把我解脱了出来。只是偶尔难得有的几次，我的感情迫使我走近你的住处。我做的一件事是：在你一年一度的生日那天，我总是给你寄去一束白玫瑰，跟我们的爱情的第一夜之后你送给我的那种花完全一样。在这十年、十一年之中你是否问过自己，是谁送来的玫瑰？也许你曾回忆起一个给你送过同样玫瑰花的女人？我不知道并且将永远也不会知道你的回答。我只想暗中把这玫瑰花送给你，每年使你回忆起那些美好的时光，这对我来说也就心满意足了。

你没有见过我俩那可怜的儿子，今天我后悔了，不该对你保密，不然你是会喜欢他的。你不认识我俩那可怜的小宝贝，你从来也没有见过他是怎样地微笑，怎样轻轻地睁开眼皮，然后用他那乌黑的聪明眼睛——你的眼睛！——把明亮的喜悦的眼光投向我，投向整个世界。啊，他是那么活泼，那么可爱。在他身上孩子般地再现了你的全部热情。你那敏捷的、动人的幻想在他的身上呈现出来了：他可以连续几个小时专心地玩着什么，像你玩弄生活一样，然后又久久地坐在那儿皱着眉头，聚精会神地看书。他愈来愈像你了。在他身上已经明显地出现了为你所固有的那种两重性：严肃与玩耍。这些是你固有的，他将它发扬了。他愈是像你，我就愈加疼爱他。他学习很好，呱啦呱啦地讲法语，像个小喜鹊似的。他的作业本是全班最整洁的。他穿着那黑色天鹅绒上衣或白色的海员夹克是多么漂亮啊！他不论出现在哪儿总是美丽无比，当我跟他一起在格拉多[①]海滩上散步的时候，女人们都停下脚步，抚摸他那闪烁着金光的长发；当他在塞默林山区滑雪时，人们都向他投以赞赏的目光。他是一个那么俊秀，那么温柔而可爱的孩子。去年，他考上了特雷西亚寄宿中学，穿着校服，佩带着小小的短剑，恰似十八世纪侍奉王后的少年侍卫。眼下他只穿一件衬衫躺在那儿，可怜的孩子，嘴唇苍白，双手交叉在胸前。

也许你会问，我靠什么这样优裕地培育孩子，我如何使他能够过上层社会那种轻松愉快的生活。我亲爱的，我是在昏暗的微光中同你谈话，我不感到害羞，我要把一切都告诉你啊，但只希望你别害怕，亲爱的，我出卖过自己的肉体。我虽没有

① 格拉多，意大利威尼斯附近的一个临海城市。

当过在街上常见的那种小妖精、那种妓女，但是我出卖自己的肉体。我有一些有钱的朋友，一些有钱的情夫；起初我去找他们，后来他们常来找我，因为我——不知你是否发现过——非常漂亮。我曾经委身过的每一个人都非常爱我，他们都感谢我，在我身边转来转去，他们都爱我——只有你不曾爱过我，只有你，我亲爱的！

在我透露了这些真情之后，你是否厌恶我呢？不，我知道，你是不会厌恶我的；我知道，你能够理解一切，你也会理解，我为了你，为你的另一个“我”，为了你的孩子才去做这一切的。在产院的一间小屋里，我曾经经历了可怕的贫困。我懂得，在这个世界上人们向来是欺侮穷人的，把他们踩在脚下。穷人永远是牺牲品，而我无论如何也不愿意让你的孩子，你那漂亮而聪明的孩子在当今世界的底层成长，不愿意让他生活在发霉的房子里和穷街陋巷中，生活在传染鼠疫的后院里。我不愿意他那温柔的嘴唇说出肮脏的话，不想使他那白皙的躯体碰到穷人穿的那种粗布烂衫——你的孩子应当什么都有，应当有一切财富，有大地上的一切欢乐，他应当重新上升到你那儿去，达到你的生活领域。

为此，仅仅是为了这些，亲爱的，我才去出卖肉体。对我来说这并不是做出了什么牺牲，因为，人们通常认为的那种荣誉与耻辱在我眼里已毫无意义。你并不爱我，但你，唯有你才是我肉体的真正占有者，至于其他在我身上发生的一切，对我都是毫无关系的。男人的体贴和温存，甚至他们真挚的热情都没有引起我内心深处的反应；尽管我很尊重其中的某些人，并且，当我回忆起自己的命运时，我对他们得不到回答的爱情的同情心经常触动着我。我所认识的那些人对我都特别好，他们都纵容我，尊敬我。有一位帝国的伯爵，是个上了年纪的鳏夫，爱我就像爱自己的亲生女儿似的。正是他，为了让这个没有父亲的孩子，你的儿子，能够进入特蕾西亚中学而东奔西走，绞尽了脑汁。他三番五次地向我求婚——我如今满可以成为一位伯爵夫人，梯罗尔的一个神话般行宫的女主人。我满可以无忧无虑地生活，而孩子会有一位温存的宠爱他的父亲。伯爵把孩子奉若天之骄子，而我身边会有一个安静的、有教养的、善良的丈夫。可我没有答应他，虽然他经常纠缠我。我的每次拒绝都使他十分痛苦。也许，我这样做是失策了，否则我如今满可以隐居在一个安安静静的地方。我那可爱的儿子应该就在我的身边。但为什么不对你坦白地说出来呢？因为我不想束缚自己，我想使自己在任何时候都能自由地去你那里。在心灵的某个极为隐秘的深处，仍然下意识地隐藏着我那童稚般的梦想，即希望你有朝一日会再把我召唤，哪怕只跟你一起待一小时。就是为了这渺茫的一小时啊，我拒绝了一切，只是为了做个自由的人，从而能够应你的第一声召唤就出现在你的面前。从童年时代我懂得生活的第一天起，我的全部生活就是期待，期待你的到来！

这一时刻真的来到了。但你不知道它，没有意识到它，我亲爱的！即使是这一时刻你也没有认出我来——没有，没有，你没有认出我啊！要知道，在这之前我就常常在剧院里、在音乐会上、在普拉特[①]、在大街上碰到过你。每一次我的心都几乎停止了跳动，可是你没有瞧我一眼。我外表上变化很大，由一个腼腆的少女变成了成年的女人。我衣着华丽，崇拜我的人在追逐我，都说我很漂亮。你怎能在我身上认出你在自己卧室里的幽暗灯光下见过的那个羞怯的少女呢！有时那些陪我散步的男人之中也有人对你打招呼，你在回敬的时候也常常对我瞥上一眼，然而你的目光是生疏的、礼貌性的，这是一种认不出我的、可怕的陌生目光。我记得，有一次这种为我司空见惯的相见不相识的行为给我带来了剧烈的痛苦。我同自己的朋友坐在剧院的包厢里，而你在旁边的包厢里。灯光暗了，序曲开始了，我无法看到你的面孔，但我听到了你在我身旁的呼吸声，就像那天夜里一样。在我们两个包厢相隔的天鹅绒靠手上，放着你的一只手，你那纤细的柔嫩的手。俯身吻一吻这只陌生的、我曾经抚摸过的、如此可爱的温柔的手的欲望紧紧地支配着我的思想。音乐声萦绕耳际，这种欲望愈来愈强烈，我好不容易才恢复了理智，没有使自己的嘴唇贴到你的手背上去。第一场结束以后，我求我的朋友和我一起离开剧院。我再也无法在黑影里坐在你的身旁——如此之近，又……如此之远啊。

然而，那一时刻到来了，终于又到来了一次，我的毁灭了的人生中最后的一次。这刚好发生在一年前你生日的第二天。说也奇怪，那一天我整日都在思念着你，因为我总是像过节似的为你过生日。清晨，我外出买了一束白玫瑰，并且像往年一样，把它送给了你，作为对你所遗忘的那一时刻的怀念。下午

① 普拉特，维也纳城里一个游艺场所。

我带着孩子游玩，后来又带他到点心店，晚上到剧院里去了。我想也让他，无须知道它的意义，从小就把这一天作为一个什么神秘的节日而铭记在心里。第二天，我同我当时的朋友，与我同居了两年的布尔诺的一位年轻的工厂主，一起去听音乐会。他非常喜欢我，照顾得无微不至，他也像别人一样，想和我结婚，也同样遭到了我的似乎是毫无理由的拒绝，尽管他不断给我和儿子送来各种礼物。他为人正派，他那带点儿憨直却难能可贵的忠诚本应得到另外的报答。在音乐会上，我们碰到了一些熟人，一起到环行大道上的餐厅里用晚餐。大家有说有笑，很是热闹。我还建议到塔巴林舞厅去瞧瞧。通常，我总是反对这种建议的，因为那些地方笼罩着喧哗的气氛，充满着酒醉后的欢乐，而这一切都使我感到厌恶。但这一次，我身上某种无名的魔术般的力量使我突然下意识地说出了自己的愿望。于是乎就得到了大家的热烈赞同。我自己也不知道是因为什么，那儿强烈地吸引着我，仿佛有某种非同一般的意外的事情在那儿等待着我。我的那些习惯于在各个方面迎合我的伙伴们马上就站了起来，我们一起到了塔巴林舞厅，在那儿喝了香槟酒，我的情绪一下子高涨起来，欢乐到了疯狂的地步。在我身上出现了我自己从未感受过的，差不多是一种痛苦的欢乐。我喝啊，喝啊，不停地喝酒，也跟着唱起了一些低级的歌曲，我甚至会去跳舞或者去欢呼。但突然我的心仿佛遭到冰凌或者灼热般的侵袭，我发现了你。你同朋友们在邻桌的周围坐着，并且以赞赏和充满了热望的眼神盯着我——这种眼神永远渗透在我灵魂的深处。十年来，你第一次以你素有的全部无限的力量，目不转睛地瞧着我。我周身战栗着，差点儿将手中举着的酒杯失落在地。侥幸的是，我们桌上的人谁也没有察觉到我的窘境，它消失在欢笑与音乐声中了。

你的目光越来越凝聚在我的身上，越来越灼热，简直像火一样把我燃烧着。我不知道，你是终于认出了我，还是我对于你不过是又一个新欢，一个另外的素不相识的女人？热血涌上了我的面颊，我心不在焉地应付着我的朋友们的问话。你不能感觉不到你的目光使我多么不安。你以不易觉察的点头暗示让我到外面大厅去一下。接着你故意大声招呼结账，尔后你和朋友们一一告辞之后便走出舞厅。走前，你又一次对我暗示将在外面等我。我颤抖得厉害，像在冰天雪地里，又像在发烧，我简直无法回答你，怎么也无法抑制内心的激动。正在这时，一对黑人舞伴用脚跟敲着急步舞点，又喊又叫地跳起了一种时髦舞蹈，所有人的眼光都转向了他们。于是我抓住这个时机站起身来，对我的朋友说我出去一下马上就回来，便跟在你的后面走出去了。

你站在大厅里的存衣处等着我。当我走近你的时候，你的眼睛闪烁着喜悦的光彩。你一边微笑，一边匆忙地走过来迎我。我马上发觉你没有认出我，既没有认出我是那个少女，也没有认出我是那个姑娘；你又一次把我当成一个新的未曾见过面的女人一样。“您能否也为我腾出一个钟头的时间呢？”你这样问道。从你那自信的、直截了当的语气中，我明白了，你是把我当成了可以用金钱买上一宵的那种女人。“能。”我说的仍然是十年前一个羞怯的少女那次在黄昏的街道上对你说的那个含糊不清、但本身能够说明问题的“能”字。“那我们什么时候可以见面呢？”你问。“随你的便，什么时候都行。”我回答说。在你面前我不感到害羞。你惊奇地看了我一眼，就像那天晚上我匆忙答应了你而使你吃惊一样，你感到疑惑与不可理解。“那么现在可以吗？”你犹豫不决地问。“可以，”我回答道，“我们这就走吧。”我说着就向存衣处走去，取我的大衣。

这时我突然想起来，存衣服的牌子留在我的那位朋友手里，我们两人的大衣存在一起了。回去取牌子不做一番冗长的解释是办不到的，而且势必会牺牲我这么多年梦寐以求与你共度一个小时的时光。这我是不愿意的。我毫不犹豫地把披肩披好迈步走了出来，进入了湿雾蒙蒙的夜里。我没有去想自己的大衣，也没有想那个善良的爱我的人——我靠他的财产已度日数年，并且把他置于一种极为尴尬与倍受侮辱的境地。在他的朋友们面前，他那同居了多年的情妇跟一个素不相识的人私奔了。哦，我深刻地意识到自己的行为是多么下贱与忘恩负义，多么可耻！我懂得，我的举动极为荒诞，给一个好人，一位忠实的朋友带来了致命的打击；我懂得，我是跟我的生活在决裂，但对我来说，比起渴望重新触到你的嘴唇、听到你的话语的温存来，友谊和生存本身又算得了什么？我是多么爱你呀！如今，我可以这样说，一切都过去了，一切都已成为过去。我觉得，假如你能在我行将死亡的时刻，在病榻前把我呼唤一声，我也会获得再生的力量，站起来跟着你走的。

在入口处停着一辆车子，我们乘车来到你的住宅。我又听到了你的声音，感到了你的亲热，我是那样的陶醉于那种孩子般的幸福，跟我们初次相会是一样的。在相隔十年以后，我又一次沿着楼梯走上楼去。不，不能，我的确无法对你叙述我对当今和往事的感触，真是百感交集啊！而在对一切往事的追忆之中，我仅仅想到的仍然是你。你的房间很少有什么变化，只是增加了几幅画，一些书，几件家具，而其他一切都在向我致意！写字台上仍然放着花瓶，里面插有玫瑰——插有我昨天送给你过生日的玫瑰花。我把花束送给你是为了让你怀念起你始终忘却的那个女人。如今，当她又来到了你的身边，你与她唇贴唇、肩并肩亲昵相依的时刻，你仍然没有把她认出来。但不管怎样，我见到你保存着的那些鲜花，见到在你周围散发着我的“气息”和我那爱情的呼吸，我还是十分高兴的。

你拥抱了我。我又在你那儿度过了一个销魂的夜晚。但是我那赤裸的身体也没有使你认出我来。无限幸福的我，接受了你的温存，也看到了你给予心爱的人和用金钱买来的女人的热情是没有区别的，看到了你那无限慷慨大方的性格如何受你那欲望的驱使。你对我，对一个从夜总会领回家的女人，是那么温柔，那么体贴，那么诚挚，而同时在与女人消遣享乐方面又是那么火热，致使陶醉在幸福之中的我，再一次感受到你那不落俗套的双重性——情欲之中的崇高精神。这曾经使未成年的我感到过迷惑。我没有碰到过一个男人能够如此热情洋溢地屈身于瞬间的要求，能够对别人如此坦然地揭示自己内心的深处，而这只是为了后来一切都消失在某种永无止境的、几乎是非凡的忘却之中。然而，我也忘却了自己。在这儿，在这黑影之中，你身边的我到底是什么人呢？是处在狂热恋爱之中的少女，是你的孩子的母亲，还是一个陌生的女郎？啊，在那迷人的夜晚，一切都是那么熟悉，都是已经经受过的。在这甜蜜的夜晚，一切又都是那么新奇！我不断默默地祈祷，希望这夜晚永无尽头。

天亮了，我们起得很迟，你邀请我共用早点。我们一起喝着一位没有见过面的仆人在厨房里准备的茶，畅谈着一切。你同我谈话又是那么开朗热情，推心置腹，从不涉及身世问题，从不表示半点好奇的心理。你既没有问过我是谁，也没有问过我住在哪里；对你来说我只是奇遇，只是一个萍水相逢、时过境迁的无名女子。那激情的时光也将毫无痕迹地消逝在忘却之中了。你告诉我，你将去北非作两个或者三个月的旅行，我吓得浑身发抖，喜悦变成了绝望，因为我的耳边响起"完了，完了，一切都被遗忘了！"的声音。我真想扑倒在你的脚前并且喊着："带着我一同去吧，到时候你会认出我的！ 若干年之后，你最终一定能认出我来！"但我是那么怕羞，那么怯懦，对你是那么屈从，那么软弱！我只是说："多么遗憾！"你看了看我，微微一笑说："你真的感到遗憾吗？"

这时我没有能控制住自己，突然感情激动不已。我站起身来惊愕地端详着你许久，然后我说："我所爱的那个人也老是到外地去。"我瞧着你，盯着你的眼睛瞧着。"他顷刻之间定会认出我来！"我这样想并且等待着。由于恐惧与希望我战栗了起来。但你对我微微一笑，安慰我说："外出旅行的人总还是会回来的。""是这样的，"我回答说，"是会回来的，但是人们很快就把一切都忘记了。"

我说这话时的语气可能回响着某种非同一般的、情绪过于激动的东西，因为这时你也站了起来，并且以惊奇与抚慰的眼神瞧了瞧我。你把手放在我的肩上。你说："一切美好的东西是不会被忘记的，我不会忘记你。"你的目光渗透到我的眼睛的深处，仿佛你要把我的形象铭刻在心里。当我感觉到这种探索的把我整个儿吞噬下去的目光是怎样渗进我的内心时，我想，你的眼睛啊，终于，终于剥落了一层薄膜。"他马上就会认出我来的，认出我是谁啊！"我的心由于这种想法而在欢腾。

然而，你没有认出我来。不，你不仅没有认出我来，而且我对于你从来也没有这么陌生过，因为……因为不然的话，你怎能做出几分钟之后你所做的事情呢？你吻了我一下，又狂热地吻了一次，致使我不得不把弄乱了的头发重新梳理一下。就这样，面对着镜子，我突然发现——由于惊恐与羞耻，我差点儿晕倒了——我发现你偷偷地往我的暖手筒里塞了两大卷纸币。我是怎样才控制了自己而没有惊呼起来，没有打你的嘴巴啊——为了这一夜，你付钱给我，付钱给一个从童年就爱你的人，付钱给你的孩子的母亲！我对于你只不过是塔巴林舞厅的一个妓女而已。你付给了我钞票，付了钱！除了我被你完全忘掉之外，我还要承受来自于你的侮辱。

于是我急忙收拾自己的东西，一心想快点儿离开，尽快地离开——我难受极了。我抓起了自己的帽子——它放在写字台上，放在插有白玫瑰，插有我的白玫瑰花儿的花瓶旁边。这时我产生了一种强烈的、无法抑制的愿望：再做一次尝试。"你不想把你的白玫瑰赠我一朵吗？""我非常愿意。"你回答说，并立即从花瓶里抽出了一朵。"不过，它们也许是某个女人，某个爱你的女人送的？”“也许，”你说，“这我不大清楚。是人家送给我的，可我不知是谁送来的。正由于这样，我才喜爱它们。”我瞥了你一眼：“也许它们也是被你遗忘的一个女人送的吧？”你困惑地瞧了瞧我。我坚定地直盯着你的眼睛。“认认我，也该认认我是谁啊！”我的目光这样喊着。但是你的眼睛却闪现出温存与无知。你又把我吻了一次。然而你没有认出我来。

我匆匆地向门外跑去，因为我的眼泪就要夺眶而出，这是不应当被你看到的。我跑得是那样的快，以致在门口差点儿跟你的仆人撞了个满怀。他敏捷地闪到了一旁，并且周到地为我把门打开，就在这一时刻——你听到吗？——在这短暂的一瞬，当我透过泪水瞥了老人一眼，在他的眼睛里闪出了一种光环。在这一时刻——你听到吗？——在这一瞬间，老约翰认出了我，尽管他在我童年之后从未见到过我。我曾想跪倒在他的面前，吻他的手，因为他认出了我啊。但我只是从暖手筒里抓出了那些你用以把我钉上耻辱柱的钞票，并把它们塞给了老人。他战栗起来，惊惧地瞧着我——在这一秒钟，也许，他猜到我的心事比你一生所猜到的还要多些。所有的人都爱过我，对我都很好，只有你，只有你一个人忘记了我，只有你一个人从来也没有认出我来！

我的孩子去世了，他是我俩的孩子。如今除你之外，在整个人间没有人值得我爱了。然而你，从来也不了解我。从我身旁走过时，如同走过一池透明的清水，如同踏上了一块石头。你使我陷入分离和永世的期待之中。对我来说，你是谁呢？在孩子身上我似乎曾捉到了不可捕捉的你。然而，这个曾是你的孩子一夜之间却无情地离开了我，旅行去了，他把我忘了，再也不会回到我的身边。我又成了一个孤独的人了，从未有过的孤独。我一无所有，没有你留下的任何东西：既没有孩子，又没有片言只语，更没有一封信，没有可作为纪念的东西。而假如有人在你的面前提到了我的名字，那你也觉得它是生疏的。当我对于你来说，简直成了一具行尸走肉的时候，为什么我不想到死呢？当你离我远去，为什么我不想离开你呢？不，亲爱的，我不是在责备你，我不想把自己的痛苦带进你那充满了欢乐的屋子里去。别害怕，我不会再逼迫你。请原谅，我应该在自己的孩子长眠于地下的时刻倾吐内心里的一切。我只是对你说这一次，之后，就隐遁于黑暗之中，永远沉默，像我以前那样对你沉默。然而在我活着的时候，你将永远也听不到我的呐喊；只有在我死去的时候，你才能收到这封遗书，一位比任何人都更爱你，而你却始终没有认出来的女人的遗书。她一生都在等待着你，但你始终没有召唤过她。在我破天荒第一次违背对你的忠心：躺在坟墓里永远听不到你的声音时，你也许会把我召唤吧。我没有留给你相片，也没有留给你什么别的东西，像你没有给我留下任何东西一样。你永远也不会认出我，永远也认不出我来。这就是我一生的命运，让它在我死后也是如此吧。在生命的最后时刻，我不想把你召来。我去了，就让你既不知道我的名字也不认识我的面容吧！我会很轻松地死去，因为你在远处感觉不到我的死。假如我的死会给你带来痛苦的话，那我便不会死了。

我无法再往下写了……我头晕目眩……整个身子疼痛，我在发烧……看来，我必须马上躺下。也许，一切马上就完了，也许，命运会对我发一次慈悲，我不想看到他们怎样把我的孩子抬走……我再也写不下去了……别了，亲爱的，永别了，谢谢你。过去的一切，都算是尽善尽美了，尽管……直到生命的最后一口气我都将感谢你。我感到很舒坦——我对你说出了一切，如今你会知道，不，你只能想象出，我多么爱你呀！与此同时，我的爱并没有成为你的负担。你不会缺少我——这使我感到安慰。你那美好的、光辉灿烂的生活中的一切将不会发生什么变化……我的死不会给你的生活带来什么……这使我得到慰藉。你，亲爱的……

可是，谁……谁将在你生日那天给你寄去白玫瑰呢？啊，花瓶将会空着，一年一度使你嗅到的我的生命的呼吸和我生活的气息也将飘散而去！亲爱的，请听着，我请求你……这是我对你的第一次，也是最后一次的请求……为了我，请你答应下来吧：每年，在你生日那天——仅仅这一天，是人们想到自己的日子——买一束玫瑰花儿，把它们插在你那花瓶里。请你做到这一点，亲爱的，这样做吧，就像人们一年一度作弥撒追悼他们死去的亲人那样。但我不相信上帝了，因此我不希望作什么弥撒。我只是相信你，只是爱你一个人，并且希望活在你的心里……啊，每年一次，悄悄的，就像我在你的身边那样！……我请求你做到这一点，亲爱的……这是我初次，也是最后一次对你的请求啊……谢谢你……我爱你，我的爱……别了……

他那发抖的手把信放下，坐在那儿沉思了许久。他朦朦胧胧地回忆起当年那个邻居的少女，那个姑娘，那个夜总会上的女人。但回忆是模糊的，缥缈的，宛如河里的石头在流水中熠熠闪光的轮廓。有影影绰绰的影子，但没有具体的形象。脑海里似乎感到某种印象，但他无论如何也回忆不起来。他觉得这一切常常出现在他的梦里，出现在沉睡的梦里，只是在梦里而已。

他的目光突然落在他面前写字台上的蓝色花瓶上。它空着，多少年来第一次在他生日的这天空着。他感到恐惧，似乎觉得一个看不见的门突然打开了，有一股阴冷的风从另一个世界吹进了他那安静的书房。他感到了死者的呼吸和万古长存的爱情。在他灵魂深处某种东西觉醒了，他开始回想过去的生活，如同回想虚无缥缈的幻象，如同回想远方唤起激情的音乐。

（译自《斯蒂芬·茨威格选集》，王守仁译，房敬千校）

后　　记

1976年10月，“四人帮”被粉碎。“文革”结束以后，我们和许多知识分子一样，总想做些实实在在的有益于社会和人民的事情，以追回那白白失去的十年时间。除了努力完成上班时的工作，业余我们能做些什么呢？这是我们几个志同道合的同志——范信龙、井勤荪和我，在一起经常讨论的话题。我们一致认为，应该发挥自己的专长。井勤荪和我是翻译，范信龙是编辑，但他是留苏归来的，俄语没有问题，文笔又颇好。我们决定，找点文章进行翻译，练练笔，可以取长补短，切磋琢磨，对原文做到理解正确，使译文尽可能信达雅。我们还决定，上班的时间在办公室里决不搞业余翻译，否则会犯错误，我们始终恪守这一规定。但翻译点什么呢？很幸运，不久我们在俄语部订的苏联《新世界》杂志1978年第一期上发现了帕维尔·尼林的中篇小说《初嫁》，决定进行翻译。每人翻译了三分之一篇幅，互相校改定稿。当时没有地方发表翻译作品，我们也没准备发表。后来，得知北京师范大学出了一个内部刊物《俄苏文学》，刊登翻译作品，我们投去一试。他们说，三人翻译风格不大一致，让进行修改。经我们统一修改后，终于在《俄苏文学》

上发表了。当时没有稿费一说，能够登出来就让我们十分高兴，说明我们初试成功，初战告捷，对我们是一个鼓舞。后来很长时间我们就把这件事情淡忘了。没料到，1989年我在中国国际广播电台驻莫斯科记者站工作的时候，突然收到了人民文学出版社根据苏联国家文学出版社供稿的《骨肉情——苏联当代中短篇小说选》两册，《初嫁》名列其中，真是喜出望外。

第一篇译作完成之后，再选点什么来翻译呢？我在学校教书时收集了不少俄罗斯和苏联作家原版的多卷文集，但很多名著都已有中译本。正巧，我手头有一本苏联科学院高尔基世界文学研究所出版的《高尔基与外国文学家通信集》，其中收集了高尔基与许多外国作家的来往书信。我们从中选了高尔基与法国作家罗曼·罗兰和奥地利作家斯蒂芬·茨威格的来往书信，又从《高尔基三十卷集》中选了一些书信予以补充，就编成了《三人书简——高尔基、罗曼·罗兰、茨威格书信集》，为了增加读者的兴趣，我们把三位作家在信中多次提到并高度评价的高尔基的小说《初恋》《单恋》和茨威格的小说《月光小巷》《一个陌生女人的来信》收入书中。所选书信译好后，由一位朋友介绍到天津《新港》杂志连载多期。特别值得一提的是，上海文艺出版社出版的《文艺论丛》第五辑（1978年11月）以《高尔基、罗曼·罗兰通信选》为标题，用20页篇幅登载了我们翻译的两位作家的8封来往信件。1979年4月上旬，我们突然收到上海文艺出版社总编办公室一封公函〔沪文版（79）理字484号〕，全文如下：

臧乐安同志：

接中国作家协会外委会3月30日来信说，法国汉学家米歇尔·路阿教授（Miethelle Loi）来信，告罗曼·罗兰夫人获悉《文艺论丛》（第5辑）上登载了罗曼·罗兰和高尔基的书信，甚为感动，希望得到中译本。来信中还问及你们从何处获得的书信。因为这些书信在法国尚未正式出版过。并提及，如果你们希望得到全部书信的话，她可以提供。对此，不知你们的意见怎样，望告。

罗兰夫人所要的《文艺论丛》（第5辑），我们已交我作家代表团4月下旬赴法访问时转送。

此致

敬礼！

上海文艺出版社总编办公室（公章）

1979年4月5日

我们翻译的这本《三人书简——高尔基、罗曼·罗兰、茨威格书信集》，经范信龙同志联系，于1980年8月由湖南人民出版社出版。我们十分高兴，因为这是我们合作翻译出版的第一本书。该书出版后过了一些时候，中国国际广播电台法语组的柯国淳同志因公务要去巴黎工作一段时间，我们便劳驾他把我们签名的《三人书简》一书和一封信转交给罗兰夫人，柯国淳同志成人之美，一口答应。我们静静地期待着。

1982年10月末、11月初，我们收到一封来自巴黎的信，是罗兰夫人给我们的信！打开一看，信是用法文写的，我们立即请国际台法语组的林希同志帮助译成中文。时间已经过去了30多年，经多次搬家，原信已经丢失，但译文却夹在一本大书里侥幸地保存了下来。现抄录于下：

巴黎大学　　　　　　　北京电台俄语组

臧乐安先生

范信龙先生

井勤荪先生

先生们、亲爱的朋友们：

我前几天刚收到柯国淳先生转来的高尔基、罗曼·罗兰和斯蒂芬·茨威格的《三人书简》，你们还在你们三位翻译的这本书上题了词并签了名（你们是不是一个人翻译高尔基的信，一个人翻译罗曼·罗兰的信，一个人翻译斯蒂芬·茨威格的信？）

如我没猜错的话，我给高尔基书信的译者提出以下建议：

您可以给莫斯科的马克西姆·高尔基研究所去函，因为您所感兴趣的这些书信就保存在该所。这个研究所除研究高尔基外，还研究世界文学，因此，其负责人是很忙的，他是该所和各国关系的负责人，很可能不直接管有关高尔基方面的事情。这个专题部门由两位女士负责，我把其中年龄较大的一位的地址写给你们，该女士和她的助手在巴黎逗留了两个月，以便处理罗曼·罗兰文献馆俄国部的工作。她们做了很好的、很有益的工作。

年龄较大的那位女士的地址是:(原文中没有写地址——译者注)

我现在就把柯先生来信的影印件和我这封信的影印件寄给她。

当然，她将如何处理此事，要由该研究所的所长决定。我希望北京电台俄语组和马克西姆·高尔基研究所之间的这种合作在各方面都富有成效。

致以亲切的问候并再次向你们表示感谢。

签名——

1982年10月10日于巴黎

见背面

我不打算亲自写序文了，但我将向你们提供一份比我能写的东西更有意义的材料，这就是高尔基写给我和罗兰的一封信的影印件。你们可以将其复制刊印出来并同时刊出我们三人的合影。

收到罗兰夫人的来信，我们真是高兴极了。我们默默地、急切地等待着罗兰夫人答应惠赠的手稿和照片。时间一天天过去，我们越来越焦急，转眼已到了（1982年）12月20日，手稿和照片仍无踪影，决定立即给罗兰夫人写信。12月22日我们给她发去一信。内容如下：

最尊敬的罗兰夫人！

您10月10日盛情的来信给我们带来了极大的欢乐。但请您原谅，我们所以复信迟了，因为我们想等收到您惠赠的高尔基给罗曼·罗兰和您的信的手稿及你们三位的照片之后一并作复，但我们至今尚未收到，于是便担心起来，它们是否在路上什么地方丢失了。我们当然十分愿意建议出版社在新版的三位伟大作家的书简中将它们刊登出来，我们相信出版社会高兴地这样做。

我们是世界文学的爱好者，是将其书简译成中文的三位伟大语言艺术家的崇拜者。我们把所能收集到的他们的书信全都收入了书中。我们可以告诉您，该书受到中国读者的热烈欢迎，已经重印多次，总印数已超过6万7千册。向您致以衷心的新年祝贺和最良好的祝愿。

臧乐安　范信龙　井勤荪

1982年12月22日于北京

我们满怀希望地期待着，期待着……但终未得到回复。一个大好的文化交流的机会擦肩而过，就这样失去了。那时，改革开放刚刚开始不久，对外联系尚不很畅通，我们只好把这无法弥补的遗憾藏在心里。我们把上面的几封信抄录在这里，作为一个历史的见证。1985年，我们从报刊上得知罗兰夫人逝世的消息，心中感到无限惋惜。

《三人书简——高尔基、罗曼·罗兰、茨威格书信集》出版以后，我们又合作翻译出版了茨威格的《麦哲伦的功绩》（湖南人民出版社，1982年5月）、田德里亚科夫的《六十支蜡烛》（花城出版社，1982年2月）、维诺格拉多夫的《时代三色》（上海译文出版社，1985年6月）、南斯拉夫诺贝尔文学奖获得者伊沃·安德里奇的《万恶的庭院》（上海译文出版社，2001年12月）等书，此是后话，不再赘述。

拉拉杂杂写了这许多，放在再版的《三人书简》的后边，就算作是再版后记吧。

臧乐安执笔